楊海英
Yang Haiying

筑摩選書

紅衛兵とモンゴル人大虐殺

草原の文化大革命

紅衛兵とモンゴル人大虐殺

草原の文化大革命　目次

紅衛兵とモンゴル人大虐殺

草原の文化大革命

プロローグ
本書の目的と構成

一九六六年から七六年まで続いた中国文化大革命（以下、文革と略す）中に、内《みなみ》モンゴル自治区で大虐殺（Genocide）が長期間にわたって行われた。当時、人口約一五〇万人弱のモンゴル人を対象に、中国政府と中国人（漢民族）は三四万六〇〇〇人を逮捕し、二万七九〇〇〇人を殺害し、一二万人に身体障碍を残した。これは操作された、政府の公式見解で、実際の被害状況はこのレベルにとどまらない。

数字は、中国政府の公式の記録だが、信頼できる情報ではない。筆者は以前に自治区東部のフルンボイル盟が公にした被害者調査統計をもとに、全自治区の状況を試算したことがある。その結果、殺されたモンゴル人の数は一〇万人に上る可能性があると算定した［楊2013a;2014a;2014b］。文革が収束した後に、文革の運動中の暴力が原因で亡くなった者、すなわち「遅れた死」等を含めると、モンゴル人の犠牲者数は三〇万人に達する、との調査結果を公表している知識人もいる［Shirabjamsu 2006:44］。筆者の推算は欧米の研究者の指摘［Jankowiak 1988; Sneath 1994］とほぼ合致している（地図1）。

モンゴル人にとって、文革はジェノサイドであり、「民族の集合的な記憶」でもある。大量虐

地図1　文化大革命中に内モンゴル自治区各地域において殺害されたモンゴル人の数
（虐殺されたモンゴル人の数はきわめて不完全なデータである。研究の深化にともない、数字の空白が埋められていくことを祈りたい。また、地図上の太線の外側は1969年7月に割譲された内モンゴル固有の領土である）

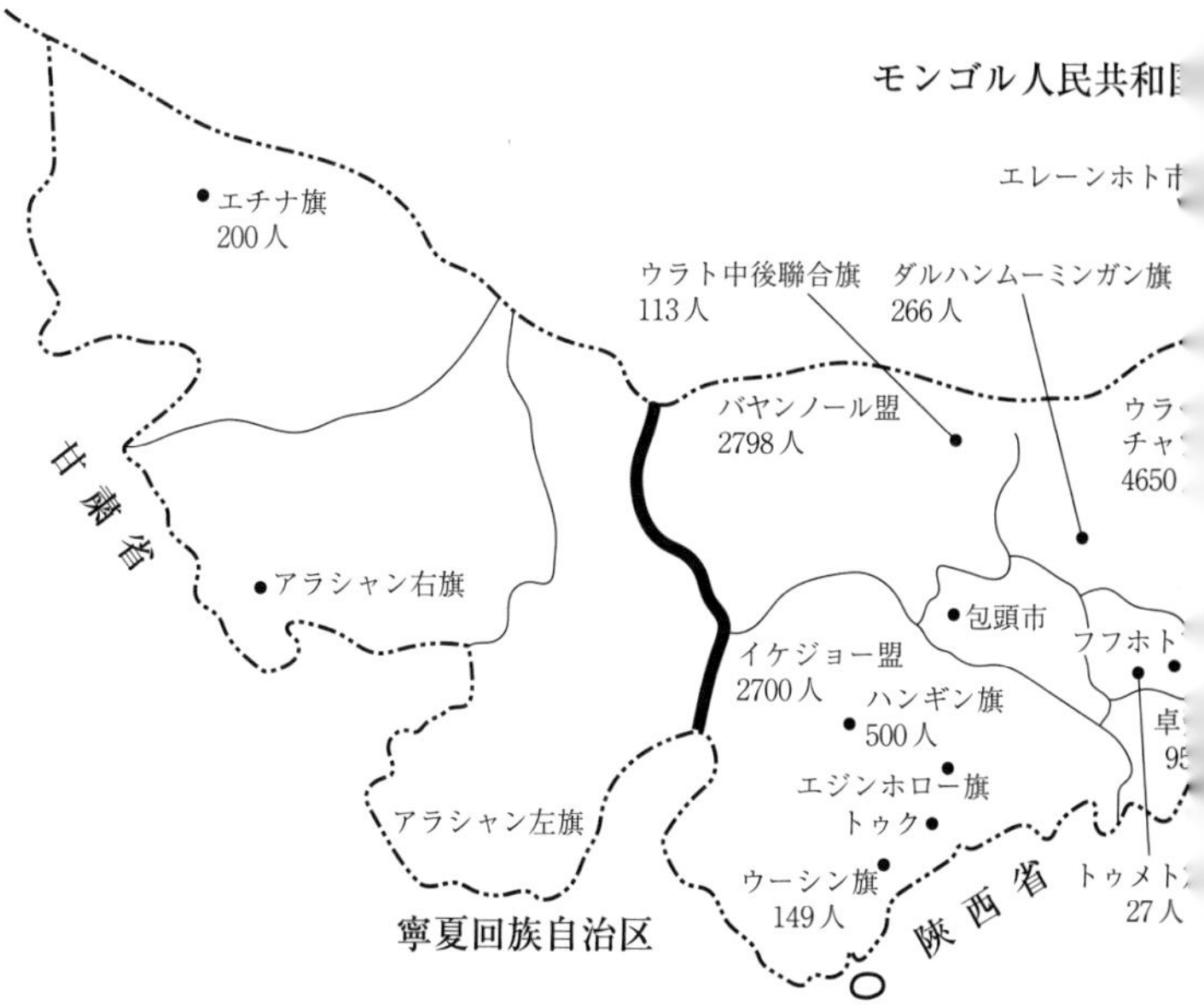

モンゴル人民共和国
エレーンホト市
エチナ旗
200人
ウラト中後聯合旗
113人
ダルハンムーミンガン旗
266人
バヤンノール盟
2798人
甘粛省
アラシャン右旗
包頭市
フフホト
イケジョー盟
2700人
ハンギン旗
500人
エジンホロー旗
トゥク
アラシャン左旗
ウーシン旗
149人
陝西省
トゥメト
27人
寧夏回族自治区

殺の他、母国語の禁止と集団の強制移住、そして女性への組織的な性暴力も発動された［楊 2009a,b;2011,a,b］。モンゴル人は単に国籍上、中国籍が与えられているだけで、中国人Chineseではない［楊 2014b; 2021: 14-16］。モンゴル人大虐殺の命令は中国政府から下されたし、中国人は熱心に呼応した。暴力革命を中国人は熱烈に支持したので、「中国政府と中国人」がジェノサイドを推進した、という「民族の集合的な記憶」が生まれたのである。

モンゴル人を長期間にわたって、組織的に大虐殺したのは中国政府と中国人だ。人民解放軍もいれば、工人《ゴンレン》（労働者）もいたし、農民と学生も積極的に加わった。文革の推進者は毛沢東と党中央であったし、その時々の政策によって人民解放軍が殺戮の主力となったり、工人に変わったり、あるいは農民と学生が担ったりした。彼らは「偉大な領袖毛沢東」と党中央からの命令に忠実にしたがい、モンゴル人を組織的に大量殺戮した。

大虐殺を中国政府と中国人はいかなる方法と理論を駆使して実行したのか。政府はどんな政策と理論でもって中国人の各階層・各団体を動員したのか。政府の呼びかけに一般の中国人が熱烈に呼応した社会的背景はどこにあるのか。本書は大虐殺の思想的背景を解明しようとする目的を帯びている。

筆者は今までに文革に関する第一次資料を集め続けて公刊し、右で示した問題に答えようと努めてきた。具体的には二〇〇九年から年に一巻のペースで、『内モンゴル自治区の文化大革命——モンゴル人ジェノサイドに関する基礎資料』との名で合計一三巻を公刊してきた。第一次資料とは、内モンゴル自治区の造反派紅衛兵と中国人の工人、農民と知識人らが印刷発行していた新聞を指す［楊　2017a,2018a］。内モンゴル自治区の造反派紅衛兵の影響は大きく、中国全土にその名を轟かせていた。紅衛兵新聞は、中国の現代史を知る上で欠かすことのできない基礎資料群である。紅衛兵新聞に対する分析を通して、造反派などの大衆組織の思想を把握し、彼らとそのメディアが文革中に果たした役割について解明することができる。

本書は筆者が編纂してきた資料の第九巻から第一二巻の成果を本書の趣旨に即して書き直したもので、二部から構成される。前半の第Ⅰ部では中国全土にその名を轟かせていた学生造反派が発行していた出版物に対する記述と分析を通して、彼らの民族観と思想を再現する。造反派は加害行為に走ったが、覚醒も早かった。しかし、政府に抵抗できずに、終始、無力感に包まれていた。

後半の第Ⅱ部では労働者や知識人、それに農民の新聞類に依拠して、その「革命」を再現する。彼らは共産党と中央政府と歩調を合わせ、権力維持に腐心し、モンゴル人大虐殺に加担した。モンゴル人も様々な形で抵抗し、造反派と保守派と共に国際共産社会主義運動の歴史を創出した。

モンゴル社会も文革を経験したことでその言語と思想、それに価値観は激変してしまった。変化を促したのは言語を媒体とした中国文化と政治からの影響だ。その具体的な影響を見出そうとして、文革中に翻訳、導入されたモンゴル語語彙に筆者は注目している。中国語のどんな政治言語が、いかなる形式でモンゴル語に置き換えられたのか。新たに移植された政治言語はモンゴル社会にどんな衝撃を与えたのか。これらの問題を解明するには、モンゴル語政治資料に対する分析が欠かせない。モンゴル社会の変容について、文革の政治言語資料を通して分析したのは、本書が最初であろう。

文革中のモンゴル人大量虐殺《ジェノサイド》の真相を解明する意義はどこにあるのだろうか。

汗牛充棟の様子を呈する文革研究の成果は今でも基本的に北京や上海、それに広州といった大都市での展開に注目したものが多い。文革は首都北京から勃発し、大都市を経由して周辺世界へ拡散していったので、そうした研究が主流を成すのも当然のことであろう。フロンティア、それも元々非中華世界であって、現代の中国が新たに併呑した辺境における文革には明らかに中国対世界、中国人対異民族といった民族間の衝突と、文明間の衝突の性質があった点にも注視する必要がある［楊　2012b;2016e］。本書は文革の民族問題としての性質、文明間衝突の性質に正面から切り込もうという狙いを有している。文革はまたフロンティアを越えて日本など国際社会に伝わり、「世界革命」として輸出された［楊　2018d; 2019b; 馬場　2018］。辺境と国際社会から中国を逆照射すると、斬新な文革研究の地平線が見えてくる。本書の意義はここにある、と認められよう。本書は正に二〇世紀の世界に多大な影響を与えた文革の怒濤がフロンティアに押し寄せた政治ドラマを再現しているのである。

序章

文革研究の現状が示す世界の中国認識

一党独裁の中国に研究と言論の自由はない。新聞や雑誌等は共産党の宣伝機関の厳しい管理下に置かれてきた。いかなる個人も民間組織も独自に学問領域を開拓して共産党政府と異なる見解を示すことは許されない。また、新聞や雑誌を発行し印刷する権利も付与されていない。そのため、文革が終息して二一世紀の今日に至るまで、「文革在中国、文革研究在外国」という状況は続いてきた。文革はまだ「歴史」の産物として社会に沈殿しておらず、文革研究も歴史研究へと飛躍できずに、現代中国学の一環を成してきた〔楊　2009c〕。

本家中国が独裁体制を維持してきた背景から、文革に関する既往研究を思想史的に整理する際も、世界と本家中国とを分けなければならない。世界の文革研究は政治史や文化史のみならず、文化人類学や社会学的実証研究など多岐に及んでいる。これに対し、中国の場合だと、二〇一二年までに極少数の体制内の成果が見られたが、習近平《シーチンピン》政権になってからはほぼ途絶えた。唯一、中国系の研究者が香港や台湾、それに欧米のメディアを通して発信するのが、「内部からの細い声」になっている。以下、本章では欧米と日本における近年の研究について検討するが、この中には本家中国から脱出した研究者も含まれている。ただし、文革研究の分野や視点によっては、思想的桎梏《しっこく》が多少緩んだ時期もあった。特に紅衛兵新聞やポスターを代表とする「紅色収蔵《レッド・コレクション》」のブームが衰えない中国には、それなりの記述と回顧も存在した。そのため、本章の後半において、紅衛兵新聞に関する先行研究には中国を拠点とする人たちの成果も含まれている。

1　欧米と日本にとっての文革

欧米と日本の文革研究は、毛沢東が政治運動の発動を命じた前から続いてきた。中国の変化に従って、研究者自身も思想的遍歴を経験した。それは、中国研究者に限る現象ではなく、人文社会科学全体に当てはまると言ってもいいほどである。自然科学者の中にも、自らの研究成果がもし後進国の中国人民の生活改善につながるならば、それは「人類に対する貢献」だとリベラルな立場を取る者が多かったのではないか。それほど、中国の存在は大きかったし、世界に隠然たる影響力を与え続けてきたのである（写真1）。

地球全体を覆いつくした赤い嵐に関する既往研究をここで総括する必要はない。筆者は主として二〇一六年に迎えた節目の年、「文革五〇周年」を意識した研究と、それ以降に誕生した主要な成果について概観しておきたい。それは、中国以外の研究者が「文革五〇周年」を機に過去を振り返り、現代中国の特質について論じたからである。その結果、多くの成果が上梓されたので、筆者なりに整理しておきたい。付言しておくと、中国人民と研究者も五〇周年を忘却しなかった。

様々なイベントも企画されていたし、中には筆者と研究交流をするグループもあった。しかし、嗅覚の鋭い習近平政権に一網打尽にされてしまったので、来る六〇周年の到来を待たなければならなくなったのである。

写真1　文革期に中国を訪れ、熱烈歓迎を受ける各国からの「朋友＝友人」たち（筆者蔵）。

社会学と人類学の文革観

アメリカを拠点とする中国系の社会学者ソ・ヤン（蘇陽）は現代史学者によって長らく独占されてきた文革研究に社会学の視点から挑戦した。彼は文革期に発生した大虐殺現象を「集合的殺戮」（Collective Killings）と定義した。「集合的殺戮」は国家の支持と黙認の下で断行された［Yang Su 2011］。

彼は筆者と異なって、大虐殺をジェノサイドとして位置づけていない。その理由として、第一、殺害されたのは集団であること、第二、故意の殺人であったこと、第三、犠牲者数は一定の規模に達していること、の三点である。こうした真相を究明するのには社会学のコミュニティ・モデル論における「集合的」（Collective）という言葉を用いて、「大衆」（mass）を避けた。彼は社会学のコミュニティ・モデル論を駆使することで、政府政策の結果となりうる「ジェノサイドのモデル」（model of genociede）から距離を取る。それは、社会運動における集団行動を分析するのに有効だという［Yang Su 2011］。ソ・ヤンは南中国の湖南省や広西チワン族自治区等で集めたデータに依拠して分析している。その結果、中国人すなわち漢人地域が他の民族の居住地よりも暴力的だったことが判明した［Yang Su 2011］。この点に関する民族文化に即した解説がないので、筆者は「集合的殺戮」よりもジェノサイドの方が適切だ、と主張したいのである。

一九六〇年代のシカゴ大学の文化人類学を代表するヴィクター・ターナー（Victor Turner）の象徴人類学の理論を援用した文革研究も二つ現れた。ウ・イーチン（呉一慶）とヤン・グービンである。ウはターナーの儀礼研究における「境界的空間」（liminal spaces）と「周縁」（margins）概念を用いて紅衛兵運動を解釈した［Yiching Wu 2014］。具体的には紅衛兵の一部が信奉する血統論、階級闘争論に注目している。中国は一九四九年に建国した時点で従来の階級を打破して、新しい階層を設定し直した。「革命」の結果による階層の再画定で一部の人間が「周縁」化されるが、それも古い血統論の援用に過ぎず、社会的混乱をもたらした。新しい支配者と「周縁」部の人々との間に血統をめぐる対立が生じ、「革命」の名の下で紛争が生じたし、「周縁」化も固定されずに絶えず再編が反復されていた［Yiching Wu 2014］。

ヤン・グービンの場合はターナーの「儀礼の過程」論（ritual process）を援用している。ターナーによると、人間の儀礼はすべて「分離—境界（周縁）—再統合」というプロセスを辿る。人間は本来属していたコミュニティから「引き離され」、どっちつかずの「敷居」のような中間の境界段階で曖昧な状態に置かれる。ここで様々な試練を受けて、新しいコミュニティへと統合されていく［ターナー 1981］。ヤン・グービンはこの「儀礼の過程」論を紅衛兵に当てはめて、文革期の政治運動を解析しようとした［Guobin Yang 2016］。彼は紅衛兵の武闘が激しかった四川省の重慶市で実地調査を進め、インタビューと紅衛兵新聞等を利用して、文革の主人公を演じた世代の成長過程と行動形式、そしてその思想が中国政治に与える影響に注視している。建国前後に生まれた紅衛兵を政府は階級画定によって親の世代から「分離」させ、革命の洗礼を浴びせて、社会主義中国に再統合した。共産主義の「通過儀礼」は紅衛兵世代に大きな影響を与えただけでなく、その行動パターンまで決定した。今日においても、紅衛兵出身の習近平がリードする専制主義中国の冒険的行動は文革期に経験した政治運動の結果である［Guobin Yang 2016］。筆者は、紅衛兵世代の行動原理を解明するには、ヤン・グービンのアプローチが一つの有効な手段である、と評価している。

文革期の文化と社会

リー・ジェとジャン・エンホワーらは共産党が一九四九年以降に創出した「赤い文化」が文革を経て「赤い遺産」となっていくプロセスと影響、及び意義について検討している。具体的には北京にある「新中国の十大建築群」と各種の革命記念堂と革命聖地、ポスターと文藝、そして個々人の身体の変化にまで切り込んでいる。文革がいかに中国人の日常生活と社会組織に深刻な影響を与え続けてきたかについて論じている。遺産（legacies）は記憶（memories）になっていると結論している［Jie Li and Enhua Zhang 2016］。

香港大学のフランク・ディケーターは「人民の歴史」（a people's history）と位置づける文革史を上梓した。彼は各地の檔案《タンアン》資料を利用し、従来、権力の中枢部や大都会に偏りがちだった視点から転じて、民衆に注目した。「政権上層部の指導者から、貧困にあえぐ農民にいたるまで」、幅広い階層を取り上げた。政治の中の「人間ドラマの中心にいた男性や女性の物語を綴っていく」方法を取っている［Dikötter Frank 2016; フランク・ディケーター 2020］。

二〇一六年六月にカリフォルニア大学の宋永毅は大型の国際シンポジウム、「毛沢東の遺産と現代中国」を開催した。世界中から集まった七十数人の文革研究者の成果はその年の秋に香港から出版された。毛沢東が発動した文革が現代中国と世界に与えた深刻な影響を様々な側面から考察した論文集だ［宋　2016］。少し遅れて、北京の共産党幹部、楊継縄の執筆した文革史も香港から出された［楊継縄　2016］。相変わらず北京中心史観、大都市中心史観で書かれたものだが、それでも香港から公開できた点は評価できる。その後、香港は二〇二〇年七月に中国政府が主導する「国家安全維持法」の制定と導入により、言論と出版の自由を失ったから、今後、同様な出版が期待できなくなったのである。

文化大革命の「文化」とは何か。発動した毛沢東本人も異なる時期に違う思考と解釈をしていた。中国人にとっての「文化」とは、特殊な藝術として、プロパガンダの目的で創造された模範劇（様板劇《ヤンバンシー》）を意味していた。そのような「文化」は社会的ミメーシス、模倣だった、とパン・

ライコンは指摘する。パンは文革中に一世を風靡した、或いはそれしか許されなかった模範劇（様板劇）に注目し、社会主義国家におけるモデルの創出と再創造のプロセスと性質を分析している。毛沢東夫人江青が指揮して創ったモデルから無限にコピーされていき、全国人民に模倣させることで、社会動員が可能となった。「文化」は「革命」発動の推進力であったという［Laikwan Pan 2017］。

ドイツのフェーリクス・ヴェムヘワーは現代中国の社会変遷史、社会変容の中で文革を位置づけようとしている。彼に言わせると、中国は孤立した存在ではなく、世界が文革を必要としていた。現実の中国は建国後の大躍進政策で数百万以上の死者を出し、大虐殺を進めてきたが、世界はそうした事実を知らなかったし、知ろうともしなかった。世界、それもニュー・レフトたちが重視したのは反米・反ソにして、非同盟運動における大きな存在としてのチャイナであって、現実の中国はどうでも良かった。西側諸国が知ろうとしなかった文革の内実、それも社会の実態を歴史として描こうとしたのが、ヴェムヘワーの力作だ。彼は中共の革命によって逆転させた階級とジェンダー、地方幹部といわゆる「少数民族」に注目した［Wemheuer 2019］。建国以降の複雑な紛争と衝突を再現し、文革がもたらした深刻な後遺症を整理し、国際社会にとっての異様な中国の実態をリアルに伝えている。

犠牲者の規模

文革は中国社会固有の特異性（idiosyncratic）から生じた社会的大変動であった、とアメリカのアンドルー・G・ウォルダーはその最新の著作で指摘する。文革期は社会が極端に混乱し、諸種の社会的衝突も多発し、無秩序だったにもかかわらず、政権が転覆されることはなかった。共産党という権力機構は人民を動員する方法を熟知し、権力の維持に長けていた。次から次へと新しい政策を制定しては地方の末端まで貫徹して秩序をコントロールし、社会主義の独裁体制を構築した〔Walder 2019〕。

ウォルダーは中国官製の膨大な地方史を集めて分析した。具体的には二二四六もの県と市の地方史を網羅し、一九六六年から七一年まで発生した三四〇〇もの政治的出来事について検討した。ウォルダーによると、上からの変革、革命を企図する毛沢東の党中央は常に運動の主導権を握っていた。それは、まずは一旦人民に「自由」を与えて、故意に秩序を打破させる手法である。「自由」を与えられた各種団体は指導者たちのスピーチを自分の好みに合わせて部分的にカットして編集し、解釈し、限られた「結社の自由」を享受しながら、政府主導の革命に参加していった。こうした「革命」はあくまでも体制内の造反に過ぎなかった〔Walder 2019〕。

人民が動員させられて「革命」に参加したとしても、主導権は終始、政府と党中央に握られていた。根本的な変革は生じなかったし、特異性のみが残った、とウォルダーは言わんとしている。彼は最新の著書の中でも以前に自身が算定した文革期の犠牲者数を用いている。ウォルダーが記録した数字を網羅し、さらにサンプリング調査の結果で算出したものである。それは、地方史文革期の犠牲者数は一一〇万人から一六〇万人に達すると結論している〔Walder 2014;2019〕。周知のように、官製の地方史は社会主義建設の「成果」を示すのが目的で、文革期の犠牲者数のような汚点についてはは真実を書こうとしてこなかった。したがって、筆者はこの数字が事実を物語っているとは思えない。

以上、近年の欧米における主要な文革研究について概観してきた。欧米の研究は、中国研究の方法論的枠組みが変化した性質を示している。従来は政治史、現代史の視点で中国を取り上げていたのに対し、近年では文化人類学や社会学的手法を駆使し、中国文革の内部（inside）を多面的に解明しようとしているのが、特徴的である。以前は異なる分野の成果を敬遠する傾向も見られたが、近年では積極的に異分野同士の共同研究が推奨されているように変わってきている。

文革をめぐる日本の内的論争

近年の日本における文革研究は、岩波書店の『思想』誌が二〇一六年一月号に組んだ特集、「過ぎ去らぬ文化大革命――五〇年後の省察」から始まった。この特集では筆者が加々美光行や国分良成、R・マックファーカーら国内外の諸先学の開拓精神を受け継ぐ形で執筆陣を組織した。文革のトラウマが現代中国の政治を左右している、とマックファーカーは論じている［マックファーカー　2016］。国分も現代中国の政治的手法は文革期と何ら変化はない、と指摘する［国分2016］。このような文革は中国のフロンティアに住むチベット人［ツェリン・オーセル　2016］とモンゴル人［啓之　2016］、それに中国人すなわち漢人を暴力に巻き込み、さらには西側諸国の左翼系学生や知識人らを熱狂させた［劉　2016; 谷川　2016］。

筆者はその後、文革が中国のフロンティアと国際社会に与えた影響を具体的に究明しようとして、国際シンポジウムを複数回にわたって開催し、その成果を公開した［楊　2016e; 楊・谷川・金野　2017］。文革は一〇年間続いたとされるが、なかでも特に一九六八年は重要な年であった。世界各地に同時多発的に勃発した学生運動と反戦キャンペーンはどれも中国と連動していた［楊　2018d,2019b］。中国は世界に革命を輸出していたし、世界情勢もまた中国政治を突き動かしていた［馬場　2018］。この他、土屋昌明もメディアと文献資料に対する分析を通して文革と世界との関係についての共同研究の成果を公表した［土屋・「中国六〇年代と世界」研究会　2016］。

石井知章と鈴木賢ら日本の中国研究を牽引してきた研究者らも国際会議を開き、独裁の性質を変えない中国の源流を文革に求めた［明治大学現代中国研究所・石井・鈴木　2017］。文革は世界の革命家や知識人を発狂させただけでなく、その過去をいかに問うべきかをめぐっての論争はまだ続いているし［愛知大学現代中国学会　2018］、日本の中国学界もそれを清算しきれていないのが現状であろう。激しい論争が内的に、中国とほぼ無関係に展開されている日本において、欧米諸国と異なって、政治学と社会学、それに文化人類学等との融合的な研究はまだ進んでいないのが現状である。

紅衛兵出版物というメディア

以上、欧米と日本における「文革五〇周年」の成果を中心に回顧してきた。本家中国から研究らしい研究が生まれていない。以下では、かつて一時的に緩かった時代に出現した研究、それもメディア研究の類に入るものを取り上げる。ここでいうメディアとは、文革の初期において、一時的に登場した「紅衛兵新聞」を指す。「紅衛兵新聞」は雨後の筍のような勢いで誕生し、活発な論陣を張った。紅衛兵新聞は文革中に現れたユニークな現象だけではなく、運動そのものの推進にも大きな役割を果たした世論形成の道具であった。限られた、ほんの一時的な「言論の自由」だったという見解もあれば、最初から最後まで、実は党と政府に巧みにコントロールされていたとの見方もある。

欧米や日本の研究者は早くから紅衛兵新聞などの印刷物を用いて文革について研究する手法を導入していた。例えば、マクミランが一九七九年に新疆《しんきょう》ウイグル自治区の文革について論じた際に、既に入手していた紅衛兵新聞類を分析の対象としている。マクミランは紅衛兵同士の対立と衝突に注視しているので、当然、各派閥間の主張を彼らの新聞類から抽出しなければならない[マクミラン 1983:148-153]。

紅衛兵運動が文革に与えた影響はあまりにも大きかったため、アメリカを研究拠点とする宋永毅は早くからC．C．R．M（Center for Chinese Research Materials）から持続的に紅衛兵新聞を刊行した。彼はまず一九九九年に『新編紅衛兵資料（一）』（*A New Collection of Red Guard Publications*）を影印で刊行し、つづいて二〇〇一年に第二巻を、そして二〇〇五年に第三巻を上梓した[Song Yongyi 1999,2001,2005]。第一巻は二〇冊で、第二巻は四〇冊からなり、そして第三巻は五二冊で構成され、ほぼ中国全国の各種の紅衛兵新聞を網羅できている壮大なシリーズである。

紅衛兵新聞類を利用して系統的な研究を行ったのは、前に触れたアメリカのアンドルー・G・

ウォルダーだろう。彼は首都北京の紅衛兵の派閥主義に注目し、その背後の政治的、思想的違いを抽出しようと努力した。ウォルダーはその際に大量の新聞記事を分析の対象としているし、北京の各大学に具体的にどんな紅衛兵組織が活動し、いかなる主張を唱えていたかを整理している［Walder 2002,2006,2009］。上で紹介してきた中国出身の研究者の多くは経験者でもあったためか、紅衛兵運動の勃発と推移等の現代史の真相解明に主たる関心があった。それに対し、ウォルダーは社会主義中国の政治構造と社会構造の実態を究明しようとしているので、両者には自ずと手法の違いが認められよう。

日本では鱒沢彰夫が上述の宋永毅編の第一、二巻と愛知大学名古屋図書館所蔵原資料、早稲田大学中央図書館所蔵原資料、そして自身が収集した原資料と合わせて、二〇〇五年に『紅衛兵新聞目録』を公刊している［鱒沢　2005］。鱒沢はその後紅衛兵新聞の他に鉛印（活版印刷）資料と油印（謄写版）資料、それにリーフレットや伝単《ビラ》類を『紅衛兵印刷物の研究』に整理している［鱒沢　2007］。

筆者は二〇一七年には内モンゴル自治区の造反派に属す新聞、『呼三司《フーサンス》』と『紅衛兵』等を公開した。翌年にはまた保守派とされる群衆組織の新聞を網羅して公開した。本書前半の第一部では筆者自身が収集し、公刊した十数種の造反派紅衛兵新聞二〇〇部以上に依拠して、モンゴル人大虐殺の思想的背景について記述する。後半の第二部では計一八種三〇〇部もの群衆組織、それも大半が保守派の新聞を取りあげて分析する。紅衛兵の思想、特に彼らがいかにモンゴル人大虐殺に関わったかについて深く研究したい読者にはぜひ、資料集に当たっていただきたい。

2 紅衛兵新聞とは何か

紅衛兵新聞の誕生

「紅衛兵新聞」は紅衛兵の出現と共に北京で生まれた。紅衛兵だった卜偉華は北京の三大紅衛兵組織の形成とその機関紙の創刊について、次のように回想している［卜偉華 2008］。

まず、第一司令部こと「首都大専院校（大学・中等専門学校・学院）紅衛兵司令部」は一九六六年八月二七日に成立し、毛沢東の側近で、党中央の警護を担う特殊な人民解放軍部隊の最高責任者である汪東興の娘、汪延群が総指揮に就いた高官の子弟からなるグループだった。一司と略称されるこの紅衛兵の機関紙『紅衛兵』は一九六六年九月一日に創刊された。この一司の成立大会には毛沢東の夫人江青をはじめ、警護司令官の汪東興、中華人民共和国公安部部長の謝富治らも駆けつけ、「党中央の所在地である中南海と人民大会堂を守るよう」指示したという。

次に、一司の成立を認めない立場を取る首都北京の他の大学の学生らは九月五日に「首都大専院校（大学・中等専門学校・学院）紅衛兵総部」、通称第二司令部を結成した。こちらの臨時指揮官は人民解放軍海軍の副司令官周希漢の息子、周太安だった。彼らの成立大会にも江青夫人と汪東興、それに謝富治らが参加した。そして、一〇月一日に機関紙『東方紅』は生まれた。

第三司令部すなわち「首都大専院校（大学・中等専門学校）紅衛兵革命造反総司令部」は九月六日に成立した。九月一三日に『首都紅衛兵』との機関紙を印刷しだしたが、少数派だった。同新聞は一九六七年三月三日に「紅一号」という特別号を刊行し、発行者の名を「首都大専院校紅代会」に改めた。そして、同年五月一日から全国に向けて発行するほどの威力を発揮しだした［王家平　2004］。

以上の三つの紅衛兵組織はいずれも共産党の高級幹部の子弟が創立に関わっているのが特徴的である。彼らは自身の団体の中枢機構に「司令部」との名を与え、軍隊を彷彿とさせる行動を取った。これらの紅衛兵組織は時期的に早かったことから、「老紅衛兵」と称される。父母が建立した祖国を守る責任は自分たちの肩に乗っかっている、と老紅衛兵は信じて疑わなかった。特権階級意識と責任感の混淆した思想が、老紅衛兵の政治行動を左右していた。

毛沢東の墨汁と「革命的聖地」からなる紙名

老紅衛兵の機関紙よりも早く登場した紅衛兵新聞は『新北大』（新しい北京大学の略）だ、という見方もある［王家平　2004］。『新北大』は元々北京大学の紀要だった（写真2）。同大学の聶元《ニエユアン》梓《ジ》という女性が大学当局を批判する大字報（壁新聞）を張りだして党中央の文革発動に呼応したが、当然、大学の執行部に弾圧された。

しかし、毛沢東は聶元梓を支援した。彼女の大字報は「全国初のマルクス・レーニン主義の壁新聞」だと謳歌され、一九六六年八月一七日に毛沢東は直々に「新北大」と揮毫して激励した。

「新しく生まれ変わった北京大学」は聶元梓をリーダーとする「新北大公社《コミューン》」の機関紙へと変質し、大学の紀要から紅衛兵新聞に生まれ変わったのである［王家平　2004:20; 聶元梓　2005; 鄭光路　2006; 孫月才　2012］。毛沢東が特定の群衆組織の新聞や雑誌に題辞している事実から見れば、彼は文革推進にあたって、いかに世論の形成と推移を重視していたかが窺える。

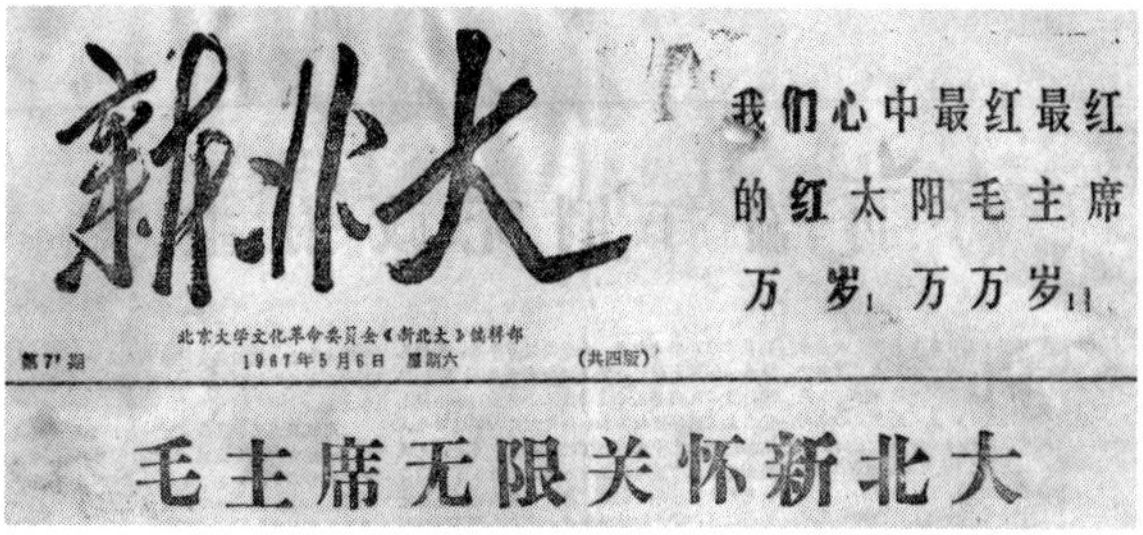
新北大

我们心中最红最红的红太阳毛主席万岁！万万岁！！

北京大学文化革命委员会《新北大》编辑部

1967年5月6日　星期六　（共四版）

毛主席无限关怀新北大

写真2　新北大の巻頭。毛主席は最も紅い、最も紅い、紅い太陽だ、との称賛の言葉が右にある（筆者蔵）。

『新北大』は「偉大な領袖」の題辞でもって紙面を飾ったが、全国の紅衛兵新聞にはそのような運命的な出会いの機会はない。それでも、賢い紅衛兵には妙案があった。彼らは毛の書道作品の中から字を拾ってつなぎ合わせて紙名に使った。その結果、全国の紅衛兵新聞はほぼ例外なく毛の書からなるという現象が定着したのである。

北京大学だけでなく、名門清華大学の紅衛兵、「井崗山《ジンガンシャン》兵団」も独自に複数の新聞と雑誌を編集し、発行していた。井崗山とは、毛沢東が一時的に割拠していた江西省の山の名である。共産党によって「革命の根拠地」だと礼賛されていた井崗山は、「革命の聖地」の一つだった。紅衛兵たちは全国各地から出発して、聖地巡礼を果たした。

毛が割拠していた地域の名を自らのグループ名や新聞名とするのが、当時の流行で、「革命の精神を受け継ぐ」ポーズだった。

写真3　清華大学井崗山兵団の機関誌『井崗山』の巻頭（筆者蔵）。

清華大学紅衛兵が主役を演じた一九六八年の武力闘争について研究した唐少傑は、「井崗山兵団」内の編集部は兵団の宣伝部門の中心軸で、思想形成と世論誘導を積極的に推進していたという。兵団の機関紙『井崗山』は中国で最も著名な紅衛兵新聞の一つで、一九六六年一二月一日に創刊されて、一九六八年八月九日まで計二〇カ月続き、合計一五七期を発行した（写真3）。一時は総発行部数が五〇万部に達し、「中国の新聞業界の奇観を創出」したほどである［唐少傑　2003］。北京師範大学の学生も同じ名前の『井崗山』を一九六六年一二月九日に創刊した［王家平　2004］。本書の舞台である内《うち》モンゴル自治区においても、井崗山と冠した紅衛兵や群衆組織が数多く現れたし、彼らの編集する新聞名ともなった。

異端思想者の運命

北京では大学生の造反を目撃した中学生と高校生も立ち上がった。

一九六七年一月一八日、高級幹部の子弟らが学ぶ北京第四中学の牟志京らは『中学文革報』を創刊した。「文革中において、政府の支持がなかった、唯一の新聞」と自負する『中学文革報』は遇羅克《ユイルオクア》の「出身論」を創刊号に掲載したことで歴史に名を遺した。一時は毛沢東も認める、

「最も影響力のある紅衛兵新聞の一つ」にカウントされていた〔牟志京　2011〕。「出身論」を掲載した『中学文革報』の創刊号は最初、三万部印刷したが、飛ぶように売れ、さらに六万部増刷した。その後も同新聞は「家庭出身問題研究小組」の名で出身に関する論文を掲載し続けた。街角で『中学文革報』を読んだ者が思わず号泣する光景も多々あったという。ところが、一九六七年四月一日に第六期を出した後、四月一四日には党中央文革小組から正式に「反動的な出身論」を掲載したと断じられ、発行停止を命じられた。「出身論」を書いた遇羅克も一九六八年一月五日に逮捕され、一九七〇年一月九日に死刑判決を受け、三月五日に公開処刑された。二七歳の遇羅克に冠された罪名は「偉大な領袖毛主席を暗殺する謀略を企てた」とされるが、実際は「出身論」が党中央の逆鱗に触れたからだ、と創刊に関わった牟志京は理解している〔亜衣　2005; 牟志京　2011〕。

では何故、『中学文革報』に「出身論」を執筆した青年を公開処刑する必要があったのだろうか。「出身論」は中国における文革の性質と共産党支配の正統性に切り込んだからである。右で触れたように、初期の紅衛兵はどれも党中央の高級幹部の子弟らが組織したもので、彼らは例外なく「血統論」の信者だった。その「血統論」の根拠を彼らは以下のような対句で表現した。

父親が英雄であれば、その子も好漢だ。
父親が反動的であれば、その子も馬鹿だ。
（老子英雄児好漢、老子反動児混蛋）

高級幹部の子弟たちに追随していた「子分」は、社会主義中国の支配者階級に入る紅五類《ホウウーレイ》出身の青少年だった。紅五類とは労働者と貧農・下層中農（貧下中農）、革命幹部、革命的軍人、革命烈士の出身者を指す。紅五類の対極は被支配者の黒五類《ヘイウーレイ》で、こちらは地主と富農、反動分子、悪質分子、右派の出身者からなる。血統論はいわば、革命の外套をまとった封建主義の階層論だった。紅五類の出身者はあからさまに黒五類の出身者を差別し、党の政権を受け継ぐのも当然、自分たち高官の子弟だと公言してはばからなかった。

文革研究の大家、加々美光行は、中国のこうした「出身階級一辺倒的な社会体制」は血統主義的原理によって構築されたものである、と指摘する。共産党の「解放」によって、支配者と被支配者間のピラミッドが形式的に逆転し、頂点に立った新しい支配階級に対する不満を代弁したのが、遇羅克の「出身論」である。共産中国の統治を支えていたのは新しい血統主義の情念で、「遇羅克が告発したものは、まさにこの『血統主義的情念』によって現れる国家支配の暴力的側面であった」［加々美　2001］。

高級幹部の子弟を指導者とし、紅五類からなる初期の紅衛兵はまた「老紅衛兵」や「保守派紅衛兵」とも呼ばれる。遇羅克と牟志京の『中学文革報』はまさにこの高官の子弟らが固く信奉する血統論を批判するために創刊されたものである［亜衣　2005］。だから、最初から党中央に注目されていたし、最終的には執筆者も「反革命分子」として殺害されたのである。

許されざる「出身論」

北京大学生だった印紅標の研究によると、老紅衛兵と異なって、造反派紅衛兵は血統論に基づいた出身を問わないことと、高級幹部の子弟が少なかったのが、特徴的であるという。老紅衛兵は血統論に則して父母の共産政権を受け継ぎ、黒五類には革命の権利すらないと宣言しても、毛沢東の真意は別のところにあった。毛はまさに老紅衛兵の父母こそが資本主義の路線を歩む実権派だと判断していた。そのため、当初は少数派だった老紅衛兵たちも造反派と称するようになり、平民の子弟らにも門戸を開くように変化する。一九六六年末から造反派紅衛兵が次第に老紅衛兵にとって代わり、紅衛兵運動の主流を成すようになる［印紅標　2009］。

文革初期の暴力と破壊行為は主として老紅衛兵が働いたが、造反派もそれに反対しなかった。なかには北京師範大学の「井崗山戦闘団」のように遥々と山東省の曲阜に赴いて孔子ゆかりの文化財を破壊しつくした過激な組織もあった。造反派が一貫して血統論を批判したのは事実である。造反派が血統論を批判した際に、必然的に党と政府の特権階層の問題に触れざるを得なかった。中国共産党はソ連の指導者たちの「特権」を批判していたものの、自身の問題には関心がなかった。造反派紅衛兵は「特権階層」に対する分析を通して中国社会の問題を解決しようとした。毛沢東を指導者とする「無産階級《プロレタリアート》司令部」も血統論批判を一時は許容したが、党と政府の公的な文書でそれを取りあげるには慎重な態度を崩さなかった［印紅標　2009:58-66］。文革も後半に差し掛かった段階で、「偉大な領袖を暗殺しようとした罪」をでっちあげて、出身論の執筆者を殺害したのである。遇羅克を処刑した事実は、その後、特権階層の子弟からなる老紅衛兵が太子党を結成して政権の座に返り咲き、そして諸悪の根源を造反派になすりつける、中国独特な清算方式の前奏曲だった。その結果、最終的には習近平のような「紅二代」が権力を掌握するようになった。中国の現状もまた遇羅克の「出身論」には先見性が含蓄されていた、と評価できよう。

3　紅衛兵新聞が反映する文革期の思想的潮流

紅衛兵新聞から時折、全国的に知れわたるようになる名文が誕生する。そのような名文から文革期中国の思想的状況を抽出できる。

中国を憂える

右で触れた遇羅克の「出身論」と共に流布し、共産党政府からの激しい弾圧を招いたのは湖南省出身の楊小凱の「中国はいずこへ向かうのか」である。楊小凱本人は後日、次のように回想している［楊小凱　2004］。

一九六六年に文革が勃発した時、両親は劉少奇と彭徳懐に同情的だったために、反革命修正主義分子にされてしまい、我が家は「黒い鬼」とされ、差別を受けていた。私は湖南省長沙第一中学の高校一年生だったが、差別されて紅衛兵になれなかった。だから、紅衛兵に反対する造反派に加わった。……紅衛兵はみな出身の良い者で、造反派のほとんどは出身の悪い者だった。だから、文革中に私たちはずっと造反派を支持し、紅衛兵に反対した。

楊小凱はその後、一九六八年に「中国はいずこへ向かうのか」という有名な大字報（壁新聞）を書き、パリ・コミューン型の民主的政治を中国でも実施するよう強く求めた。一九六八年一月二四日の夜九時、北京の人民大会堂で湖南省革命委員会の準備グループと接見した毛沢東の側近で、党中央委員の康生は何回も「中国はいずこへ向かうのか」の著者は反革命だと批判した。まもなく楊小凱は逮捕され、「反革命罪」で懲役一〇年の刑が言い渡された［楊小凱　2004］。毛沢東は政敵の劉少奇らを倒すのに青年の造反を唆した。青年たちの目には共産党の高官層こそが資本主義の路線を歩む実権派に見えたし、人民を抑圧する独裁者としても映った。だから、青年たちは共産党の支配よりも、パリ・コミューン型の民主主義の実現を要求した。毛の脳裏には民主主義なんか毛頭なく、パリ・コミューン云々を夢見る青少年が反革命分子として打倒されるのは当然だった。楊小凱個人だけでなく、政敵を一掃した後に、紅衛兵運動に加わった全世代の青少年が農山村へと下放《シアファン》される［楊　2018d］。

紅衛兵新聞の出現を一種の「自由」の誕生と見なす見解もある。一見、出版も結社も現象としては「自由」のように映るが、実際は党と政府に制御された上での「自由」だった。文革中の青少年の思想的模索について研究してきた印紅標も一九六六年から一九六八年までという短い二年間に出現した群衆組織が発行する大字報（壁新聞）や新聞、雑誌とビラ類を分析している。印紅標は各種の「紅衛兵新聞」は「大民主」方式の一つではあるが、あくまでも党中央の許容範囲内の言論活動だったと指摘している。このような限られた言論活動も一九六八年秋以降は完全に息を潜めてしまい、今日まで「思想的高圧の下」で暮らすことになる［印紅標　2009］。

反体制の存在に非ず

右で紹介した「異端思想」を唱えた遇羅克と楊小凱、それに研究者の印紅標らは紅衛兵の世代に属すが、一九六五年生まれの王家平は文革中に紅小兵だった。

「紅小兵は紅衛兵に比べて文革に巻きこまれた程度が浅いために、理性的な分析が可能だ」、と王家平は主張する。

王家平が主に利用したのは北京の国家図書館に保管されている紅衛兵新聞である。図書館側は紅衛兵新聞を貴重な「新しい善本」のジャンルに分類し、特別な紹介状がない限り、閲覧は不可能である。王家平は困難な状況の下で、国家図書館と北京大学図書館所蔵の紅衛兵新聞に掲載された詩歌で博士論文を仕あげ、そして出版に成功したのである［王家平　2004］。

王家平によると、毛沢東は文革を発動した最初の頃に、「何でもオープンに、全面的に、下から上へと広範な群衆を動員して我々の暗黒な側面を暴露しよう」と呼びかけた。毛は政敵を打倒する目的から、紅衛兵と群衆には「大鳴と大放、大字報と大弁論」の四大自由を与えた。紅衛兵と群衆組織も毛から下賜された「自由」を利用して大字報を書き、新聞を創刊した。王家平は先に触れた著名な『中学文革報』の受難を例に挙げて、実際は何の自由もなかったと指摘する。遇羅克の「出身論」を掲載した『中学文革報』はまず特権階級から攻撃され、続いて党中央文革小組から「反動的」だとして廃刊を命じられた。造反だろうと、保守だろうと、各種の紅衛兵や群衆組織の新聞は例外なく「党中央と毛主席の最新指示」を大幅に掲載することを通して、常に「党の指導下」に置かれていた。毛と党中央文革小組は紅衛兵や各種の群衆組織と直接連絡し合うことで、党と政府の行政組織を超越して自らの意図と戦略をダイレクトに実行していた。紅衛兵新聞も共産党の体制内の道具でしかなく、ソ連などに存在していた、地下に潜伏して発行していた反体制的な刊行物ではなかった。ただし、人民大衆が「出身論」などの論文を熱狂的に擁護した行動の深層には、共産党体制そのものへの懐疑的心理も内包されていた。紅衛兵新聞の多くは最初、自費で印刷刊行されていたが、次第に党と政府からの財政援助に頼るようになり、官営ないしは准官営に変質した。そして、発行部数が多い程、影響が大きい程、国営の郵便局を通して配布していたので、実際は官営の新聞になりさがったのである［王家平　2004］。

紅衛兵新聞の呪術的宗教性

紅衛兵新聞の内容上の変化を三つの段階に分けることができる、と王家平は唱える。

まず、創刊初期においては、自陣営の「革命的行動」に関する記事が多い（写真4）。例えば、『新北大』は北京大学の学生がいかにキャンパス内の「封建社会の古い残滓」を破壊したかを報道しているし、師範大学の『井崗山』も同大学の「井崗山戦闘団」の紅衛兵二百余名が山東省の

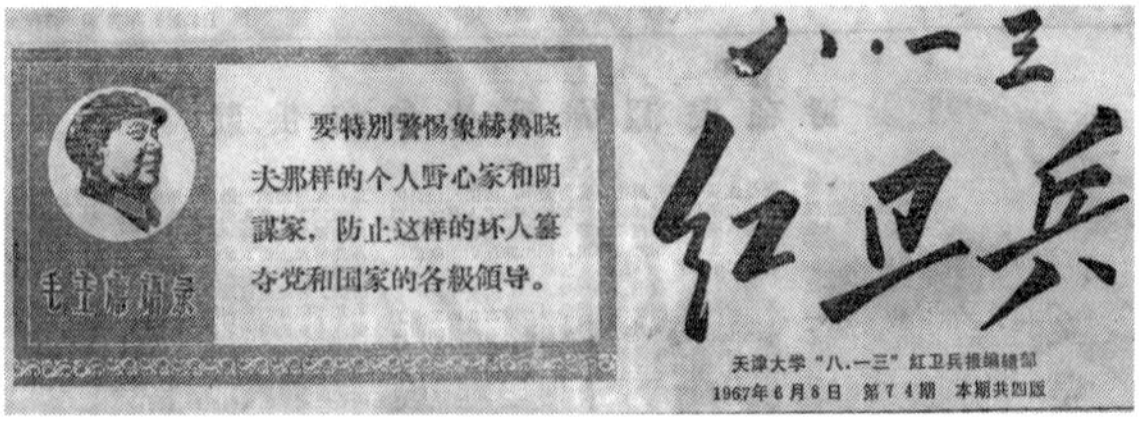

写真4　天津の紅衛兵新聞。八・一三とは、彼らの造反した日にちを表している（筆者蔵）。

曲阜に入り、孔子像を打ち壊して、孔子の墓を暴いた「戦闘」を詳報していた。また、共産党の高級幹部の子弟らからなる「北京市西城区糾察隊」が第六中学で殺人を働き、人間の血で壁に「紅色の恐怖万歳」と書いた「戦果」についても報道している［王家平　2004］。

高級幹部の子弟らが一時的に退場し、造反派が現れた第二段階になると、遇羅克のような独立した思想を持つ青少年が紅衛兵新聞に論文を載せるようになり、人間の尊厳を求める文章が現れた。一九六七年夏に入ると、文藝作品も相対的に増え、第三の段階の特徴となる［王家平　2004］。王家平は主として第三段階に書かれた詩歌を取りあげて、紅衛兵らの精神世界を分析している。多くの詩歌に用いられている言葉と歌風を詳しく検討した結果、王家平は次のような結論を導きだしている。

毛沢東に唆《そそのか》された青少年たちは人格の激しい内的分裂を経て造反に走った。自らの父母を打倒してまで毛沢東に忠誠を尽くした。「紅い太陽」と称賛された毛は、全国の青少年にとって、まさに太陽神だった。紅衛兵は清教徒のような唯美を無産階級の崇高な精神だと位置づけ、対立する相手との武闘を「世界最終戦争」だと位置づけた。天安門広場をはじめとする大小無数の公的な場を占拠して革命歌を唄い、世間を狂騒に陥れた。中国だけでなく、世界革命の発動にも熱い使命を感じていた。青少年たちは常に最も粗野な言葉をふんだんに駆使して打倒しようとする相手を玩び、「筆で以て刀と槍とす」という呪術的な暴力で歴史を改竄《かいざん》し、再解釈した。例えば、毛沢東に対しては最大限に「最紅最紅的紅太陽《ズイホンズイホン》」、「最も紅い、最も紅い、紅い太陽」という風に「最」という字を極限に達するまで反復して用いて呪術的な力を発揮した（前掲写真2参照）。また、「東」と「紅」は正義で、「西」と「黒」は悪のように、極端な二元論的思考を定着させた［王家平　2004］。文革は一〇年間も続いたし、運動の終息が宣言されても元紅衛兵たちは今日まで中国の政治と文化を動かしてきた。彼らが創出し、定着させた暴力的な思考形式と善悪二元論的な価値観は今もなお、中国大陸を覆い尽くしていると見て間違いなかろう。

4　毛沢東と紅衛兵新聞

短命な紅衛兵新聞

中国の研究者鄭光路は、文革中の特殊な言論活動の一翼を担った群衆組織の新聞類を大きく「紅衛兵新聞」と「工人新聞」に分類している。そのうち、紅衛兵新聞については、その存続した短い期間を鄭光路はさらに三つの時期に分けている。文学的な表現だが、まず、一九六六年九月から一九六七年一月までは「春草の乱生期」である。次に、一九六七年春に毛の政治手法に抵抗する高官らがいわゆる「二月逆流」を発動したものの失敗したのに伴い、紅衛兵新聞それも特に造反派の新聞が取り締りの対象とされたので、同年五月までは「暴風雨に打たれる時期」にあたる。一九六七年五月以降は「全盛期」を迎え、そして次第に衰えていく。一時は政府から支給された経費で編集発行されていたが、一九六七年六月三〇日付で中央文革小組から自費で賄うよう指示されたことで経営難に陥る。そして、一九六九年初頭になると、ほぼ絶滅する。紅衛兵新聞の大半が一九六九年初頭に発行停止を命じられたものの、例外的に存続していたのは上海の『工人造反報』である。それは、同市出身の工人の指導者王洪文が党と国家の指導者の立場にあったからで、一九七〇年九月三日まで発行し続けていた。また、上海の『紅小兵報』も一九七四年一〇月九日まで続けられていた〔鄭光路　2006〕。

全国的にどれぐらいの紅衛兵新聞が発行されていたのかについては、統計もないが、恐らくは五〇〇〇種は下らないだろう、と鄭光路は推算する（写真5・写真6）。中国のコレクターたちの間では、チベット自治区で刊行されていたチベット語の紅衛兵新聞や、北京の外国語学院と師範大学が出していた中英、中露版の新聞は特に人気が高い〔鄭光路　2006〕。

毛沢東は紅衛兵新聞を戦略的に利用した。毛は一九六七年一〇月中旬に北京を訪れたアルバニアの指導者に「北京だけでも数十種類の紅衛兵新聞がある」と語っていた。毛の夫人、江青も一九六八年三月一五日に「毛主席は紅衛兵新聞をちゃんと読んでいる」と証言していた。紅衛兵新聞に有名な論文が載ると、毛はすぐに入手して熟読していた。造反も毛に唆された「官営の造反」に過ぎず、本当の意味での自己主張とはほど遠い運動だった。紅衛兵新聞は政府からの経費で運営されていたことと、毛のコントロール下にあったことから、党と政府の機関紙を補完するプロパガンダの役割を果たし続けた［鄭光路　2006］。筆者も鄭光路の見解に賛同し、本書前半部分では主として紅衛兵新聞を、後半は工人新聞を分析対象としている。紅衛兵新聞も工人新聞も「紅衛兵新聞（小報）」と総称される。

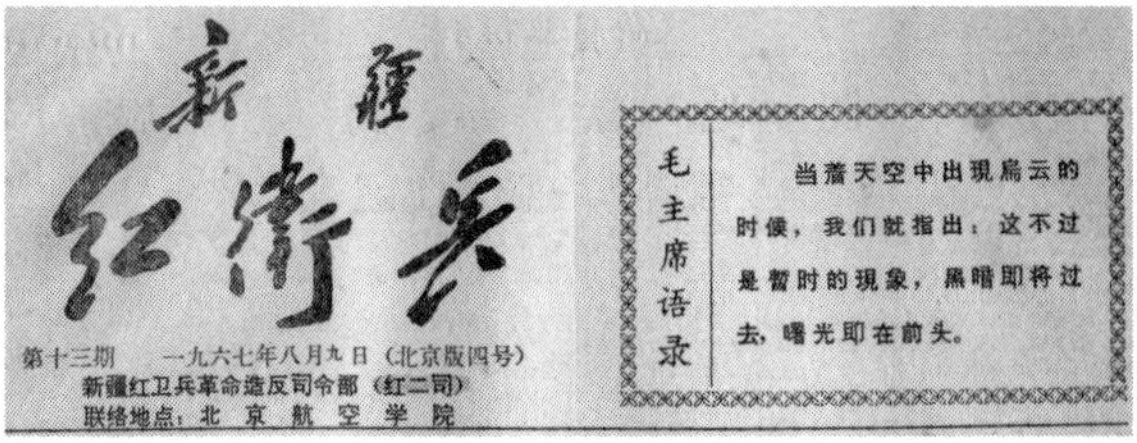

写真5　新疆ウイグル自治区の紅衛兵新聞の巻頭（筆者蔵）。

写真6　チベット自治区の首府ラサの紅衛兵新聞の巻頭（筆者蔵）。

獣性を発揮した紅衛兵新聞

紅衛兵新聞の出現は一種の文闘だ、と鄭光路は解説している。武闘は文字通り、暴力の応酬を指すが、文闘は新聞や雑誌などの紙面で展開された論争を意味する。鄭によると、毛沢東は文革を発動して政敵を除去しようとしたのに対し、人民も文革の潮流に乗って自分たちの生存環境を改善しようとした。毛も中国人民も双方とも獣性を発揮し合い、暴力を存分に楽しんだ。文闘も実質上は武闘の一形式で、暴力応酬の現れだった［鄭光路　2006］。

紅衛兵新聞は毛が提唱した「大鳴大放」の結果であるが、それは自由な言論活動ではなかった。「虚構の民主」で、限定的な「言論の自由」に過ぎない。いざ、政敵の劉少奇らが打倒されると、毛はただちに紅衛兵の弾圧に舵を切った。文革が終息し、毛が発動した政治運動に対する否定が始まると、真先に政府から否定されたのもまた「大鳴、大放、大字報、大弁論」である。一九七九年七月一日には『中華人民共和国刑法』内に「大字報等を用いて他人を攻撃する行為は三年以上の刑を言い渡す」と書き入れて、永遠に人民の言論を封じ込んだ［鄭光路 2006］。皮肉にも、文革に対する否定に伴って、短期間だけ下賜されていた限られた言論活動も完全に封殺されたのである。

紅衛兵新聞の編集者や文章の書き手たちは最初から最後まで、毛沢東の著作類、なかでも特に毛の漢詩の字句を聖典のように引用して、自らの正統性を主張した（写真7）。毛が評価した人物と物事は正しく、正義で、その反対は間違いで、非正義だとの徹底した二元論を創出した［王家平 2004］。鄭光路も文闘の主役を演じた紅衛兵新聞の文章は典型的な毛語録を模倣した現代風の八股文《はっこぶん》で、毛の詩句という虎の威を借りて対立する相手を圧倒しようとした。どの文章も必ず毛沢東の著作や語録を頻繁に引用することで自らの主張の正統性を得ようとしており、独自の思想に欠けていた［鄭光路 2006］。毛の漢詩は平仄《ひょうそく》の合わないものが多いにもかかわらず、造反派はそれを神聖視し、猿真似して「毛風漢詩」の創作に傾倒していた［何蜀 2010］。紅衛兵新聞には洗練された文化や文明的要素がなく、政治的な攻撃性、野蛮な獣性が存分に横行していたと指摘できよう。

以上、主として中国の研究を紹介してきた。王家平を除いて、ほとんどが香港や中華民国台湾で公開された研究成果である。中国内では文革研究はタブーで、王家平も文学的な詩歌研究の手法を用いており、正面から紅衛兵新聞類を取り挙げるにはまだ困難な状況が続いているし、紅衛

写真7　毛沢東の肖像画と漢詩を一面に飾った典型的な紅衛兵新聞『聯合戦報』第2期（筆者蔵）。

兵新聞そのものの蒐集と閲覧も制限されている。それでも、彼らが示した紅衛兵新聞の概略やその思想的潮流の特徴は、大きな開拓であると評価できよう。

I

学生造反派の民族観と思想

第1章
内モンゴル草原の造反派と保守派

内モンゴル自治区に住むモンゴル人は、どこの国の「人民」になるのか。言い換えれば、モンゴル人の「祖国」はどっちなのか。中国か、それともモンゴル人民共和国なのか。こうした国家観が文革と連動してきたのである。

1　誰の「人民」、どこが「祖国」？

言語問題という導火線

内モンゴルに粛清すべき「民族分裂主義者」の勢力が存在し、それがすなわち内モンゴル人民革命党だ、と文革が発動される一年前の一九六五年五月から自治区党委員会に密告を繰り返していた人物がいた。内モンゴル大学党委員会書記で、中国人の郭以青だ。「民族分裂主義者は東モンゴル出身の幹部たちで、その数は一〇〇人から二〇〇人に達する」、と彼は師範学院の学院長テムールバガナと内モンゴル大学副学長のバトなど、具体的な人名を挙げて密告していた［阿拉騰徳力海　1999］。

郭以青は中国共産党の諜報機関を統括する康生とつながっており、康生は毛沢東の側近の一人だった。郭以青の密告もあって、近代におけるモンゴル人の民族主義の政党、内モンゴル人民革命党の「民族分裂主義的歴史」が北京当局に注目されるようになり、モンゴル草原で展開された大虐殺の引き金となる。これはシンプルな陰謀論ではなく、一九八三年四月一六日、自治区党委員会は公式見解を出して、郭以青の悪質な密告を政府として認めている［楊　2019a］。

郭以青には、一人のモンゴル人協力者がいた。言語学者のチンゲルタイ（清格爾泰）だ。チンゲルタイは一九六五年二月二四日の夜に、郭以青に一通の密告の書簡を送った［楊　2019a］。密告文は次のように始まる。

本日、言語工作委員会の拡大会議が開かれた。各言語工作機関の責任者の同志たち計三〇数人が参加した。なかには非党員もいた。会議では主として、「幹部、人民、公社」などの名詞のモンゴル語訳について討論した。会議では自治区党委員会弁公庁からの通知も読まれた。この通知では党の見解が明確に定められているにもかかわらず、ガワー（戈瓦）同志は、将来動けなくなるのを防ぐためにも、意見を十分に述べるよう求めていた。……私は会議に参加した一部の同志たちの発言に、別の何かが含まれていると感じとった。

チンゲルタイが問題視しているガワー（ドロニティブ＝道潤梯歩）は、自治区教育庁の副庁長で、言語工作委員会を管轄していた。彼は、モンゴルは独立した民族で、中国と一つになった時期もあれば、別々に分かれた時もある、と唱えていた［楊　2016］。内モンゴルが中国の一部とされてからも、モンゴル語の新しい語彙については同胞の国、モンゴル人民共和国と統一しよう、とモンゴル人たちは考えていた。そのため、一九五〇年代はキリル文字による教育も実施されていた。

一九五七年夏頃からキリル文字の使用は周恩来によって停止に追い込まれる［楊　2013］。そこから、中国語の単語が洪水のようにモンゴル語に入ってくる。なかでも特に「幹部、人民、公社」の三つは、中国共産党の社会主義制度を代表する言葉で、モンゴル語に翻訳するよりも、そのまま「ガンプー（ganbu）、レンミン（renmin）、グンシャー（gongshe）」と発音するよう求められていた。いくら中国共産党を象徴する言葉だとはいえ、同じ概念は既にモンゴル人民共和国側でも「カートル（katur）、アラト（arad）、ネグデル（negedel）」のように、完全に定着していた。しかも、モンゴル人民共和国は世界で二番目の社会主義国家で、中華人民共和国の先輩にあたるので、モンゴル人は同胞の国の新しい語彙を愛した。大量の中国語を使用することは、そのまま中国人に同化される危険性を意味する。そのため、ガワー副庁長は言葉の翻訳について慎重な態度を崩さなかった。

チンゲルタイの密告文によると、ガワーは以下のように発言していたという。

今後の方向性から見れば、中国語から借りなければならない語彙は多くなるだろう。しかし、私は熱心になれない。そうなれば、我々はみなトゥメト・モンゴル人のようになってしまう。自分の父親に対してさえ、アーウ（お父さん）と言えなくなる。中国語から外来語が導入されるのは、一種の植民地主義だ、という見方がある。

ガワーの意見は辛辣であるが、当時の実態に即した見方だった。多数の中国語の外来語を使えば、中国人に同化されて母国語のモンゴル語を忘却してしまった自治区西部のトゥメト地域のモンゴル人のようになってしまう。中国語語彙の使用を推し進めようとしている北京当局に植民地思想がある、とガワーは喝破していた。ガワーの意見に『内モンゴル日報』社の編集者ハラバルとデリゲルなども賛同していた。

密告者のチンゲルタイは一九二四年にウラーンハダ（赤峰）に生まれ、一九四一年に日本に留学し、善隣高等商業学校予科を出て東北帝国大学理学部で学んだ男である。彼は中国語語彙のモンゴル語への導入に熱心だったため、社会主義中国では「著名なモンゴル語学者」に祭り挙げられてきたが、実際はモンゴル語が話せなかった。同胞を密告するなど、人格的にも評価できない。それでも、二〇一三年に亡くなってから、その「功績」を記念する政治的な行事が盛大に行われた。品格がどうであれ、彼以外に「著名な言語学者」の誕生が許されないからであろう。なお、文革期におけるモンゴル語の政治問題に関しては、本書第12章で論じる。

最高指導者への圧力

自治区党委員会宣伝部長の郭以青は、一カ月後の三月二五日に自治区最高指導者のウラーンフーにチンゲルタイの密告文を提出した［楊 2019a］。「チンゲルタイ同志が伝えてきた、語文（言語）工作委員会内の歪んだ心理問題について、私は重視すべきだと思う」、と郭以青はウラーンフーに圧力をかけている。モンゴル人の民族主義的「心理問題」について、モンゴル人の最高指導者がどのように解決するのか、と郭以青は刀をウラーンフーの首に突き付けている。郭以青はまた自身が書記を務める内モンゴル大学では「今後、民族分裂主義に反対するキャンペーン」を実施する、とも伝えている。

一九六五年春の時点で、ウラーンフーに「反民族分裂主義」云々と提案できることは、大いに注目に値する。中国において、政治運動は例外なく党中央からの直接指導を受ける。郭以青個人の意志で、モンゴル人の自治区において「民族分裂主義に反対するキャンペーン」を進められる可能性はまったくない。共産党中央の意志に基づいて、郭以青はモンゴル人の自治区で「反民族分裂主義」運動に点火したのである（写真8）。

2　北京を模倣した造反

内モンゴル自治区は長城を隔てて中国内地と接し、首都北京に近い。そのため、共産党政府の政治的動向は瞬時に草原に伝わる。文革が発動されてまもなく、自治区に多くの群衆組織が誕生した。今日においては、造反や保守という尺度で語るが、当時はどの組織も造反派を自任していた。「偉大な領袖毛主席」の「造反有理」の呼びかけに応じて結成されたので、保守の枠組みに収まる理由はどこにもなかった。造反派も保守派も、その主力は大学生と工人、そして人民解放軍と農民だった。

写真8　モンゴル人の指導者ウラーンフーの民族分裂主義を批判した中国の風刺漫画（『当代王爺烏蘭夫』より）。

造反団体とそのメディア

当の造反派はどのように自身の歴史を残してきたのだろうか。以下では主として造反派が書き記した第一次資料を用いて、その誕生から文革推進の主要な担い手の一つとなっていくプロセスを描いてみよう。ある研究者は内モンゴル自治区の各種の群衆組織を次のように区分している

［啓之　2010］。

造反派

呼一司《フーイース》：「フフホト（呼和浩特）市大専院校（大学・学院・専門学校）毛沢東主義紅衛兵臨時総部」の略で、一九六六年九月に成立し、本部は医学院内にあった。師範学院の「毛沢東主義紅衛兵」からスタートし、責任者は師範学院化学系（学部）の傅栄だった。

呼二司《フーアルス》：「フフホト市毛沢東思想第二司令部」の略で、一九六六年九月下旬から一〇月上旬にかけて成立した。共産党の高官の子弟たちが主力を成していた。

呼三司《フーサンス》：一九六六年一〇月二九日に成立し、全称は「フフホト市大中専院校（大学・中等専門学校・学院）革命造反司令部」である。中心は前出の呼一司から分かれた「師範学院東方紅縦隊」（略して東縦）と「内モンゴル師範学院東方紅紅衛兵」で、指導者は師範学院外国語学部の共産主義青年団代理書記の高樹華と郝広徳だった。

以上は学生からなる造反派だが、企業では軍事企業「河西公司八・一八」とフフホト鉄路局の「火車頭」、建築業界の華建井崗山などがあった。

保守派

工農兵：「内モンゴル自治区工農兵革命委員会」の略で、一九六六年一二月三〇日に成立した。

フフホト市玉泉区に住む退役軍人が中心を占め、工人と郊外の農民を吸収合併した組織である。一時はメンバーが四万人に達すると称していた。主な責任者は樊俊智で、内モンゴル軍区副司令官黄厚の衛兵だった。

紅衛軍：「内モンゴル自治区革命職工紅衛軍聯合会」の略で、一九六七年一月一日に成立した。その勢力は全自治区に及び、成員もあらゆる業界の者からなっていた。責任者はフフホト市ゴム工廠（工場）の技術者張三林だった。

無産者：「内モンゴル自治区無産者革命総部」の略。一九六七年一月二四日に成立し、責任者は張啓生で、フフホト市とその近郊の労働者が大半を占め、農民も加わっていた。

以上から分かるように、大学や中等専門学校の学生が造反派の主流を構成していたのに対し、工人と農民、それに政府機関の幹部はどちらかというと、保守派に加わっていたような構図である。無論、大学生の中にも保守派はいた。例えば、師範学院の「抗大兵団」は一九六六年一〇月一八日に結成された保守派だが、後に呼一司に合流している。抗大とは、共産党の割拠地延安にあった抗日軍政大学の略称だ。人民解放軍は総じて保守派を擁護したが、その内部にもまた少数ながら造反派はいた。

ここで、本書前半の第一部で用いる紅衛兵新聞の概観を示しておこう。紅衛兵新聞は造反派を自称する群衆組織の声を代弁するメディアであった。

フフホト市大学・中等専門学校紅衛兵革命造反司令部（呼三司）：『革命造反報』
呼三司中学部：『進軍号』
内モンゴル師範学院東方紅紅衛兵指揮部・東方紅戦闘縦隊：『東方紅』
呼三司内モンゴル大学：『井崗山』
呼三司内モンゴル林学院紅旗総部：『紅旗』
呼三司内モンゴル工学院井崗山革命造反委員会：『挺進報』
内モンゴル集寧市紅衛兵革命造反司令部（三司）：『集寧紅衛兵』
ジェリム盟三司左聯通遼一中毛沢東思想紅衛兵総部：『反到底』
内モンゴル・ジェリム盟大学・中等専門学校紅衛兵東方紅革命造反司令部（哲三司）：『東方紅』
フフホト市大学・中等専門学校紅衛兵革命造反司令部（呼三司）：『呼三司』と『紅衛兵』

造反派呼三司の最初の機関紙は『革命造反報』で、一九六七年一月一五日前後に創刊されたと推定される（写真9）。呼三司は最初、師範学院の紅衛兵を中心としていたし、その他の大学の紅衛兵もみなそれぞれ機関紙を有していた。一九六七年八月一〇日に各会派が呼三司に合流するようになると、最も影響力を保持するようになったのは『呼三司』で、中国全土で発行していた。『呼三司』は名実共に内モンゴル自治区の造反派紅衛兵の機関紙となったのである。ただ、多くの団体が呼三司の傘下に入った後も、嫡系の『進軍号』と『挺進報』はしばらく発行し続けていた。

写真9　呼三司の機関誌『革命造反報』第13期の第一面。毛主席は全世界人民の心の中の紅い太陽だ、と称賛している。

一九六八年一月六日から一八日にかけて、内モンゴル自治区革命委員会第二回全体会議がフフホト市で開かれた。会議において、「ウラーンフーの黒いラインに属す者を抉《えぐ》りだし、その毒害を一掃する運動」（挖粛運動）の発動が正式に決定された［楊　2009a］。造反派の指導者だった高樹華によると、この会議の席上でモンゴル人造反派のバヤンタイ（白彦太）とナソンバヤルの二人はモンゴル人幹部が相次いで粛清されていることに異議を唱えたために「反省」を命じられた。この時点で、本来の造反派は政治の潮流に付いていけなくなったのに対し、逆に以前の保守派は新たに造反と称して積極的にモンゴル人虐殺運動に関与していった。それ以降、雨後の筍のような勢いで設置された各種の過激派団体の「黒い手先を揪《つか》みだすセンター」（揪黒手聯絡站）は我先にとモンゴル人粛清運動の急先鋒となっていった［高樹華　程鉄軍　2007］。造反派指導者の高樹華が言いたかったのは、現代中国に定着している、文革中の諸般の悪事を造反派が働いたとの言説は間違っているということである。内モンゴル自治区においても、一部の造反派はモンゴル人ジェノサイドに反対したか、あるいは疑義を呈していたのは、事実である。

『呼三司』は、一九六八年一〇月一日の国慶節に『紅衛兵』に改名した。改名期は造反派の退潮期と一致する。退潮の原因も複雑である。「偉大な領袖毛沢東」にとって、政敵は既に一掃されたので、紅衛兵はもはや不要である。紅衛兵側もまた思想的に北京当局に付いていけなくなった。内モンゴル自治区の場合だと、中国共産党第九回全国大会が一九六九年四月から開会し、内モンゴル自治区におけるモンゴル人大虐殺運動は「階級の隊列を清理する運動として拡大化してしまった」と毛沢東は会議中にそう話した。造反派からすれば、毛の見解は自分たちの認識と同じだということになる。毛の軌道修正を受けて、一九六九年七月一二日に紙名を再び『呼三司』に戻すが、勢いは完全に衰えた。紅衛兵運動の終焉と共に、彼らが印刷し発行していた新聞も消え去ったのである。

民族問題の底流

文革発動の初期から少数派を占め、多数派の保守派から排除、弾圧され、北京の党中央の指導者たちの前での激しい論争を経て「支持すべき造反派だ」と正当評価された師範学院の紅衛兵たちは自らに関する史料を残した。『内モンゴル師範学院無産階級文化大革命紀実参考資料（第一輯・六月三日～六月三〇日）』によると、「師範学院のプロレタリアート文化大革命の号砲は一九六六年六月三日朝に、外国語学部の青年教師の高樹華と劉真、劉朴、楼基立らが貼りだした大字報によって打ちあげられた」という。高樹華らの大字報は、毛沢東が「全国初のマルクス・レーニン主義の大字報」だと評価した北京大学の聶元梓の影響を受けていた。高樹華らの大字報は、師範学院の党書記をつとめる紀之の執った「学生と群衆を抑圧する修正主義路線」を批判したものだった［内蒙古師範学院東方紅紅衛兵・内蒙古師範学院東方紅戦闘縦隊・燎原戦闘組 1966］。

学生たちの造反に対し、ビリクバートルをトップとする自治区党委員会は工作組を派遣して師範学院の文革運動を指導しようとした。この時期、モンゴル人指導者のウラーンフーは既に北京に呼ばれて粛清されていたし、工作組を派遣して政治運動をリードする手法も劉少奇と鄧小平の主導の下で推進されていた。しかし、毛の真意は別にあり、劉少奇と鄧小平らこそが打倒すべき対象だった。首都北京をはじめ、大学生に造反を呼びかけて劉と鄧を倒したのはその後の展開であるが、この時点で内モンゴル自治区の学生たちは「偉大な領袖」の真意を察知する立場にいなかった。

この『内モンゴル師範学院無産階級文化大革命紀実参考資料（第一輯）』は全篇にわたって師範学院の執行部を批判し、「問題の根はウラーンフー反党反社会主義集団の罪行にある」と断じている。また、自治区西部トゥメト出身のモンゴル人幹部のチョルモン（潮洛蒙）とブヘ（布赫）、趙戈鋭らを「黒　邦《ブラック・グループ》分子」として攻撃していた。チョルモンは自治区党委員会宣伝部副部長で、ブヘはウラーンフーの長男で、自治区文化委員会の副主任、文化教育政治部主任だった。そして、師範学院政治部副主任のジョーナスト（肇那斯図）は以前に国境警備センターにつとめていた頃に「敵のモンゴル人民共和国に密通する叛国行為があった」と批判している［内蒙古師範学院東方紅紅衛兵・内蒙古師範学院東方紅戦闘縦隊・燎原戦闘組　1966］。学生たちの関心は「革命への参加と執行部による抑圧への不満」にあるが、民族問題がその底流にあるのは明白である。文革発動までの各機関の指導者層にモンゴル人が相対的に多かったからである。この点は自治区党委員会の幹部たちと同じである。筆者は以前に「内モンゴル自治区の文化大革命」資料シリーズの第八巻で、自治区党委員会と政府機関の幹部らの書いた大字報の内容を詳しく分析したことがある。その結果、自治区政府の中国人幹部たちは早くから民族問題に強い関心を示し続け、モンゴル人の一掃を訴えていた事実が分かったのである［楊　2016a］。

造反の産声

大学生の造反派組織は三つの司令部に分かれていたが、中国全国に広く知られていたのは、呼三司である。そのため、本書も基本的に呼三司とその関連団体の紅衛兵新聞に注目する。以下では、まず呼三司が結成された歴史について述べておきたい。こちらも呼三司自身が書き残した記録が大事である。

筆者の手元に『革命の嵐に向って闘争し、成長する――呼三司闘争簡史』がある。以下ではその呼三司自身の記述に沿って、彼らの「闘争史」を見ておこう［呼和浩特市大中専院校紅衛兵革命造反司令部印　1967:2］。

「呼三司は、ブルジョア反動路線に向けて猛烈に攻撃した闘争の中で、発展し大きくなったものだ」

と、学生たちは自らを位置づけている。彼らはまず、林彪元帥が一九六六年一〇月一日に行った「天安門国慶節講話」のスピーチの影響を受けていた。「無産階級文化大革命の中で、毛主席を代表とする二つの路線が新しい段階に達した時の闘争だ。無産階級文化大革命は二つの階級、プロレタリアの革命的な路線と資本主義の反革命路線との闘争はまだ継続中だ」との講話だった。つづいて一〇月三日付の『紅旗』誌が社説で掲げた「ブルジョアの反動路線に対し、徹底的に批判を加えよう」との呼び掛けと、一〇月六日の首都三司紅衛兵が開いた「在北京全国各地の革命的な教師と学生によるブルジョア反動路線に対する攻撃大会」の影響も大きかったと認めている。当時、師範学院では保守的な「抗大兵団が多数派を占め、内モンゴル自治区党委員会から信頼されていた」。これに対し、少数造反派の「師範学院東方紅」は、「抗大兵団を支持する自治区党委員会は反動的なブルジョア路線を歩んでいる」と唱え、両者が激しく対立していた［呼和浩特市大中専院校紅衛兵革命造反司令部印　1967］。

呼三司は、フフホト市で最も早く成立した呼二司を保守派だと批判している。呼二司のリーダーは自治区党委員会書記処書記の王鐸の息子王紀言と、王逸倫の息子王建華だった。二人とも中国人高級幹部の息子で、北京の老紅衛兵が信奉する血統論の擁護者だった。老紅衛兵は「父親が英雄であれば、その子も好漢だ。父親が反動的であれば、その子も馬鹿だ」との階層的信念に基づき、自らを「生まれつきの革命の後継者だ」と認識していたことは、既に述べた。毛沢東が打倒しようとしていたのはまさに彼ら老紅衛兵の父親たちだとの目標が明るみになると、彼らは勢いを失っていく。内モンゴル自治区の首府においても、北京と情勢は同じだったのである。啓之によると、王鐸と王逸倫は文革勃発当初はモンゴル人のウラーンフーとの親密な関係を理由に批判されたものの、失脚することはなかった。二人とも中国人だったからである［啓之　2010］。

呼三司の構成と呪術的信念

呼三司は一九六六年一〇月二九日、フフホト市内のウラーン・テャータル（紅い劇場との意）で成立大会を開催した。学生たちはまず「毛主席に敬意を示す電報」、「致敬電」を打ち、成立宣言を披露した（写真10）。毛への「致敬電」には以下のような文があった［呼和浩特市大中専院校紅衛兵革命造反司令部印　1967］。

写真10　毛沢東に「致敬電」を打ったことを紙面に伝える『呼三司』第31期。

我々の偉大な統帥、紅い司令官、我々が最も、最も（最最）敬愛する毛主席！　あなたは私たちの心の中の最も紅い、最も紅い、紅い太陽（最紅最紅的紅太陽）である。私たちはみな、紅五類の子弟で、革命家の子孫だ。私たちは言葉が話せるようになり、口を開けて最初に話したのは「毛主席万歳」だ。最初に歌ったのは『東方紅』だ。あなたに対し、あなたの輝かしい思想と偉大な著作に対して、私たちは無限の愛と無限の信仰、無限の崇拝の念を抱いている。……私たちは誓う。首が切られても、血を流しても、毛沢東思想は絶対に捨てない！

右のように、副詞の「最も」を二回、形容詞の「紅い」を三回も単純に繰り返すことで、毛沢東への忠誠心を強く表現しようとしている。革命思想と標榜しながらも、実際はシンプルな太陽神信仰と家父長崇拝が入り交ざった、呪術的信仰の吐露に過ぎない。

続いて王鐸書記らブルジョアの反動路線を歩み、造反派を抑圧した幹部たちを批判した。北京航空学院の「紅旗」と清華大学の「井崗山」など首都の著名な造反派組織の代表も駆け付けて祝辞を述べた。この時点で呼三司に加わった団体は以下の通りだ［呼和浩特市大中専院校紅衛兵革命造反司令部印　1967］。

内モンゴル師範学院：「東方紅」、「九一五」、「八三一」
内モンゴル林学院：「紅旗」
内モンゴル工学院：「東方紅串連大軍」
内モンゴル医学院：「東方紅造反隊」、「毛沢東思想紅衛兵」、「紅旗」
内モンゴル農牧学院：「毛沢東思想紅衛兵」、「九一五」、「紅旗」

内モンゴル郵電学校：「毛沢東主義紅衛兵」
内モンゴル藝術学校：「星火燎原」
内モンゴル共産党学校：「七八三」
内モンゴル印刷学校：「革命造反紅衛兵」
フフホト市第一中学：「星火燎原」
フフホト市第二中学：「毛沢東主義紅衛兵」
フフホト市紅旗中学：「紅旗縦隊」
フフホト市第一師範学校：「革命造反縦隊」

様々な造反派組織だが、文革が発動された最初の段階ではほぼ例外なく自治区党委員からの工作組や保守派から「右派」や「反革命分子」、「黒幇《ヘイバン》分子」と批判された経験を共有する。毛沢東が劉少奇主導の工作組を撤回させたので、「毛主席を代表とする無産階級の革命路線と生死を共にする覚悟ができている」、と学生たちは誓った。

呼三司は綿密な「組織条例」を制定していた。その内容は以下の通りだ。

第一条　第三司令部に属す紅衛兵は司令部の決議と指揮に従わなければならない。
第二条　偉大な毛沢東思想が紅衛兵革命造反司令部の最高の指示である。
第三条　司令部の組織原理は民主集中制である。

第四条　革命造反司令部はその下に政治部と組織部、宣伝部と後勤部、糾察隊と接待室、弁公室という七つの下位組織を設ける。
第五条　司令部は群衆路線を堅持し、独断専行は許されない。
第六条　司令部内に不純分子が発見された場合は、ただちに駆除する。

呼三司は内部において、「政治部と組織部、宣伝部と後勤部、糾察隊と接待室、弁公室という七つの下位組織」から構成されていた点から見れば、極めて結束力のある団体であったことが分かる。

3　党中央の前に立ちはだかる草原の造反派

北京が調停する造反と保守の対立

呼三司の誕生に保守派も黙っていなかった。
一九六六年一一月から呼三司と諸派との対立は激しさを増していき、「武闘」と表現する暴力の応酬も頻発した。自治区の中国人高級幹部の王鐸と王逸倫の息子らをボスとし、主として「革命幹部」の子弟からなる呼二司系統の紅衛兵は呼三司に属す学生を拉致して監禁し、暴力を加え

た［呼和浩特市大中専院校紅衛兵革命造反司令部印　1967］。

保守派はまた、呼三司の指導者の高樹華がウラーンフーの息子リーシャーク（力沙克）と親しくしていたことから、呼三司とモンゴル人指導者との「親密な関係」を攻撃した。「東方紅縦隊の内部のウラーンフーの第五列」との文は、高樹華を「ウラーンフーの虫けら」と呼んで批判している［内蒙師院紅星聯絡站　1968］。「第五列」とは、スペイン内戦期からの表現で、「スパイ組織」や「裏切り者」の代名詞である。

一九六七年二月四日の夕方六時から造反派は内モンゴル軍区を包囲した。ウラーンフーが粛清された後の軍区の中国人将軍たちは自治区党委員会の王鐸や王逸倫ら保守派を守っている、と学生らの目に映った。

フフホト市に駐屯する人民解放軍の司令部も造反派を嫌っていた。二月五日の正午一二時一五分、軍区作戦部部長の柳青という将校が片手に青龍刀を持ち、もう一方の手で拳銃を取りだして軍門から出てきて、師範学院外国語学部の学生韓桐《ハントン》を射殺した。学生たちが軍区の正門前で抗議デモを行っていた最中だった［呼和浩特市大中専院校紅衛兵革命造反司令部　1967］。造反と保守、そして保守派を擁護する人民解放軍を巻き込んだ大規模な衝突は続き、死者も多数出た。韓桐はトクト県出身の中国人で、呼三司は後に『鮮血と生命でもって毛主席を守ろう』との冊子を出して、彼を追悼した［内蒙師院革命委員会・内蒙師院『東縦』　1968］。

造反と保守の双方が代表を北京に派遣して、党中央に直訴した。一九六七年二月一〇日の午後五時から四月一三日の深夜二三時まで、複数回にわたって人民大会堂の中で、周恩来総理らの前で論戦を繰り広げた。最終的には「呼三司系統の各組織が真の造反派だ」と党中央から認定され、学生を射殺した内モンゴル軍区は「左派を支援する運動（支左）の中で過ちを犯した」と断じられた。党中央は四月一三日に「中発67・126号文件」として正式に「中共中央の内モンゴル問題を処理する決定」を公表した。「文件」とは、公文書を指す。八項目からなる文件で、「紅い八カ条」と礼賛された。「紅八条文件」の主な内容は以下の通りである［呼和浩特市革命造反聯絡総部印発・一 1967］。

一、内モンゴル軍区の一部の指導者は二月五日以来、左派を支持する運動の中で、政治的な方向を間違え、路線的な誤りを犯した。軍区は呼三司など革命的な群衆組織を抑圧し、大勢の革命的群衆を逮捕し、内モンゴル党内の資本主義の実権派ウラーンフーの代理人たる王逸倫と彼らにコントロールされた保守派を支持した。

二、党中央は元青海省軍区司令官の劉賢権を内モンゴル軍区の司令官に、呉濤を政治委員に任命する。

三、劉賢権と呉濤をトップとする内モンゴル革命委員会準備委員会を成立する。

四、反革命組織として認定された革命的群衆組織に対し、名誉回復を行う。

五、党内の資本主義路線の実権派ウラーンフーの問題については、内モンゴルにおいて公にして暴露する。

六、革命的な群衆組織を指導し、闘争の矛先を党内の一握りの資本主義の実権派に向けよう。

七、解放軍を熱愛せよ。
八、党中央の各種命令を守るよう。
以上の八カ条だが、最大のポイントは「革命的な群衆組織を指導し、闘争の矛先を党内の一握りの資本主義の実権派に向けよう」とのところにある。内モンゴルの「党内の資本主義の実権派」はモンゴル人のウラーンフーだと既に第一条で明言している。ここから、党中央直々の指示により、中国人の群衆組織の矛先はモンゴル人の指導者層に向けられるようになり、造反と保守間の対立が中国人対モンゴル人の構図に転換されたのである。

モンゴル人を敵視する周恩来

党中央の指導者の中で、先頭に立って中国人の怒りと不満をモンゴル人指導者に転換させたのは、周恩来総理だ。彼が出していた細かい指示は、二冊からなる「中共中央の内モンゴル問題を処理する関連の文件と党中央の指導者たちの講話」の中にある。以下は周恩来と内モンゴル自治区からの中国人群衆組織と交わした具体的な会話の記録である。

まず、一九六七年三月一八日早朝三時二六分から六時三〇分までに、周恩来と康生らが内モンゴル自治区の四大会派の群衆組織を人民大会堂で接見した。この時、周総理は「内モンゴルは辺境地帯で、背後にソ連とモンゴル修正主義国家がある。我々は非常に心配している」、と自治区の安定を訴えた。ソ連とモンゴル人民共和国だけでなく、「内モンゴル自治区の不穏な情勢は香港やアメリカ、日本等の敵対勢力にも知られてしまう」と危惧していた［呼和浩特市革命造反聯絡総部印発・一 1967］。

続いて三月三〇日夜九時四〇分から翌朝早朝一時にかけて、内モンゴル自治区党委員会のメンバーと会った時に、周恩来と康生、それに江青夫人らは次のようなやり取りを交わした［呼和浩特市革命造反聯絡総部印発・一 1967］。

周恩来：王逸倫は頑迷に劉少奇と鄧小平の路線を守った、ウラーンフー側の人間だ。ウラーンフーは王逸倫を守っていただろう。

康生：王逸倫は隠れた、ウラーンフー陣営の反革命分子だ。

康生：内モンゴルにブルジョアの反動路線による反撃はない、と王逸倫と王鐸が話すが、彼ら二人のやり方はまさにブルジョアの反動的な路線からの反撃ではないか。

周恩来：それは、ウラーンフーのいない、ウラーンフーからの反撃だな。

周恩来はまた早くも一九六七年三月の時点でモンゴル人たちが学んでいた延安民族学院の存在を問題視している。「ウラーンフー反党叛国集団」や「内モンゴル自治区西部トゥメト派」はまた「延安派」とも呼ばれるのは、彼らが中共の「根拠地」延安に設置された民族学院を出ていたからである。この時点で、中国政府と中国人は自治区東部の「日本刀を吊るした奴ら」を動員してウラーンフーら西部出身者たちの粛清を進めていたので、周恩来も延安を持ちだしている。

4　政府が撒く民族間対立の種

「馬から引きずりおろされた」モンゴル人

中国人からなる造反と保守の両派が北京で熱く論争している間、自治区首府フフホト市の郊外では既に民族間の対立が激化していた。フフホト市郊外の「農民革命造反公社」の代表、周文孝は一九六七年四月七日の午後三時に周恩来に次のように話している［呼和浩特市革命造反聯絡総部印発・一　1967］。

内モンゴル軍区毛沢東思想宣伝隊は経験交流と称して郊外にやってきたが、実際はひどい民族分裂をもたらした。軍人たちは「呼三司は反革命だ」とか、「モンゴル人に良い人間はいない」とかと話していた。元々、村のモンゴル人と漢人は仲良くしていたが、解放軍が来てから対立がひどくなった。漢人の子どもまで出てきて、「モンゴル人には良い人間がいない」と悪罵を広げるようになった。

ウラーンフーが最高司令官のポストから追放された後、内モンゴル軍区の中国人軍人たちが意図的にモンゴル人への憎悪を煽動していた実例である。一九六七年四月一三日二三時、人民大会堂に現れた周恩来らは内モンゴル自治区からの各種群衆組織を前にして、以下のように演説した［呼和浩特市革命造反聯絡総部印発・一 1967］。

内モンゴルの実権派は、ウラーンフーとその代理人たちだ。ウラーンフーは既に早い段階で馬から引きずり降ろされた（拉下馬）。内モンゴルからウラーンフーを隔離し、その第一書記と軍区司令官、軍区政治委員のポストを解いた。内モンゴル自治区政府主席のポストだけ残し、北京に滞在させて、反省してもらっている。

周恩来はウラーンフーの打倒を「馬から引きずりおろした」と表現している。造反と保守間の対立よりも、矛先をモンゴル人のウラーンフーに向けるよう、強調している。何回も同じ言葉を使うことで、中国人同士の対立を解消して、モンゴル人の「資本主義の路線を歩む実権派」に対する批判を展開するよう説得している。周恩来の悪質な煽動は後にモンゴル人ジェノサイドの思想的環境が整備されていくのに大きな役割を果たしたと指摘できよう。

周恩来のターゲットはモンゴル人

呼三司が党中央から「革命的な組織」、「左派」とのお墨付きを四月一三日に正式に与えられても、フフホト市内で対立する中国人の造反と保守両派の武装衝突は一向に収まらなかった。北京を訪れては自派こそが真の造反派だと訴える群衆組織が陸続と人民大会堂に結集した。一九六七年四月二七日、周恩来は自ら「紅い八カ条」について細かな説明をしてみせた［呼和浩特市革命造反聯絡総部印発・二　1967］。

まず、私が説明してあげよう。誰が主な責任を取るのか。ウラーンフーと彼の代理人の王逸倫が責任を取らなければならない。なぜなら、ウラーンフーらが今回の事件を裏で操作していたからだ。

周恩来は造反と保守の両派が対立し、死者も出た事件を「裏で操作していたのは、ウラーンフーと彼の代理人の王逸倫だ」と名指しで批判している。「代理人の王逸倫」云々は軽く、ウラーンフーこそが主要なターゲットであるのは自明のことである。

周恩来は続けて自治区書記処書記の高錦明を擁護している。高錦明は、一九六六年五月に開かれた前門飯店華北局工作会議で先頭に立って「ウラーンフーの民族分裂主義路線」を批判し、失脚に追い込んだ人物で、北京の功臣である。造反派の一部は高錦明も実権派だと主張していたのに対し、周総理は「彼は、ウラーンフーのブラック・グループのメンバーではない」、と守っている。周恩来は話す［呼和浩特市革命造反聯絡総部印発・二　1967］。

ウラーンフーが内モンゴルを支配して二〇年近く経つ。日本が投降してまもなく、彼は東モンゴルに行っている。こんなにも長く内モンゴルを牛耳ってきたので、一握りの人たちが彼に追随するのも当然のことだ。……したがって、徹底的に、公にウラーンフーのようなブルジョアの実権派を批判することは、内モンゴルにおけるプロレタリアートの専政を強固にし、人民の団結を強化するのに有利である。

周恩来は、中国人の王逸倫が日本統治時代に「偽満蒙政権に投降した」し、その後はさらに「ソ連修正主義者のスパイになった」と述べている。実際、内モンゴル自治区では王逸倫ではなく、東部出身のモンゴル人たちがほぼ例外なく「日本時代は偽満蒙政権に投降し、日本が去った後はソ連のスパイになった経歴」が「罪」とされて粛清されてきた。周恩来はここで一人の中国人の王逸倫をやり玉にしているが、彼の講話は無数に印刷されて全自治区の津々浦々にまで配布されたので、中国政府の幹部や一般の中国人はむしろ総理の指摘は全モンゴル人に当てはまる、と認識を新たにしたにちがいない。

政府が安心して文革を全国規模で推し進めるのには、ソ連と国境を接する北部辺境の安定が欠かせない。周恩来は「内モンゴルには東のハイラル市から西の新疆ウイグル自治区と隣接するところに至るまで、多くの軍が展開している」と話して、国防の重要性を主張する。そして、別の指導者の陳伯達は「内モンゴルはわが国の国防の最前線だ。ソ連修正主義者と外モンゴルの修正主義者たちはわが国の文革を破壊しようとしている」と分析している［呼和浩特市革命造反聯絡総部印発・二　1967］。情報機関のトップ康生は「我々の敵は誰だか分かるか。ソ連修正主義者と外モンゴルの修正主義者だ。アメリカ帝国主義者と台湾の蔣介石の匪賊どもだ」と諭す。内モンゴルにはソ連だけでなく、「日本のスパイもいる」と煽動する。康生の指摘に周恩来と聶栄臻元帥も同調する［呼和浩特市革命造反聯絡総部印発・二 1967］「日本のスパイ」は、自治区東部のモンゴル人からなるのも、自明のことである。

四月二八日、中国人民解放軍総政治部は指示を出し、「内モンゴルはその歴史的原因から階級間の闘争は複雑で、かつまた反修正主義の前線にあたることから、内モンゴル軍区には無産階級の文革を守る任務が与えられている」と位置づけた。ここから、自治区は軍事管制下に置かれるようになる。自治区・省全体に軍事管制が敷かれたのは、モンゴル人の自治区だけである。

党中央の尖兵となる呼三司

呼三司は最初、モンゴル人のウラーンフーに関心がなかったが、周恩来の煽動を受けて状況が一変する。一九六七年一〇月三日に呼三司が工作会議を開催して、過去を総括し、今後の任務を確認した際には、周恩来の指示と意図が完全に反映されるように変わった。呼三司は次のように決心している［呼和浩特市紅衛兵第三司令部 1967］。

あの艱難困苦の闘争の歳月の中で、私たち呼三司の戦士たちは真っ赤な毛主席の語録を手にして、「頭を挙げて北斗星を眺め、心の中で毛主席を思う」と歌った。……毛主席自らが発動、指導され、『党中央の内モンゴル問題を処理する決定』の正しい指針の下で、この一年の間、無産階級革命派の奮戦により、「現代の殿様たるウラーンフー」を掀《つか》みだした。

　歴史的には専制主義体制が敷かれ、中華人民共和国建国後も一党独裁政権に抑圧されてきた中国人の目には、誰が資本主義路線を歩む実権派なのか、明瞭ではなかった。内モンゴル自治区党委員会の幹部たちと異なって、若い学生には当初、モンゴルという特定の民族を敵視する思想も共有されてはいなかった。一国の総理たる周恩来の執拗な煽動が奏効し、紅衛兵はその矛先を「現代の殿様たるウラーンフー」に向けるように変化した。ウラーンフー個人だけでなく、「内モンゴルの歴史」そのものが問題だと批判された。これ以降は、「偽満蒙政権に投降した者」や、「ソ連と外モンゴル修正主義者のスパイ」となった者の摘発が政治的任務となってくる。これは、党中央から明示された「革命の方向」である。これ以降に政府主導で推進される「ウラーンフーの黒いラインに属す者を粛清し、その毒害を一掃する運動」と、「内モンゴル人民革命党員を粛清する運動」の基礎は、毛沢東と周恩来総理の党中央が固めたものであると断定できよう。

第2章
造反派新聞が描く初期文化大革命

呼三司の結成時からの有力な団体、「師範学院東方紅」の「紅衛兵指揮部」と「戦闘縦隊総部」は合同で『東方紅』という新聞を編集していた（写真11）。この『東方紅』は内モンゴル自治区で最も早く現れた紅衛兵新聞の一つである。『東方紅』の創刊は一九六六年一二月末か、一九六七年一月上旬であろう。一〇日に一期のペースで発行していた。

1　民族問題と国際問題への関心

最初から攻撃された「民族分裂」

既述のように、中国で「紅色収蔵《ホンスアシヨウツアン》」と称される文革期の新聞と雑誌は創刊号の人気が高く、手に入りにくい。そのため、筆者が集めてきた内モンゴル自治区の紅衛兵新聞類も創刊号が欠落している［楊　2009d］。

写真11　呼三司の新聞『東方紅』。軍服姿で、タバコを手にした毛沢東が微笑んでいる。

『東方紅』第三期は、毛沢東が北京で首都紅衛兵第三司令部のリーダーたちを接見したニュースをトップに掲げ、その下に一九六七年一月四日に公布された上海工人革命造反総司令部からの「上海市人民に告げる書」を全文掲載している［楊　2017a］。

「上海市人民に告げる書」は、「毛主席を代表とする無産階級革命路線の偉大な赤旗を高く掲げ、ブルジョアの反動路線に猛烈に反撃するラッパが高らかに吹き鳴らされた意義を持つ」、と『東方紅』は賛辞を送っている。同紙はまた一月九日午後四時に保守派が造反派を襲撃したとのリポートを載せているし、北京地質学院の紅衛兵組織に関する紹介をしている。「北京消息《ニュース》」という欄は党中央の周恩来総理が北京の紅衛兵団体を接見した動向を伝えており、彼らが首都と全国の動きに敏感だったことが現れている。

『東方紅』の重要性はその第三面にある。「内モンゴル党委員会の〈反ウラーンフーの功績〉との看板をぶち壊そう」という攻撃的な長い論文がこの第三面を占めた。論文はいう。

ウラーンフーは、内モンゴル最大の資本主義の道を歩む実権派だ。徹頭徹尾、反革命修正主義分子だ。彼は祖国の統一と民族団結を破壊した民族分裂分子で、自治区各民族人民の最大の敵であるだけでなく、全国各民族にとっても最も危険な、最も狡猾な敵だ。内モンゴル党委員会はウラーンフーをボスとする反革命集団に対して総攻撃を始めよう。彼らを徹底的に打倒し（闘垮、闘倒）、不名誉になるまで闘争しなければならなかった（闘臭）。

筆者が「不名誉になるまで闘争しなければならない」と訳しているオリジナルの中国語は「闘臭」で、直訳すれば、「臭くなるまで闘争する」となる。

この文はまた、学院長兼書記のテムールバガナは各学部の要職に「民族分裂分子」を任命したと批判する。『東方紅』と対立する「師範学院毛沢東主義紅衛兵総部」もまた呼三司の指導者の高樹華とウラーンフーの息子リーシャークと親しかったことを口実に、呼三司と「民族分裂分子」との関係を攻撃している。造反と保守の双方がモンゴル人政治家との関係を誹謗中傷の材料としているのと、双方ともウラーンフーの「民族分裂」に目を光らせていた点が特徴的である。

あなたたちの経験は多方面にわたるが、一点にまとめていうならば、それは無産階級の革命派は連携しなければならないということだ。連携して党内における資本主義の道を歩む実権派の権力を奪い、上海市の政治と経済、それに文化の権力をしっかりと私たちの手で握らなければばならないということである。

これは、上海市における「一月の奪権革命」を受けて、共産党の機関誌『紅旗』が載せた「無産階級の革命派は連携せよ」との論文である。『東方紅』第四期はこれを全文、転載している［楊2017a］。『東方紅』によると、一九六七年一月一九日、首都第三司令部と清華大学井崗山は代表を派遣して「師範学院東方紅」の建物内で連絡事務所を設置したという。また、各地から経験交流してきた紅衛兵や労働者も陸続とフフホト市に入ってきた、と伝えている。

国内と国際社会への視線

造反派のリーダーだった高樹華は、一九六六年末から翌年の早春にかけて、フフホト市が動乱に陥っていたと回想している。「家庭の出身が悪く、普段から抑圧されて大人しくしていた群衆たちはみなそれぞれ勤務先の造反派側について、呼三司と同じ立場に立った」。これに対し、保守派は自治区党委員会の中国人書記の王鐸と王逸倫を支持し、造反派と衝突し、死者も出るようになった。一九六七年一月一一日夜、造反派は政府系の『内モンゴル日報』社内の同志たちと共に新聞社を占拠し、自派の立場で編集する方針を取った。一月二二日午前、保守派の「紅衛軍」と「無産者」、「工農兵」らは『内モンゴル日報』社を襲い、「再奪権」を実施した。保守派は内モンゴル軍区の強力な支持を得て、造反派を新聞社から強制的に排除するのに成功した［高樹華　程鉄軍　2007］。

奪権が失敗した後の一九六七年一月三一日付の『東方紅』第六期は「ブルジョアの反動路線による新たな反撃を粉砕せよ」との社説を出して、「内モンゴル党委員会と内モンゴル軍区内の一握りのブルジョアの老醜どもはその反動的な面目を露わにした」と批判する〔楊 2017a〕。軍区の副政治委員の劉昌を名指して、「大胆にも毛主席と林彪副主席からの指示に背き、無産階級の銃口を無産階級の造反派の胸に向け、銃剣を清華大学井崗山の戦士たちに向けた」、と書いている。フフホト市に進駐したばかりの「首都紅衛兵第三司令部・清華大学井崗山兵団駐内モンゴル連絡センター」も一月二六日に声明を発して、内モンゴル軍区の保守的な姿勢を批判した。「内モンゴル軍区による『内モンゴル日報』社接収の真相」との文は、軍区と保守派が連携して新聞社に闖入し、造反派を追いだした経緯について、詳しく報告している。

造反派の行動はローカルな域に留まらない。一月二九日、呼三司の呼び掛けにより、「ソ連のファシズム分子がわが国の六九名の反修正主義分子を弾圧した暴挙」に抗議するデモがフフホト市で行われた。反ソのデモが行われた背景に以下のような事件があった。

中国政府は一九六六年の後半から外国で勉強中の留学生たちに対し、帰国して文革に参加するよう指示していた。一九六七年一月二五日午後、フランスに滞在していた六五名の学生とフィンランドに行っていた四名の学生らがモスクワ経由で帰国する際に、レーニン廟を謁見した。一同は花を捧げてから、毛語録を取りだして、「スターリン同志は中国人民の解放事業に貢献した忠実な朋友である」と集団で朗誦した。この行為は当時のソ連の指導者に対する公然の批判だったため、学生たちと現場に居合わせた国営新華社通信の記者らはソ連軍と警察に退去を求められた。

一月二六日、ソ連から「暴力を受けた」学生たちは国際列車で帰国の途に就く。二月一日に北京に到着すると、陳毅副総理兼外交部長自らが出迎え、「反修紅衛兵」の腕章を学生たちに付けてモスクワを批判した。これが世界を驚かせた「赤の広場事件」である［馬継森 2003］。中国はそれ以降、大使館を通して世界各国に毛語録を大量に配布し、革命思想を輸出し、多くの国の武装闘争を支援したり、内政に干渉したりした。モンゴル人の自治区にいた中国人の呼三司も国際社会の動静に敏感だったのである。

2 天帝崇拝と擬似女性化

北斗星と「彼女」

時勢の変化に従い、内モンゴル自治区党委員会書記処書記の権星垣と康修民らは呼三司こそ真の革命的造反派だ、と次第に支持するようになった［楊 2017a］。党の指導部層からの支持表明を受けて、呼三司は対立してきた「抗大兵団《カンダアビントワン》」への批判を一段と強めた。その「抗大兵団」も左派と自称していることに危機感を覚えていたからだ。ここから一九六七年末にかけて、あらゆる群衆組織が「造反派」や「左派」と自称するようになる。

毛沢東が推進する文革に、譚震林など軍の重鎮の一部は結束して公然と反対の姿勢を示して抵抗した。いわゆる「二月逆流事件」だ。一九六七年三月二一日付の『東方紅』第一一期は北京大学の造反派の指導者聶元梓の講話を掲載し、中央軍事委員会内の抵抗する将軍たちの「資本主義反動路線」を批判した［楊　**2017a**］。その後、呼三司のリーダー、高樹華も四月一三日以降に北京で造反派の指導者聶元梓《ニエユアンジ》や蒯大富《クアイダアフー》と会い、意見を交換し合った。北京の造反派が内モンゴルの情勢を把握していたことに高樹華は驚いた。高樹華らは四月一三日に周恩来総理らから「真の左派、造反派」とのお墨付きを与えられていたが、聶元梓からは「まだ先行きは不透明だ」と諭された。そして、蒯大富からは「内モンゴル軍区が大胆にも大学生を射殺できたのも、北京の軍上層部が裏で支持しているからだ」と指摘された。それ以降、高樹華も前途多難を悟るようになった［高樹華　程鉄軍　**2007**］。

三月二四日、首都北京の各大学が譚震林元帥を批判するデモ行進を実施した、とのニュースを『東方紅』第一二期は伝えた。そして、「師範学院東方紅戦闘縦隊の戦士」（略して東縦戦士）は以下のような詩を書いた。

東縦は、私の戦闘の母親だ。
艱難困苦の歳月の中で、私はあなたと命を共にしてきた。
幾多もの眠れぬ夜は、私たちは北斗星を仰ぎ、黎明を待ち続けた。

中国の伝統文化の中で、北斗星は北極星と共に天帝の居場所とされる。「頭を挙げて北斗星を見あげ、心の中で毛主席を思う」という当時の有名な流行歌が示すように、毛沢東は天帝と同格に扱われていることが分かる。

別の東縦戦士は「将来の内モンゴルは、毛沢東思想下の内モンゴルでなければならない」と宣言し、モンゴル人の存在を完全に排除している。同様な文章は三月二八日の『東方紅』第一三期にも見られた［楊　2017a］。

紅衛兵はよく自らの団体を三人称女性代名詞の「彼女」（她《ター》）と呼んでいた。高樹華も一九六七年四月九日付の『東方紅』第一六期に一文を寄せ、「彼女」である東方紅縦隊を礼賛した。「私の彼女、東方紅縦隊は党内の資本主義路線を歩む実権派との戦いの中で、資本主義の反動的な路線との殺し合いの中で成長したものだ。彼女が誕生して以来、その方向はずっと正しかった」［楊　2017a　傍線は筆者］。紅衛兵を女性に見立てて、注入しようとする愛情を昇華させている。

四月一一日午後、東方紅縦隊は劉少奇の著作『共産党の修養を論ずる』を批判する大会を開いた、と『東方紅』第一七期は報道している［楊　2017］。『共産党の修養を論ずる』こそ、「我々の最も紅い、最も紅い、紅い太陽たる毛主席の思想に反対した大毒草だ」、と社説は論じている。「最も紅い、最も紅い、紅い太陽たる毛主席」という単純な繰り返しを多用することで、太陽神信仰の現代版を創出している。この点は、中国全国の紅衛兵運動に共通する特徴であろう。

情念的愛と感情的批判

「内モンゴル文革の春を迎えよう」、との社説で紙面を飾ったのは、一九六七年四月一九日の

给毛主席的致敬电

社論 迎接内蒙古文化大革命的春天

——欢呼中共中央关于处理内蒙问题的决定

东方红

写真12　毛沢東を礼賛する『東方紅』第18期。

『東方紅』第一八期である（写真12）。「中共中央の内モンゴル問題を処理する決定」、いわゆる「紅い八カ条」の登場を歓迎する文章だ［楊 2017a］。社説には以下のような文がある。

> 党中央の決定はついに届いた。革命的な造反派は目に涙を浮かべて、「毛主席万歳」と一〇〇〇回、一万回も叫んだ。造反して初めて北京が近いと知ったし、革命をして初めて毛主席の親しさを覚えた。あ！　あ!!　毛主席！　東縦の戦士は昼も夜もあなたを愛している。

全篇を埋め尽くしているのは情念に満ちた字句だらけだが、それでも「党中央の決定はウラーンフーらに死刑判決を下した意義を有する」との表現を忘れていなかった。

四月一六日、紅衛兵たちは毛沢東に忠誠を誓う「致敬電」を打ち、一一万人からなるデモ行進を小雨の中で実施した。軍区副司令官の肖応棠も参加し、左派支持の態度を表明した。自治区党委員会からは中国人の高官雷代夫とモンゴル人のトグスが駆け付けた。トグスは一一月に打倒されるが、この時点では造反派のシンパとして輝いていた［楊 2009b］。

四月二五日午後、軍事管制下のフフホト市で大規模な集会が開かれた。主催者側の造反派の発表では、六万人余りの「無産階級革命派」が参加したと、『東方紅』第一九期は伝えている［楊 2017a］。『東方紅』はまた「内モンゴルの黒い司令部を徹底的にぶち壊そう」との社説を掲げた。社説はいう。

……内モンゴル自治区には二つの司令部が存在し、二つの陣営があり、それぞれ二つの路線を守り、死活の闘争を繰り広げている。

この二つの司令部だが、一つは滕海清《トンハイチン》司令官をトップとするプロレタリアートの司令部で、その最高の統帥は毛主席だ。もう一つは、反党反毛主席の反革命司令部だ。彼らは「紅衛軍」と「無産者」、それに「工農兵革命委員会」らを動かして、反動的で、保守派の組織を結成し、内モンゴルで反革命の資本主義路線を上から下へと復活させようとしている。……この黒い司令部の最高統帥は劉少奇と鄧小平で、元祖はウラーンフーだ。

『東方紅』は人民解放軍を率いて進駐してきた滕海清司令官も造反派の会議に出席し、「打倒ウラーンフー」と叫んでいた演説を全文掲載している。党中央が出した「紅い八カ条」では青海省軍区の劉賢権が内モンゴル軍区に赴任することになっていたが、実際は現地の動乱で来られなくなり、その代わりとして滕海清将軍が着任したのである［楊　2009a］。

3　批判運動の深化

軍事用語

筆者が集めて公開した『東方紅』紙は以上だが、呼三司に属す「内モンゴル工学院『井崗山』革命造反委員会」は『挺進報《ティンジンパオ》』という新聞を発行していた。「挺進」とは、軍事用語である。わずか一例だが、一九六七年四月三〇日付の『挺進報』第二三期も内モンゴル自治区の新しい支配者、滕海清将軍の演説を載せていた。二四日に開催された、「首都革命委員会の成立を祝う大会」での滕の演説である［楊　2017a］。紅衛兵は次のように気勢をあげている。

偉大な領袖毛主席が住むところ、偉大な祖国の心臓、史上に前例のない無産階級文革の中心地、世界人民が仰望する革命の灯台である北京。その北京から全国と全世界を震撼させる嬉しいニュースが伝わってきた。偉大な領袖毛主席の温かい心遣いと指導の下で、革命的な「三結合」の臨時権力機関である北京市革命委員会が勝利裏に誕生した。

この時期の「三結合《サンジエホア》」とは群衆組織の責任者と人民解放軍の指導者、それに党政府幹部の三者による連携を意味している。滕海清は演説の中で「打倒ウラーンフー」と指示しているし、「内モンゴル工学院井崗山革命造反委員会」もまたウラーンフー批判を呼び掛けている。『挺進報』はまた四月二五日に開かれた批判闘争大会の様子を詳しく伝えている。

大会の執行主席の開会の言葉に続いて、王鐸と劉景平、沈新発と韓是今らは揪みだされた。一緒に闘争されたのは王鐸の臭い女房で、資本主義を復活させようとした急先鋒の周潔、林蔚然と蘇雷、石琳とアムグーラン、梁一鳴とポンスク、張鵬図と劉吟慶、寧雲程と韓明、ゴンボジャブと任建斌、魯志浩と李直、朱明輝とボインドゥーレン、丁郁民と趙会山、王建功と王振帮、張耀などである。

この日幹部たちを批判闘争した大会には「革命派十余万人が参加した」という。全人民を巻き込む形で運動は深化しつつあったことが分かる。紅衛兵にしても、彼らの新聞名の「挺進」にしても、軍事用語である。軍事用語には強烈な攻撃性がある。文革中の群衆組織は自身を軍事組織に見立てて、攻撃性をアピールしていたのである。

性的征服をちりばめた「発刊の詞」

ここまでは呼三司系統の諸派、「師範学院東方紅」の「紅衛兵指揮部」と「戦闘縦隊総部」が合同で編集した『東方紅』紙と、工学院の『挺進報』の特徴について述べてきた。呼三司本部は、『革命造反報』を最初の機関紙としていた。『革命造反報』もいつ創刊されたのかは不明だが、一九六七年一二月に印刷された『革命の嵐に向って闘争し、成長する――呼三司闘争簡史（第一輯）』にその「発刊の詞」が収録されている［呼和浩特市大中専院校紅衛兵革命造反司令部印　1967］。

『革命造反報』はフフホト市大中専院校紅衛兵革命造反司令部が編集し、発行する新聞で、私たちの喉と舌であり、私たちの戦闘用の強い武器だ。『革命造反報』は私たち紅衛兵自身の新聞で、すべての革命的な紅衛兵戦士はみな新聞の主人だ。……

私たち第三司令部に対して謀略を働こうとする帝国主義どもや現代の修正主義どもを、そのお化けの母親に会わせてやろう！

この「お化けの母親に会わせてやろう」は、中国語で「見他媽的鬼去吧」の訳である。中国人社会ではよく「他媽的《ターマーデ》」（彼の母親）や「你媽的《ニイマーデ》」（あなたの母親）を悪罵として使う。暗に「彼（あなた）の母親を強姦してやる」という性的な暴力を示唆している。紅衛兵がこのような粗野で、性的征服を示した悪罵をその「発刊の詞」に書き込んでいる点に、彼らの未熟さが露呈している。毛沢東に対しては「最も紅い、最も紅い、紅い太陽」と太陽神称賛の言葉を用いているのと逆に、敵対勢力に対しては女性征服を誇示する表現を使っている。男の太陽神の威厳を借りた、女性への侮辱である。これも、紅衛兵言語の特徴であろう。

毛沢東と党中央に指揮された造反

「奪権」といっても、人民大衆が支配者の共産党から権力を奪って、パリ・コミューンを樹立するという理想像を毛沢東は許さない。毛の真意は群衆を動員して政敵を一掃することだったので、その目標が達成されると、ただちに人民解放軍を派遣して造反派を含めた群衆組織のコントロールに舵を切った。

一九六七年三月一九日、中央軍事委員会は「左派と工業、それに農業を支持し、軍事管制を導入して軍事訓練を行う」という「三支両軍」政策を公布した。師範学院の『東方紅』第二一期も五月七日に「偉大な領袖毛主席の呼び掛けに熱烈に呼応しよう」との社説を出して呼応した。師範学院にとって、内モンゴル軍区は同志の韓桐を射殺した宿敵であるが、それでも「東縦二・五戦闘隊」の名で「内モンゴルの部隊は偉大な中国人民解放軍の一部だ」と謳歌せねばならなかった。ただ、内モンゴルには「ウラーンフーの代理人からなる地下の黒い司令部がある」との長い批判文を載せるのも忘れなかった［楊 2017a］。「民族分裂主義者のウラーンフーこそが毛沢東思想の敵だ」、と紅衛兵はいう。「ウラーンフーはモンゴル語学習を重視するやり方で、人民が毛主席の著作を学ぶ機会を奪った」と断罪し、「彼は独立の王国を創ろうとした野心家にして現代の殿様だ」と罵る。すべては周恩来総理が何回も学生たちを説得していた際に教唆した内容だ。二〇二〇年九月、中国政府は文革期と同じスローガンを再び掲げて、モンゴル語教育を禁止した。

呼三司に属す林学院の造反派は『紅旗』を発行していた。五月一〇日、『紅旗』第一〇期は「闘争の大方向を把握しよう」との社説を載せ、「誰が敵で、誰が友かを仕分けしなければならない」と唱える［楊 2017a］。党中央は左派、造反派を支持するとの政策を出していたので、それまでの保守派も造反派・左派だと自称するようになった。こうした現象を林学院の造反派は「黒いロバも白いロバも、ロバは所詮ロバだ」と皮肉をいう。中国社会では、ロバは愚かで意地悪な動物だと見なされ、悪罵に使われる。保守派がいくら造反派だと自称しても、所詮は保守派だとの意味である。

4　造反と保守の衝突の中のモンゴル人批判

衝突の原因

同じ五月一〇日の午後、保守派の「紅衛軍」と「工農兵革命委員会」、「無産者」とその傘下の「紅色工人」、「紅色戦士」、それに「聯動」などはその指導者の張三林と曹文生に率いられて数千人を糾合して造反派に属する財貿学校を襲撃した。それから自治区党委員会を包囲した。軍区は解放軍を派遣して阻止する姿勢を見せたが、双方の武力衝突を止めようとしなかった。事態を深刻に受け止めた師範学院の『東方紅』第二二期は五月一二日に「内モンゴル師範学院東方紅縦隊総部の厳正なる声明」を出して抗議した〔楊　2017a〕。

保守派を動かしているのは、首都北京の高級幹部の子弟らからなる「北京市西城区糾察隊」に由来する聯動だ、と『東方紅』は認識している。既に述べたように、「北京市西城区糾察隊」は暴力を好み、殺害した人間の血で壁に「紅色の恐怖万歳」と書いた「革命的行動」で全国的に知られていた〔王家平　2004〕。「保守の聯動は自らの血統を高貴だとし、反動的な血統論を信奉している」、と内モンゴルの紅衛兵は批判する。内モンゴルの場合だと、「高貴な血統」を持つ者とは、王鐸と王逸倫ら中国人幹部の子弟を指す。

呼三司系統の工学院井崗山は、五月一三日付の『挺進報』第二五期に対立する保守派の「工農兵革命委員会」に関する調査報告書を公開した。相手の内部事情を暴露することで、その「反動的な性質を明らかにし、解散に追い込むのが狙いだ」という〔楊　2017a〕。報告書によると、保守派「工農兵革命委員会」の拠点は市政治協商委員会弁公楼内にあり、発起人の樊俊智と白振玉、鄭福田らはみな退役軍人だという。軍隊経験者の力は大きかったので、当時、党中央から「退役軍人は独自の組織を作らない」と指示されていた。しかも、「工農兵革命委員会」は市党委員会から物資と金銭的な援助を受けていた、と報告書は指摘する。

『挺進報』は保守派を批判し、暴露してから、その矛先をまたウラーンフーに向けた。一九五五年九月に中国政府が四川省西部のカム地域に住むチベット人と夷族の「叛乱」を平定しようとした際に、ウラーンフーは反対した。一九六二年四月、ウラーンフーは「モンゴル社会内の王公貴族と宗教的上層人士もみな愛国的だ」と発言して「搾取階級を美化した」。一九六五年一二月になると、反大漢族主義のキャンペーンを推進した。「おれは大民族主義と数十年間にわたって戦ってきた。今年六〇歳になったが、まだ二〇年間は戦える。絶対に大漢族主義者を打倒しなければならない」、とウラーンフーは発言していた。こうした発言は「民族分裂主義的思想の現れだ」と中国人の紅衛兵は分析している。

「黒い司令部をぶち壊し、独立王国を踏みつぶせ」、と『革命造反報』は五月一八日に第七、八期をまとめて刊行した［楊 **2017a**］。「今回の偉大な文革運動は、ウラーンフーらが苦心惨憺に経営してきた独立王国を根本から揺るがした。内モンゴルのブルジョア司令部内の大小様々なウラーンフーどもも壊滅的な打撃を受けた」、と威勢のいい社説が巻頭を飾る。

呼三司はまた去る五月一〇日に保守派から襲撃されたことに対して「厳正な声明」を発表した。造反と保守が対立する構図は全自治区の草原と農村にまで及んだ。シリーンゴル草原のモンゴル人遊牧民も五月一五日に大挙して盟《アイマク》政府所在地のシリーンホト市に入り、保守派支持の態度を表明したし、ジョーウダ盟《アイマク》とフルンボイル盟《アイマク》の軍分区は造反派を支持していた。紅衛兵はまた各地に代表を送り、造反派への支持を獲得しようと動いた。五月一九日になると、オルドス高原のウーシン旗《ホショー》ウーシンジョー生産大隊の書記、ボロルダイという女性は師範学院の「東方紅縦隊」の本部を訪れ、地元のイケジョー盟の書記、ボインバトに対して造反した経緯について「経験交流」した。彼女は当時、「全国の労働模範」の一人だった。政府は若い紅衛兵の造反を大目に見ていたが、モンゴル人も立ち上がったのには、神経を尖らせていた。

造反派とモンゴル人の危険な思想

造反派紅衛兵は、老紅衛兵が信奉する血統主義を生理的に受け付けなかった。高級幹部の子弟からなる老紅衛兵は「生まれながらにして革命的左派だ」、と「聯動」が標榜していた。こうした血統論を林学院の『紅旗』第一一期は辛辣に批判した。「『左派』から聯動へ」と題する文は、「聯動」のような老紅衛兵が自慢しているその「高貴な血統」、「高貴な父祖」は既に打倒された実権派になったのではないか、と断じている。

北京市第一〇一中学の新平という人は、清朝の満洲八旗の子弟の例を挙げている。満洲八旗の子弟はみな貴族であったが、清朝を建立して北京に入場してからは腐敗した生活を送り、衰退の一途を辿った。高級幹部の子弟たちからなる「聯動」や老紅衛兵も往昔の満洲八旗の子弟と同じだと言わんとしている。『紅旗』はさらに「無産階級の大民主万歳！」との社説で「無産階級の民主運動」を謳歌し、「満洲八旗の子弟のような」高級幹部の子弟をターゲットにしている［楊2017a］。

毛沢東は紅衛兵新聞に目を通していた。彼は恐らく造反思想が膨張してきたのを見て、紅衛兵運動に終止符を打とうとしたのだろう。造反派には共産党の一党独裁を根幹から揺るがしかねない危険な思想が内包されていたからである。

毛は人民解放軍を派遣して造反派を押さえ込もうとした。自治区の首府フフホト市では市人民委員会と『内モンゴル日報』社、それに内モンゴル大学が解放軍に占領されたし、東部の牙克石には黒龍江省ハルビンからの三〇五九部隊が進駐した。師範学院の『東方紅』第二三期はこうした軍の動きを歓迎する社説を掲載し、「銃剣に血を浴びせる勢いで」各地の保守派を打倒しようと呼び掛けた［楊　2017a］。

フフホト市だけでなく、自治区の各盟と旗においても、造反と保守の両派の衝突は激しさを増していた。熾烈な党派闘争が繰り広げられる中でも、モンゴル人のウラーンフーに対する断罪を忘れなかった［楊　2017a］。具体的にはウラーンフーが一九六六年春に「中華ソヴィエト政府の対内モンゴル人民宣言書」を印刷して配布したことを攻撃の対象としている。この宣言書は一九三五年に共産党の紅軍が長逃して陝西省北部とオルドス南部に拠点を作った直後に出したもので、「三五宣言」ともいう。「内モンゴル人民には、自らの政府を樹立し、他の民族と連邦を形成する権利があるし、完全に分離する権利もある」、との内容だった。ウラーンフーが一九六五年末から反大漢族主義のキャンペーンを展開し、その後さらに「三五宣言」を配布するに至ったのは、「民族分裂主義を進め、クーデターを起こすためだ」、と批判する。

内モンゴル自治区は祖国の辺境に位置し、反修正主義の前哨基地で、戦略の要衝だ。党中央はウラーンフーを信頼し、彼を重要なポストに就けた。しかし、彼は党中央と毛主席の信任と期待を裏切った。

「内モンゴル自治区直属機関・井崗山革命造反縦隊」の紅衛兵が執筆した文章は全篇にわたって、攻撃的な言葉でちりばめられている。彼らは「民族分裂主義」という少数民族を粛清するのに最も致命的な用語を使うことで、モンゴル人に対する断罪を強化している。

呼三司の『革命造反報』は五月二五日に普段の版面より倍大きいサイズで「専刊」という特集号を出した［楊 2017a］。これは、「私たちの偉大な領袖の毛主席自らが制定した、文革の発動を命じた『五・一六通知』が発表された一周年を記念する」ためだ。「五・一六通知」を学ぶ運動を推進しようと呼三司は大会を開き、これには三万人余りの紅衛兵と「革命的農民と労働者」たちが参加した。大会では必ず、「打倒ウラーンフー」のシュプレヒコールが湧きあがっていた。

一九六七年五月はまた毛沢東の「延安の文藝座談会における講話」が発表されてから二五周年にあたる時期である。五月三〇日付の『東方紅』第二四期は、「我々の文学と藝術は人民大衆のために奉仕しなければならない」との毛語録を巻頭に飾り、「革命の文藝は無産階級独裁の武器だ」との社説を載せた［楊 2017a］。ここから、毛の文藝理論を用いて、モンゴル人の文化藝術活動に対する攻撃と否定が正式に始まる。師範学院の政治歴史学部の「東風戦闘隊」は、「自治区において、明らかに階級間の闘争は民族問題として現れているのに、ウラーンフーらは反大漢族主義の運動を進めた」と批判する。また、「東縦毛沢東思想宣伝隊」も「内モンゴルの文藝は民族分裂の道具だ」と攻撃している（写真13）。

皮肉にも師範学院「東風戦闘隊」の主張はウラーンフーの「反毛沢東思想」と一致する。毛は

「民族問題もつきつめると、階級闘争だ」と唱えたのに対し、ウラーンフーは「階級闘争も民族問題だ」と論じていた。「東風戦闘隊」がいう「階級間の闘争は民族問題として現れている」説は、明らかにウラーンフーの論点と同じである。内モンゴル自治区に侵入してきた中国人も「階級間の闘争に民族問題が内包される」と認識していたことになる。

写真13　ウラーンフー反党叛国集団の打倒を描いたポスター（筆者蔵）。

紅衛兵新聞の威力

六月一日は北京大学の聶元梓の書いた「全国初のマルクス・レーニン主義の大字報」が発表された一周年にあたる。工学院の『挺進報』第二七期は以下のような編集部論評を載せた［楊　2017a］。

> 昨年六月一日、私たちの偉大な領袖毛主席の直接の心遣いと支持の下で、全国初のマルクス・レーニン主義の大字報が公表された。これは、毛主席自らが点けた無産階級文化大革命の松明の火だ。この松明は北京と全国を照らしている。

『挺進報』は毛を称賛する文を載せてから、「暴徒の首を刎ねて、わが烈士の忠魂を祭ろう」という戦闘的なコラムを作っている。「烈士」とは五月二二日の武闘で死亡した欧陽儒忱を指す。六月二日になると、『革命造反報』第一〇期は「毛主席に敬意を払う電報」（致敬電）を掲載し、内モンゴル自治区における「反革命修正主義文藝路線を徹底的に除去せよ」と力強く主張した［楊 2017a］。モンゴル人のウラーンフーは毛主席の文藝路線に反対し、「なんと別の目的から文藝のモンゴル民族化を進めた」ことが「罪」となっている。

呼三司系統の全紅衛兵を代表して、頼玉蘭は次のように論じている。「内モンゴルの素晴らしい山河は、偉大な祖国の反修正主義の前哨基地だ。ウラーンフーとその息子のブヘら一握りの悪徳分子が波風を立てることは、絶対に許せない」。

紅衛兵を含む造反派の世論形成の運動を軽く見てはいけない。後に全自治区の規模で、モンゴル人が長期間にわたってジェノサイドの対象とされていったのも、中国人の意識の中に「モンゴル人すなわち民族分裂主義者」という確固たる固定観念が形成されていたのと無関係ではない。確かに、造反派の一部は後に滕海清将軍主導の大虐殺に疑問を呈した。それでも、造反派が文革の初期から紅衛兵新聞を使ってモンゴル人を徹底的に批判することで、民族全体に対する憎しみの情念を醸成した事実の免罪符にはならない。

造反行動は大学だけでなく、中学と高校をも巻き込んだ。呼三司系統に属す中学、高校生たちは『進軍号』という新聞を発行していた。六月七日付の『進軍号』第二期は、「無政府主義に反対せよ」との内容の記事を多数、組んだ。「無政府主義の思潮が私たち造反派の隊列の中で氾濫している」、と危機感を覚えていた。混乱は拡大し、解放軍内部でも造反派が現れていたので、軍区は「歩兵学校と文藝工作団などを除く団体以外は群衆組織と経験交流をしてはいけない」との命令を出した。血統主義を信奉し、高級幹部を守ろうとする「聯動」のメンバーたちの「暗躍」もまだ見られる、と『進軍号』は報道している。

モンゴル人と「中華民族」

一九六七年六月八日、呼三司に属す内モンゴル大学の造反派は『井崗山』第一八期に殺気立った論文「内モンゴルの文革の鍵——ウラーンフー批判・その一」を社説として掲載した。以後、「その二」や「その三」と続く［楊　2017a］。

ウラーンフーは党内の資本主義の道を歩む実権派であるだけでなく、殿様（王爺）でもある。彼は共産党と中華民族の叛徒であるだけでなく、モンゴル民族の裏切り者でもある。……ウラーンフーは祖国の不可分の一部、内モンゴル自治区を彼自身の独立王国にし、そこで資本主義を復活させたかった。……私たちは毛沢東思想の偉大な紅旗を高く掲げて鉄の如き壁を立てて、モンゴルとソ連の修正主義の馬鹿どもを紅旗の下で震えあがらせよう！

紅衛兵は中華民族とモンゴル民族を別々に扱っている。もし、上の文章が「ウラーンフーはモンゴル民族の叛徒だけでなく、中華民族の裏切り者でもある」となっていれば、当然、モンゴルも中華民族の一員にカウントされたことになる。この時点で、モンゴルはまだ後日に御用学者の費孝通が唱えるような「中華民族の多元一体構造」論には含まれていなかったことが判明した。中華民族とは漢民族だけを指していたことは明らかである。

『井崗山』は続いて「ウラーンフーの反動的な言論」を二面に整理し、第三面では「モンゴル修正主義国家の反華活動に抗議する集会」について報道している。中国から「修正主義国家」と攻撃されていたモンゴル人民共和国では、華僑を排斥する動きが見られていた。そのため、中国政府は五月二七日に「モンゴル修正主義者どもがわが国の外交官と愛国華僑を殴打した」、として抗議していた。造反派は政府の抗議を支持する集会を六月一日に開き、これには一五万人が参加したという。造反派はまた「ウラーンフーがモンゴル人民共和国の指導者ツェデンバルと結託し合い、内外モンゴルの統一合併を画策した」と批判する。辺境の内モンゴル自治区の文革は常に北隣のモンゴル人民共和国とソ連の情勢と連動していた。それは、モンゴル人が近現代において、ずっと統一国家の創設を目指してきたからである。

北京からやってきた内モンゴルの新しい支配者の滕海清将軍は六月四日に工学院で開催された同学院の文化大革命発動一周年記念大会に出席し、「毛沢東思想の道路に沿って前進せよ」とスピーチした。このスピーチの全文を工学院の『挺進報』第二九期は六月一一日に掲載した［楊2017］。滕海清はいう。「私たちは文革の大きな方向をしっかりと見定めなければならない。私たちは矛先を党内の一握りの資本主義の道を歩む実権派に向けなければならない。内モンゴルでは、実権派はウラーンフーと王逸倫、そしてその家来どもだ」。王逸倫は飾りであって、ポイントはウラーンフーにあるのは自明のことである。

5　解放軍の進駐とモンゴル人の災難

造反派の内紛が惹き起こす民族問題

「三支両軍」政策の実施に伴い、六月一七日に人民解放軍は師範学院に進駐し、一九日から一カ月間軍事訓練が行われることになった、と同学院の『東方紅』第二七期は伝える［楊　2017a］。学生たちの間で広がりつつあった「無政府主義的思想の一掃」を兼ねた軍事訓練で、やがては造反の役割を終えた青年たちが追放される結末の前奏曲である。翌六月一八日、内モンゴル自治区革命委員会準備委員会が正式に発足し、滕海清が組長で、モンゴル人の呉濤は副組長に任命された。呉濤にはなんら実権がなく、滕海清将軍こそ真の支配者だ。呼三司は自治区革命委員会準備委員会の成立を「熱烈に歓迎する」姿勢を六月二三日付の工学院『挺進報』紙上で示した［楊　2017a］。

革命委員会準備委員会の結成により、「自治区の文革は新しい段階に入った」と造反派は認識した。その上で「ウラーンフーの反革命修正主義集団の罪状」に関する詳しい分析を第三面に載せた。「ウラーンフーの反革命修正主義集団」の「主帥」はウラーンフーで、「左右の両丞相」は奎璧《クイビイ》（ウルトナスト）とジャータイ（吉雅泰）、「虎の如き五人の上将」（五虎上将）は雲麗雯夫人と浩帆副秘書長、陳炳宇フフホト市長と雲世英公安庁副庁長、チョルモン党宣伝部副部長だという。「ウラーンフー一味」とされる集団には自治区のモンゴル人エリートたちがほぼ全員、網羅されている。民族全体に災難が降りかかってきたことを意味する批判文である。

造反派同士で内戦を繰り広げるのを中止せよ、と呼三司の機関紙『革命造反報』第一二期は六月二四日に呼び掛け、「革命の大聯合」の必要性を唱えた。内モンゴル大学の『井崗山』第二二期もこれに呼応し、「造反派はその内部において多くの矛盾と対立を抱えながらも、大同団結はできるはずだ」と主張する［楊 2017a］。内モンゴル大学はこの時、大学の執行部の一人、郭以青をめぐって深刻な対立に陥っていた。内モンゴル大学「井崗山兵団」は『郭以青問題調査研究』を公開し、郭以青は文革の初期においては「ウラーンフーの黒いグループの罪を積極的に暴露した」し、大学当局が造反派を弾圧したことにも加担していないので、「毛主席の路線を守る人士だ」と擁護している。一方、別のグループは「郭以青には過去に革命を裏切った疑惑がある」として彼を打倒しようと動いていた。郭以青は文革前から「モンゴル人社会に民族分裂者集団がいる」、と党中央に密告していたことは、前に述べた。

造反派同士の対立よりも、ウラーンフーこそが主要な敵だ、と『井崗山』は論じている。『井崗山』は「ウラーンフー批判・その三」で、モンゴル人の政治家には「大モンゴル帝国の復活を企図する野心がある」と指摘する。別のグループもまた「ウラーンフーの決死隊（死党）の結成史」を書き、ウラーンフーが少年時代に学んだ北京のモンゴル・チベット学校を出たモンゴル人たちと、延安民族学院出身者らは「民族分裂主義者」だと分析している。さらに、内モンゴル大学の「三二四団韶山公社」は以下のようなウラーンフーの「罪」を掘り起こした。

一九六五年、殿様のウラーンフーは左右の両丞相をつれて本学の卒業式に出席し、以下のような悪意に満ちた演説をした。「あなたたちはしっかりとモンゴル語を学びなさい。蒙漢兼通になろう。漢字も万歳とはならない」。これは、暗にモンゴル語だけが未来永劫にわたって続くとの意味だろう。

「漢字も万歳とはならない」との表現は、「漢字も万年続くとは限らない」との意味だが、「毛主席万歳」をもじった言い方とも読み取れる。それよりも、ウラーンフーは内モンゴル大学の学長として、学生たちに「蒙漢兼通」の人材となって、自治区のモンゴルと漢人人民に奉仕せよと話していた。中国人には少数民族の言葉を学ぼうという意思はまったくないので、学生たちの恨みも膨張していたのである。自治区とはいえ、中国人が理想とし、かつまた実現させたかったのはモンゴル人の漢人への同化であって、蒙漢兼通ではない。漢人への同化こそが「進歩的」で、逆は「反革命で民族分裂的」となる。これが、中国政府と中国人の思想と民族政策の性質である。

「日本人民の愛」とモンゴル人への攻撃方法

中国各地から内モンゴル自治区に経験交流してきた紅衛兵などの群衆組織は元の地に帰り、師範学院の軍事訓練も順調に進んでいる、と『東方紅』第二九期は七月一日に伝えている。『東方紅』は引き続き「ウラーンフーの反毛沢東思想の言論」を列挙し、モンゴル人批判の論陣を張った［楊 2017a］。毛沢東の肖像画は全国の新聞の一面を独占するようになった。七月一日は共産党の結党記念日にあたるので、『革命造反報』第一三期もまた「毛主席の万寿無疆《ワンシヨウウージアン》を祝う」紙面を組み、毛は「世界人民の心の中の紅太陽だ」と礼賛した［楊 2017a］。そして、「中国帰国者第一次代表団の一行八人が、日本共産党修正主義者集団と日本反動派の阻止を乗り越えて、六月二四日に北京師範大学を訪れた」とのニュースを転載している。「日本人民も毛主席を心の中で想っている」と一行は話したので、毛主席は文字通り「全世界の人民たちから熱愛されていた」との宣伝である。

「日本人民」の毛沢東愛に次いで、第二面では『革命造反報』はモンゴル人のウラーンフーを徹底的に侮辱する社説を載せた。社説は以下のようになっている。

ウラーンフー！　この現代の殿様は老けた、馬鹿者だ。彼は二〇数年にわたって、内モンゴルで数々の罪を犯してきた。……

こいつはまた、大胆にも「ウラーンフー万歳」と人々に叫ばせ、「ウラーンフー言論集」を出版し、毛主席と渡り合おうとした。

こいつはソ連とモンゴル修正主義集団に媚びを売り、隣接する他の省には「一寸の土地も譲らない」としながら、「三五宣言」を印刷して内モンゴル自治区を祖国の大家庭から分裂させようとしていた。……一言でいうと、内モンゴルのすべての反党反社会主義、反毛沢東思想の罪悪に満ちた活動は全部、現代の殿様たるウラーンフーに淵源する。

上の社説は、「こいつは」（就是他）という言葉を繰り返すことで、攻撃性を高め、モンゴル人政治家への憎しみを増幅させている。紅衛兵はまた「ウラーンフーが毛沢東思想に反対した一〇〇の実例」を挙げて、「証拠」に沿って断罪するという戦略を取っている（写真14）。

写真14　ウラーンフーとその家族の打倒を描いたポスター（筆者蔵）。

中国人造反派の限界

パリ・コミューンへの憧れや直接選挙の実施など、造反派には共産党の一党独裁政権と相容れない思想があった。彼らは中国人すなわち漢人だったことから、民族問題に関する見解は陳腐なものだった。七月一四日付の『挺進報』第三六期に掲載された「ウラーンフーが〈三五宣言〉を印刷して配布した陰謀を暴露する」との文章は、中国人がどのようにモンゴル人の民族自決の思想を理解していたかを知るよい材料である［楊 2017a］。

誰がモンゴル民族を抑圧したというのか。「フフホト市のモンゴル人は解放されて以来、ずっと大漢族主義に抑圧され、支配されている」とウラーンフーは話していた。この言い方に、ウラーンフーの秘密が隠されている。大漢族主義が悪い、と彼は言いたいのだ。だから、彼は大々的に反大漢族主義のキャンペーンを進めた。……「内モンゴル民族は自由に組織し、他民族と連邦を形成する権利を有し、分離独立の権利もある」と「三五宣言」にあった。

どんなに造反精神に富んでいても、いくら権力に反抗的であっても、それは中国人同士の話であって、モンゴル人には適応しないとの立場である。中国人は造反派であっても、自分自身に大漢族主義があるとは絶対に認めようとしない。平等や自由を理想的と謳歌しても、モンゴル人がそれを求め、漢族の抑圧からの独立を主張すると、絶対に認めようとしない。これが、中国人の精神的な特徴である。今日においても、一九八九年の天安門事件後に世界各国に亡命している「民主化運動のリーダー」たちも、人権や民主といった美辞麗句を頻繁に口にするが、それは中国人内部の話であって、少数民族問題に関心を抱く者はほとんどいないのも、状況が変わっていない事実を物語っている。

「授業に復帰し、革命を進める」

造反した学生を大人しくさせるために、毛沢東は「授業に復帰して革命をしよう」との指示を出した。これを受けて、内モンゴル大学の『井崗山』第二三期は七月一九日に「毛主席について、授業に復帰し、革命を進めよう」との記事を出した［楊　2017a］。どのように授業に復帰するかについては、様々な意見があった。「専門家のいうことを聞け」とか、「教授が学校を経営する」とか、「そのような馬鹿なロジックは絶対に許せない」と「井崗山」に属す各団体が一斉に反対を表明した。「授業は、毛主席の授業でなければならないし、革命も大批判でなければならない」と学生たちは譲ろうとしない。

授業への復帰だけでなく、学生を集めた軍事訓練も効果をあげている、と呼三司中学部の『進軍号』第七期は伝えている［楊　2017a］。師範学院の附属中学の学生たちは夜の一二時まで解放軍の兵士たちと一緒に毛主席の著作を学び、早朝に叩き起こされて軍事訓練に動員させられる。造反派の体力を消耗し、身体的に管理しようという狙いが見えている。

七月一四日、工学院は「授業に復帰して革命をする経験交流大会」を開き、自治区の支配者である滕海清将軍のメッセージも代読された、と工学院の『挺進報』第三七期は報道している［楊　2017a］。毛沢東が以前に一九六六年五月七日に林彪に出した手紙が金科玉条として崇められている。それには、「解放軍は大学だ」との文言があり、知識の学習よりも、工業と農業、それに解放軍について学ばなければならないとあった。学生たちも、毎日最低二時間は毛沢東思想を学習しなければならないし、毎月三日間、工場に行って働き、毎週、半日間郊外で農業に従事しなければならない、との提案をしている。

造反派への包囲網が敷かれつつあっても、学生たちは「ウラーンフーの五つの罪状」を批判するのを忘れていなかった。ウラーンフーは一九五五年からキリル文字をモンゴル人民共和国から内モンゴル自治区に導入し、「文字の面で統一を図ろうとした」。修正主義国家の指導者ツェデンバルに会った時も、ウラーンフーは「媚びを売った」。ウラーンフーはまた多くの「反革命分子を糾合し」、一九六七年五月一日にクーデターを起こす予定だった。というのは、この日は、表向きは自治区成立二〇周年にあたる記念日だが、実際は「蒙奸の徳王と李守信が偽蒙疆政権自治政府を樹立した日」だからである。ウラーンフーは祖国から内モンゴルを分離させて、自らが皇帝になろうとしていた、と造反派は指摘する［楊 2017a］。

「授業に復帰して革命を進めることは新しい教育革命だ」、と『東方紅』第三二期は七月二三日に謳歌し［楊 2017a］、呼三司中学部の『進軍号』第八期も八月一日に「毛主席の著作を学ぶ重要性」を唱えた［楊 2017a］。全国的に見ても、造反派を駆使して打倒しようとした政敵は残らなくなり、学生も無用となった情勢は明らかになってきた。しかし、内モンゴル自治区は異なっていた。

七月二一日から開催されていた「呼三司中等学校各学校の責任者たちからなる毛主席の著作を学ぶ大会」で、滕海清将軍と自治区書記処書記の権星垣がスピーチした。権星垣は当時の自治区に重要な動きがあったことについて話している。

ウラーンフーはまだ眠っていないし、彼の徒党どももあの手この手で名誉回復を狙っている。非常に悪質なのは、彼は民族間の矛盾を利用している点だ。去年のこの時期、ウラーンフーの黒いグループ内の連中は、「文革は漢人がモンゴル人をやっつける運動だ。東部のモンゴル人が西部のモンゴル人を虐待する運動だし、漢人と東部のモンゴル人が一体化して西部のモンゴル人を打倒する運動だ」と話していた。これは何と悪質な言い方だろう。

このように、自治区のモンゴル人たちは文革の本質について、明確な認識を有していた。自治区党委員会もそうした認識に対して、危機感を抱いていたのである。

呼三司の中学部は八月五日に毛沢東の大字報「司令部を砲撃せよ」が発表された一周年を記念する記事を組んだ［楊 2017a］。一面の上端に手を差し伸べた、筋骨隆々の「若い毛」の肖像を載せ、その下に「司令部を砲撃せよ」を配置した。紙面には毛の政敵を批判する政治的な漫画を並べ、劉少奇を「劉少狗」と表現し、×印を付けた。すべては中国特有の人間を侮辱する文化の具現である。

第3章 「フフホト市第三司令部」の誕生

造反各派の統廃合を進めていた政府の政策は実り、呼三司系統の各大学が発行していた新聞も相次いで廃刊に追いこまれた（写真15）。造反といっても、毛のコントロール下の行動に過ぎない。

1 太陽神の彼女

『呼三司』の誕生とウラーンフー批判

一九六七年八月一〇日、真新しい新聞『呼三司』がフフホト市に現れた［楊 2017a］。新聞の一面は赤と黒の二色刷りで、毛の「司令部を砲撃せよ」の下に「勝利から勝利へ」との社説が載った。二面には「読者へ――『呼三司』紙を毛沢東思想の大学校にしよう」との声明文がある。声明文は以下のようになっている（傍線は筆者）。

世界是在進步的，前途是光明的，這個歷史的總趨勢任何人也改變不了。我們應當把世界進步的情況和光明的前途，常常向人民宣傳，使人民建立起勝利的信心。

毛泽东

體育戰綫

第七期

一九六七年六月八日

内蒙古體育戰綫革命造反司令部主辦

周总理发出指示

国家体委归中国人民解放軍总政治部領导

五月二十一日晚七时，周总理找国务院文教办公室、文教政治部的同志谈话，指示：

國家体委和國防体育由中國人民解放軍總政治部統一管理。請体委和總政肖華同志聯系，我已和肖華同志談過了。開移交會議時，通知我參加。這个問題請文办同志傳達給体委。

写真15　内モンゴルの体育関係者の新聞『體育戦報』。

文革の素晴らしい情勢の下で、呼三司に属する各大学と専門学校が主宰していた様々な新聞編集部が八月八日に大聯合を実現した。各新聞は呼三司が主宰してきた『革命造反報』に合流した上で、新聞の名を『呼三司』と改めることになった。……『呼三司』の編集部は無産階級の革命派の手中にある。彼女は毛主席の偉大な紅旗と、革命的大批判の旗を高く掲げて、政治闘争の方向をしっかりと把握し、中国のフルシチョフとその内モンゴルにおける黒い手先であるウラーンフーや王逸倫、王鐸らに向けて、猛烈な攻撃を加えていく。

紅衛兵は自身の新しい機関紙を女性に擬人化し、男にして太陽神である毛沢東への愛と忠誠を尽くす態度を表明している。新しく誕生した「彼女」、『呼三司』はそれまでの『革命造反報』を受け継いでいることから、第一六期からスタートしている。言い換えれば、『革命造反報』は一五期まで編集発行されたことになる。

『呼三司』第一六期によると、フフホト市の革命派は七月末に代表団を北京に派遣し、「ウラーンフーを揪みだして、内モンゴルに連れ戻して批判闘争したい」と党中央に要請したという。七月三一日、党中央指導者の李富春の秘書は革命派の行動を支持する態度を表明しながらも、「具体的な作戦計画が必要だ」とだけ返事した。八月四日午後、呼三司の代表は北京及び全国からの紅衛兵たちと共に天安門広場で「反革命修正主義分子のウラーンフーを批判闘争する宣誓大会」を開いた。北京大学の「新北大公社」と「清華大学井崗山」、天津大学の「八・一三」などの代表も加わって、デモ行進した。

新聞の統廃合と反モンゴル人の姿勢

『呼三司』が誕生して二日後の八月一三日、「内モンゴル大学『井崗山』編集部」は『井崗山』第二七期の第七面において、本号をもって休刊する、と突然宣言した［楊 2017a］。休刊の理由は「紅衛兵新聞の縮小と経費削減が指示されたためだ」としている。一時は雨後の筍のような勢いで無数の紅衛兵新聞が現れたが、そのほとんどは政府からの経費に頼っていた。紙は供給制だったし、タイプライターも政府にしかなかった時代だ。文革の混乱期にあっても、大衆の思想活動は政府の厳格な監視下に置かれていたことを意味している。『井崗山』紙も新聞の種類の減少と経費削減の名の下で休刊に追いこまれた。政府はこれ以上、青年たちが「自由」に論戦を張る陣地の存続を許さなくなり、『井崗山』も『呼三司』に合流せざるを得なかったのである。

『井崗山』は休刊しても、紅衛兵がモンゴル人を敵視し、モンゴル人の近現代史を批判する精神はしばらくの間、『呼三司』に引き継がれていくことになる。換言すれば、『呼三司』がこれ以降に反ウラーンフーと反モンゴル人の急先鋒を演じていくのである。

『呼三司』第一七期（実質上の第二期）は八月一八日に発行された。この日は、毛沢東が天安門広場で紅衛兵を接見した一周年にあたる。『呼三司』は情緒に溢れた社説を世に送りだした［楊2017a］。

一年前の八月一日、毛主席は紅衛兵の若き将兵に手紙を送り、「私はあなたたちを熱烈に支持する」とおっしゃった。八月一八日、毛主席はまた緑色の軍服を着て、真っ赤な紅衛兵の腕章を付け、天安門の城楼から威風堂々の紅衛兵を接見した。……私たちは毛主席の紅小兵《ホンシャオビン》で、毛主席は私たちの紅い司令官だ。

呼三司は毛を礼賛し、人民解放軍に射殺された韓桐と、武闘で死亡した欧陽儒忱ら四人の「烈士」を「優秀な紅衛兵」に認定した。そして、「反党叛国の罪を犯したウラーンフーは万死に値する」という長い批判文を連載の形で載せた。「反党叛国」の新しい事実はなく、一年前の前門飯店華北局会議で党中央によって「欽定」された「罪」を分かりやすい形で各界に広げただけだ。マスコミが発達していなかった中国社会において、政府系の新聞と異なって、紅衛兵新聞は堅苦しくなく、平易な文体からなっていたので、無学な中国人には理解しやすかった。ウラーンフーが大漢族主義に反対したこと、モンゴル人の権益を守ろうとしたことなどが、「反党叛国の罪」となっている。紅衛兵たちは北京で「ウラーンフーは八月一〇日までに出てこい」と気勢をあげていたこと、滕海清将軍も紅衛兵の「革命的な行動を支援していた」ことなどが、人民の関心を集めていた。

誇大妄想の太陽神崇拝

「我々の心の中の最も紅い、最も紅い、紅い太陽（最紅最紅的紅太陽）毛主席が紅衛兵を接見した一周年」を祝おうとして、呼三司と「火車頭」、「河西公司八・一八」など一三〇以上もの造反派の五万人がフフホト市の新華広場に八月一八日に集まった。呼三司側の代表は郝広徳と岳志東で、「天と地はどんなに大きくても、共産党の愛情の大きさには及ばない。父と母の愛はどんなに深くても、毛主席の愛には及ばない」、と彼らは太陽神たる毛を礼賛した。呼三司はさらに毛に忠誠を尽くす電報を披露した［楊　2017a］。

私たちは大興安嶺の森林でもって筆とし、世界の四大海の水を墨とし、無限の草原を紙として広げても、毛主席への愛と尊崇の念、そして忠誠なる気持ちを書き尽くすことはできない。

紅衛兵は誇張の手法を用いて、毛が発動した「文革はフランス革命とロシア革命よりも遥かに偉大だ」と書き立てている。「全自治区紅衛兵へのメッセージ」を発し、「内モンゴルにあるウラーンフー王朝はまだ潰滅していないし、ウラーンフーが各領域において犯した罪も清算されていない」とし、モンゴル人への総攻撃を呼びかけた。

全国規模で「経験交流」と称して歩き回っていた紅衛兵たちを制限しようとして、政府は「人員の無断外出禁止令」を出した。呼三司も八月二二日に政府からの指令を配下の各団体に伝えた[楊 2017a]。『呼三司』第一九期によると、「ウラーンフーを専門的に揪みだす聯絡センター」に参加する組織は既に四〇以上にも達し、彼らは八月一二日に北京市内にある京西賓館を襲撃する「革命行動」を起こしたという。京西賓館は共産党の高官たちが専用する高級ホテルだ。一九日になると、周恩来は「紅衛兵たちの決心と要求を最高指導者の毛主席に伝えるが、目下は匿名形式でウラーンフーを批判しよう」との指示を出した。面と向かって批判するよりも、匿名の方がより多くの情報を引き出せるからだ。『呼三司』はまた「ウラーンフーの反党叛国の罪は万死に値する」との批判文の続編を掲載し、「三五宣言」を利用して分離独立の活動を進め、中国人の幹部を排除してきた行為を批判している。

2　中央政府に支持されたウラーンフー批判

悪罵の愛用

造反派の各種新聞を『呼三司』に合流させた後も、『進軍号』だけはしばらくの間、発行を続けていた。八月二五日付の『進軍号』第一一期は「前進せよ、毛主席の紅小兵」との文でもって、毛が紅衛兵を接見した一周年に祝意を表した（写真16）。続く『進軍号』第一二期は「文革運動のために新しい功績を立てよう」との林彪の題辞を巻頭に載せて、「ウラーンフーの反革命修正主義路線に対して総攻撃を始めよう」と論陣を張った［楊　2017a］。

ウラーンフーとモンゴル人の近現代史を批判する『呼三司』の勢いは衰えない。九月二日付の『呼三司』第二二期は「ウラーンフーがどのようにして一九四五年に開かれた共産党第七期大会に潜り込んだのか」との記事を載せている。ここでは、ウラーンフーがかつて共産党西北局の責任者の一人、「高崗《ガオガン》に媚びを売って党大会の代表に選ばれた」と分析している［楊　2017a］。高崗は共産党内の陝西省北部の出身で、毛ら南方出身者との政治闘争で失脚し、一九五四年に自殺に追い込まれた。共産党内部の熾烈な闘争はタブーであり、その禁忌をモンゴル人の政治家と結びつける手法は極めて戦略的である［楊　2015b;2016b］。この文章を書いたのは「フフホト市革命造反聯絡総部・ウラーンフー反党叛国集団を専門的に批判闘争する歴史組」で、檔《タン》

写真16　呼三司系統の『進軍号』1967年8月25日号。

案《アン》など政府の極秘資料を使わない限り書けない内容である。ウラーンフー批判は周恩来総理をはじめとする中国政府の全面的な支持の下で推進されていた、と推定できよう。

「私たちは自分の両目を大事にしているように、毛主席の偉大な戦略を守る」、と秋の九月六日付の『呼三司』第二二期は伝えている［楊 2017a］。毛の「偉大な戦略」とは、「三支両軍」を指し、なかでも特に重要なのは「解放軍を愛することだ」と強調されている。軍を愛せよとのスローガンは逆に自治区に進駐してきた北京からの軍隊と地元との間に軋轢が生じていることを表している証拠でもある。この同じ号の『呼三司』はまた重要なニュースを報じている。

一九六七年九月五日午後一時、銀色の飛行機がフフホト空港に降りてきた。間もなく、タラップから禿げ頭が見えた。それは、「現代の殿様」ウラーンフーの代理人で、反革命修正主義分子で、大物のスパイにして匪賊のボス、ごろつきの王逸倫である。

王逸倫はそのまま新華広場の批判闘争大会の会場に連行された。午後三時になると、一五万人もの群衆が集まる中で、王逸倫と奎璧、劉景平と沈新発、ポンスクと張鵬図、ビリクバートルと趙会山、チョルモンとウラーン、ブヘと李貴などが「引っ張りだされて、さらし者にされた」。紅衛兵新聞は全篇にわたって、乱暴な言葉、悪罵を多用して、攻撃性を強めている。

モンゴル人を批判して党の内紛を解決する

呼三司系統の造反派は全自治区へと広がっていった。九月二日、自治区南部の集寧市でウラーンチャブ盟のモンゴル人幹部を批判闘争する大会が呼三司に属する「集寧市紅衛兵革命造反司令部（三司）」の主催で行われた。集会は首府フフホトに呼応し、「ソ連とモンゴル修正主義国家のスパイ、民族分裂主義者どもを徹底的に鎮圧する目的で開かれたものだ」、と一九六七年九月六日にその機関紙『集寧紅衛兵』第一六期は報道している［楊 2017a］。集寧市はウラーンチャブ盟の政府所在地で、同盟の指導者李文精と郝秀山、李景山などの西部出身のモンゴル人とワンダンら東部の旧満洲国出身者全員が、「ウラーンフーの家来で、狂ったように毛沢東思想に反対していた」と批判している。地方においても、モンゴル人のエリートが例外なく打倒されていた実態が表れている。

「解放軍を支持しない行為は自らの長城を壊すのと同じだ」、と九月一三日付の『呼三司』は社説で指摘する［楊 2017a］。北京など他所からやってきた解放軍と地元との対立から人々の関心を転換させる目的から、造反派は「ウラーンフーの民族問題」を提起している。ウラーンフーが進めてきた「反大漢族主義のキャンペーンこそが民族分裂をもたらす重大な危機で、革命的群衆組織内部の対立や解放軍との衝突は二の次だ」と力説している。モンゴル人を批判すれば、群衆組織同士の対立が解決できるという論理だ。換言すれば、中国人群衆組織同士が理念や目標の違いから対立していても、モンゴル人を攻撃するという点では一致団結していたのである。

首都北京に民族文化宮という建物があり、建国初期の「十大建築の一つ」にカウントされていた。この民族文化宮内の「内モンゴル館」の展示を九月一六日付の『呼三司』第二五期は取りあげた［楊　2017a］。「民族文化宮内の内モンゴル館の展示からウラーンフーの祖国を分裂させる野心を見る」との文は以下のようになっている。

祖国を分裂させようとする賊ウラーンフーの狼の如き野心は、民族文化宮内の内モンゴル館の展示にも表れている。……まず、展示の前書きで、「内モンゴル自治区はモンゴル族を主体とする自治区だ」との文言がウラーンフーによって「モンゴル民族の自治区」に書き換えられた。これによって、わが自治区内で絶対的多数を占める漢族、それに回族とダウール族、満洲族などが排除されている。これが、民族分裂ではなくて何だろう。

批判文はまた一九五八年に四川省の成都市で開かれた共産党会議で、毛沢東が「賊ウラーンフー」に対し、民族にこだわるのではなく、共産主義か否かを第一にすべきだと注意したにもかかわらず、聞き入れなかったことを事例に、反毛沢東思想の根が深いと断罪している。また、展示の中ではモンゴル軍騎馬兵の写真を大きく扱うことで、「偉大な人民解放軍を侮辱した」し、毛沢東とモンゴル人民共和国の指導者ツェデンバルの写真を並べたのも、「偉大な領袖に対する侮辱だ」という。中国人はモンゴル人の自治区においても、極力、その固有の民族性を抹消しようとしていたことが分かる。

一掃される高官の子弟

文革が発動されて一年間が過ぎ、「階級の敵」も全員打倒され、もはや批判する必要もなくなったとの論調が全国に見られるようになった。工学院の紅衛兵は「革命的な大批判を行わないことは、反革命の行為だ」と『挺進報』（写真17）第四一期で主張し、「継続革命」の必要性を訴えた［楊　2017a］。

写真17　『挺進報』の巻頭。

紅衛兵が全国規模で「経験交流」を行った結果、中国は政府が宣伝しているほど、「素晴らしい社会主義国家」ではない現実を知るようになった。江青夫人はこれに危機感を覚え、「青年たちには悪い人の話を信じ込み、闘争の方針を間違える傾向が見える」と話した。江青夫人の指示を受けて、呼三司の中学部は九月一九日付の『進軍号』第一三期で自派の紅衛兵は直ちに経験交流を止めるようとの通知を出した［楊　2017a］。

同『進軍号』の報道によると、八月二〇日からフフホト市第二中学で「聯動の罪行展覧会」が始まったという。フフホト市第二中学は自治区の高級幹部の子弟が通う学校である。文革の初期において、その子弟たちは北京の高級幹部の子弟からなる老紅衛兵と同じように、血統論に基づく「聯動」を組織していた。一年後、高官らは例外なく打倒されたので、「聯動」も反革命組織だと認定された。「ウラーンフーの代理人たる王逸倫と王鐸の息子、王紀言と王建華らが第二中学で作った第二司令部は偽物だ」とし、彼らが働いた暴力の証拠も展示された。高官の子弟たちの背後にはその父親のウラーンフーと王逸倫、王鐸が潜んでいる、と断じている。この時に追放された高官の子弟からなる老紅衛兵は勢いを失う。彼らが再び権力の座に帰り咲くのには、文革終息後まで待たなければならない。彼らの代表として、中国の最高権力を握ったのが、現在の習近平国家主席である。

3　否定されるモンゴルの近現代史

秋の九月一八日、自治区首府で「フフホト市工人代表会準備委員会」が正式に成立し、党中央が理想とする「工農兵の大聯合」が実現した、と九月二〇日付の『呼三司』第二六期は伝えている［楊　2017a］。

中国人に嫌われた民族政策

『呼三司』第二六期には殺気に満ちた文が二つ掲載された。一つは「内モンゴル大学のウラーンフーを批判闘争する連絡センター」が書いたもので、もう一つは師範学院の「東縦総務処硬骨戦闘隊」が執筆したものだ。ウラーンフーは「建党と建軍、それに自治政府の設置」という三つの面から「叛国」を進め、「自由連邦の独立王国を創成しようとした」、と内モンゴル大学は批判する。

まず、一九二五年に張家口《ハールガ》で創立した党は当初「内モンゴル国民党」と呼ばれていた。モンゴル人民共和国の政権党の名がモンゴル人民革命党だったので、統一合併を順調に推進するために党名を「内モンゴル人民革命党」に改めた。それから、モンゴル人からなる五個師団の騎兵を擁し、「モンゴル人の兵士は北へ上るのが好きで、南へ下ることは嫌いだ」と話し、「毛主席の建軍路線に反対した」。モンゴル人民共和国は内モンゴルの北に位置するので、モンゴル人が「北に上る」ことはすなわち「叛国」だと中国人は解釈している。最後に、一九四七年に自治政府を組織したのも将来「独立王国」を創るためだと断じている。この種の文に論理性はないが、攻撃力は強い。

師範学院の書き手は中華人民共和国建国後のウラーンフーの自治政策をターゲットにしている。「区域自治こそ唯一の正しい政策」だったにもかかわらず、ウラーンフーは大漢族主義に反対し、チンギス・ハーンを称賛するなど、実質的には「内モンゴルを独立王国にした」と指摘する。中国人の紅衛兵はモンゴル人政治家を批判することで、モンゴル人の文化と近現代史を抹消しようと企んでいる。この種の文章の影響力は大きく、中国人のモンゴル人への憎しみを増幅するのに大きな役割を果たしていたのである。

九月末になると、自治区の各地で革命委員会が成立するようになった。九月二三日付の『呼三司』第二七期はオルドスの海勃湾《ハイブルントハイ》市で革命委員会が誕生したとのニュースを伝え、首府フフホト市では第五中学の「工農兵の大聯合と軍事訓練がスムーズに進んでいる」と報じた［楊　2017a］。

一九六七年一月から始まった「奪権」運動以来、中国は混乱に陥り、各地で武力衝突が頻発した。事態を重く見た毛沢東は七月一四日に専用列車で南下して各地を視察して回り、九月二三日に北京にもどった。途中の武漢市では「百万雄獅」という組織に包囲され、間一髪で避難するくらい群衆同士の衝突を目の当たりにしたので、「革命的諸派の大聯合」を提唱するようになった［逄先知　金冲及　2003］。『呼三司』も九月二七日付の第二八期で「偉大な領袖毛主席は華北と中南、華東地区等を視察して北京に帰ってきた」との記事を一面に載せて大聯合政策に賛同した。そして、第四面では「ウラーンフーは自治区で党中央の政策と関係のない反大漢族主義キャンペーンを進めた」と批判する。「大漢族主義の統治がモンゴル人の貧下中農を抑圧している、とウラーンフーは発言するなど、悪意でもって民族主義を煽動し、民族間の憎しみを助長した」、と『呼三司』編集部はいう［楊　2017a］。このような批判文から分かるのは、中国人は何よりもモンゴル人政治家から出された「反大漢族主義」との表現を極端に嫌悪していたことである。社会主義の理念や毛沢東思想云々はどうでもよく、漢族に反対するという言葉の出現自体が許せないことであった。こうした思想が、大虐殺の精神的社会的温床になっていたのである。

カオスの中の造反派

毛の提唱した大聯合は実現が難しい。同じ九月二七日の『進軍号』第一五期は『工人東方紅』が掲載した李悦という人物の論文「新思潮を論ずる」を批判している［楊 2017a］。「すべてを疑い、あらゆる存在を打倒しよう」という過激な思想を標榜する『工人東方紅』は極左の姿勢を示しているが、実際は極右だ、と『進軍号』は論じている。『工人東方紅』の過激な思想はレーニンが指摘した「国際共産主義運動の中の左翼の小児病だ」と断じている。造反と保守の両陣営共に「革命的左派」を自称し、どちらも階級闘争を堅持しようと過激化してくる。巻き込まれるのは少数民族のモンゴル人だけである。

呼三司中学部の『進軍号』は一〇月一日の第一六期をもって幕を閉じた。編集者は赤と黒の二色刷りで最終号を飾り、「毛主席を代表とする無産階級の革命路線万歳」とのスローガンを掲げた。そして、「警戒せよ、美女に化けた階級の敵は我々を内戦に陥れようとしている」との社説を出した［楊 2017a］。フフホト市内の各高校の軍事訓練もほぼ終わり、各機関の革命委員会も相次いで成立するようになった、と報道している。

一〇月七日付の『呼三司』第三〇期は巻頭に林彪元帥の以下の言葉を掲げた。「毛主席は最近、闘私、批修せよと私たちに指示した。闘私とは、マルクス・レーニン主義と毛沢東思想でもって自分の頭の中の『私』という字と闘うことだ。批修とは、マルクス・レーニン主義と毛沢東思想でもって修正主義に反対し、党内の一握りの資本主義の道を歩む実権派と闘うことだ」。ここでいう「私」は私心、エゴイズムのことだ。造反派組織が乱闘を展開し、権力を争奪する行為を指している。以後、造反派を抑え、動乱を鎮静化させる目的で、全国規模の「闘私批修」運動が始まる。

造反派の忠誠と無念

秋の一〇月九日、呼三司系統の紅衛兵が各地から陸続とフフホト市内の人民委員会大ホールに集まって、第一回代表大会が開かれた。『呼三司』第三一期は赤と黒の二色刷りで普段より倍大きい版面を作って、大会を祝った。総数二一五名の代表は全自治区五八の大学と中等専門学校の一万人の中から選出された［楊 2017a］。大会は高樹華と岳志東、郝広徳と呉廸、それに王金保ら四五人からなる委員会の中からさらに一三人の「内モンゴル呼三司常設委員会」を選んで、組織の運営にあたらせると発表した。自治区革命委員会準備小組の副組長の呉濤も駆け付けて講話を披露し、呼三司は毛沢東に忠誠を尽くす電報を打った。電文はいう。

私たち内モンゴル呼三司の紅衛兵戦士は感激と喜びの気持ちをもって、紅衛兵の最高司令官である毛主席に、人々の心を打つ特大のニュースを報告する。内モンゴル呼三司紅衛兵の第一回代表大会は開幕した！　……私たちは主席の指示に従って、「現代の殿様」たるウラーンフーを打倒し、内モンゴルの地下の黒い司令部をぶち壊して、文革の春を迎えることができた。

華麗にして中味の乏しい文体だ。呼三司はまた「全自治区の紅衛兵に告げる書」で「闘私批修」の徹底を指示し、「筆を以て刀と槍とし、ウラーンフーをはじめとする妖怪変化を打倒しよう」と呼びかけた。「私たち造反派紅衛兵は無産階級革命の継承者だ」と「呼三司宣言」は高らかに標榜している。文革が終息した後は、血統主義を信奉し、暴力を思う存分に働いてきた高級幹部の子弟からなる老紅衛兵が「革命を継承」し、造反派を犠牲の羊《スケープ・ゴート》にしていく結末を彼らはまだ予想していなかったのである。

一九六七年秋になると、造反派内部の対立は一段と激しくなった。革命委員会から支持された人たちは権力の座に就こうとして政府幹部のポストの争奪に加わったことから、「争権派」と呼ばれた。一方、政治の潮流に付いて行けなくなった者は「逍遥派」と称された。一〇月一四日付の『呼三司』第三二期はこの「争権派」と逍遥派の双方を批判した［楊 2017a］。権力の争奪戦に明け暮れている者は「闘私批修」の対象であるが、逍遥派にもブルジョアジーの行楽主義的思想と利己的な思想がある、と呼三司はいう。

同化を理想とする造反派

「争権派」や逍遥派に対する批判よりも、呼三司はウラーンフー批判に大きなウェイトを置く。上記の「争権派」と逍遥派を扱った文は短いのに対し、「モンゴル語学習を大いに推進したウラーンフーの陰謀を暴く」との文は第二面全体を占めただけでなく、第三面にまで及んでいる。

批判文は、ウラーンフーは中国語ができるのに中国語を重要視せずに、逆に無用のモンゴル語の学習ばかり大切にしていたという。「中国語が話せるウラーンフーは、国難に直面した抗日戦争の時に、一度も良いことをしなかった。彼は裏切り者兼奴隷の生活を送っていた」という。ウラーンフーが母国語のモンゴル語の学習を強調したのは、「民族間の融合と祖国の統一に反対するためだった」。中国人からすれば、モンゴル人は母国語を忘れて他人の言葉、すなわち中国人に同化した方がいいと思っていることだ。中国人がいう民族融合とは、漢民族への同化を指しており、漢民族が他者に融合していくことを意味しない。漢民族は無原則に、根拠もなく他の民族よりも優れていると盲信しているからだ。このような思想が底流を成してきたので、二〇二〇年秋から、モンゴル語教育が禁止されたのである。

シリーンゴル盟の「農牧紅旗」に属す李鴻毅という中国人は感情的な批判文を同じ号の『呼三司』に載せた。「ウラーンフーがモンゴル語学習を重要視し、毛主席の著作を学ぶこと以上にモンゴル語の重要性を強調することを見ていると、彼の母親をレイプしてやりたいくらい憎い」(真他媽的《ジンターマーデ》)。これは、典型的な紅衛兵の批判文だ。論理的に相手を論駁するよりも、性的な侮辱を優先しているのが、中国人の心理的特徴だ。性的な侮辱に満ちた文は、大虐殺と性的犯罪を推進する役割を果たす遠因の一つであった。なお、実際にジェノサイドと共に発生した組織的な性犯罪についても、筆者は以前に資料を公開している［楊　2013a］。

一〇月一八日に印刷された『呼三司』第三三期も一面から三面までを占める長大な批判文を掲載し、モンゴル人の政治家ウラーンフーを批判した［楊　2017a］。「特殊論――ウラーンフーの反革命クーデターの招魂旗」という批判文はウラーンフーの名前「烏蘭夫」の「蘭」という字をわざわざ逆さまに印刷し、打倒された現実を紙面に現した。表意文字の漢字はその使い方によって、他人を侮辱する威力もまた増してくる。モンゴル人にはまず「ウラーンフー思想でもって毛沢東思想に取って代わろうとした罪」と、「ウラーンフーの道を歩もうとして社会主義の道を拒絶した罪」、「ウラーンフーの王朝を建てて無産階級の独裁を否定しようとした罪」がある、と中国人の批判者はいう。

まず、中国には毛沢東思想しか存在してはいけないのに、ウラーンフーなどは独自の民族理論を打ちだして、内モンゴルの実情に即して民族問題を処理しようとしたのが、許せないという。

次に、「民族間の闘争もつきつめると、階級間の闘争だ」と毛沢東が唱えたのに対し、内モンゴルは階級の区分もせずに、逆に搾取階級の利益を守る政策を実施し、党中央に反対した。「先進的な漢族の経験を学ぼうとせずに、反大漢族主義の運動を展開し、民族分裂主義の道を歩み続けた」。呼三司に属す中国人青少年も、モンゴル人がその独自の文化と政策を放棄して、無原則に中国人のものを猿真似していれば、進歩的のように映ったに違いないということである。中国人の見解は、文革が終わった現在でも、何ら変わっていない。これが、中国の「区域自治の少数民族」に転落したモンゴル人の置かれている現状である。

4 全国紙への道

モンゴルを批判した功績

呼三司がモンゴル人批判の急先鋒を演じていた同じ一〇月一八日に、フフホト市革命委員会は成立した。革命委員会の主任は高増貴で、副主任は岳子宜と楊鴻文、馬伯岩、戈志盛だった。一〇月二一日付の『呼三司』第三四期によると、一〇万人もの紅衛兵と革命的な工人と農民、それに人民解放軍の兵士たちが新華広場に集まって、フフホト市革命委員会の成立を祝ったという［楊 2017a］。自治区の政治的な動乱の中で、『呼三司』はモンゴル人政治家への攻撃を強めている。「ウラーンフーの黒い司令部を徹底的にぶち壊そう」という長大な批判文を公開し、「ウラーンフーとその一味の政治思想」を分析している。

批判文はいう。「ウラーンフーの臭い妻、雲麗雯」は「内モンゴルの実際の問題を解決するには、ウラーンフー思想が有効だ」と話していた。また、「党中央では毛主席の指導に従い、内モンゴルではウラーンフー主席の指示を聞こう」と秘書の浩帆が強調していたことも「罪証」とされた。雲麗雯のように内モンゴル自治区のモンゴル人がことあるごとに党中央に反旗を翻したのには歴史的な背景がある、と批判者は論じている。それは、「早くも一九四一年の時に、ウラーンフーが延安民族学院にいた頃から、ソ連邦の自治共和国制度や高度の自治」を称賛していたためだという。中国人からすれば、諸民族は自治なんかを完全に放棄し、最大でも「共産党から下賜された区域自治」に満足すべきで、「高度の自治」を口にしただけで、許せない罪を犯したことになるようだ。

複数の新聞を吸収合併して勢力を拡大してきた『呼三司』は一一月一日から郵便局を通して中国全国に発行することになった。毎週二期のペースで水曜と土曜に印刷し、二銭で発売する、と『呼三司』第三四期は伝えている。

全国紙となった『呼三司』は一〇月二五日の第三五期で紅衛兵に対し、「授業に復帰して革命を行おう」と呼びかけた［楊 2017a］。「授業に復帰せよ」とのポーズは軽く、それ以上に重要なのはウラーンフー批判だ。『呼三司』は第二面で「批修兵」（「修正主義を批判する兵士」との意）とのペンネームでウラーンフーの階級闘争をせずに生産活動を重視し、牧畜経済を発展させようとした政策が攻撃されている。また、シリーンゴル盟の「工交紅旗」という団体はウラーンフーの活動はソ連とモンゴル人民共和国の「反華運動」に呼応するためのもので、「内モンゴルを祖国から分裂させて独立の王国を創るためだった」と論じている。

モンゴル人協力者の発見と煽動

注目すべきは、第三面を飾った作家のウラーンバガナの文だ。「私に対するウラーンフーの黒いグループからの階級的な報復を、憤怒の心情で訴える」という文はその後に断行されたモンゴル人大虐殺の広がりに大きな役割を果たした。モンゴル人作家ウラーンバガナの文章が、モンゴル人ジェノサイドの推進のために、中国人に利用されたのである。文はいう。

私は我々の祖国を愛し、我々の最も紅い、最も紅い、紅い太陽で、各民族人民の偉大な領袖毛主席を熱愛している。この愛こそが、私が革命の軍隊に参加し、再び筆を執って文学的創作活動をはじめた原動力だ。

政治的な嗅覚の鋭いウラーンバガナは、自分は一九四六年春の四月に「漢族の古参同志の心遣いから毛主席の著作を学びはじめ、漢語を学習しだした」という。漢族こそが少数民族を助ける存在である、という時の政治的潮流に乗っている。実際の彼は日本がモンゴルのために設置した興安軍官学校の生徒で、「日本人に媚びを売っていた」のを彼の先輩と後輩は筆者に証言していた。

ウラーンバガナはつづいて自分は一九四六年七月から「モンゴル人匪賊のハーフンガから迫害を受けた」と主張している。では、ハーフンガとはどんな人物だろうか。

私を迫害した匪賊はハーフンガの父親で、もう一人はハーフンガの弟のスフバートルだ。ハーフンガの親戚の李天覇もまた匪賊だ。このハーフンガは現在、内モンゴル党委員会の委員にして人民委員会の副主席で、全国政治協商委員会の常務委員でもある。彼は日本のスパイで、大蒙奸で、大物の売国奴で、戦前は偽満洲国興安総省の参事官だった。こいつは、早くも一九三一年の「九・一八（満洲）事件」から日寇に投降し、一四年間にわたって日寇の忠実な共犯となり、両の手はモンゴルと漢族人民の鮮血で染まっている。彼はその日本人の主人に忠実だったことから、偽満洲国駐日大使館の高級参議になった。日本が投降した後は「人民革命党」を組織し、公然と「内外モンゴルの合併」を唱えてモンゴル修正主義に帰順した。……こいつらの叛乱匪賊は草原のモンゴルと漢族人民に対して虐殺を行った。……

右の文中の「人民革命党」はのちに「内モンゴル人民革命党」と称されるようになる。このモンゴル人の民族主義の政党に対する公的な断罪もまた、作家ウラーンバガナの文章が悪しき前例を作った。ウラーンバガナよりも前に、既に九月二〇日付の『呼三司』第二六期に内モンゴル人民革命党に対する批判文が掲載されていた［楊 2017a］。それは具体的な事実のない空虚の文だった。ウラーンバガナは豊富な事例を列挙して、内モンゴル人民革命党員とその軍隊が各地で「モンゴルと漢族人民を殺害した」と告発している点で、同党の「罪証」も増えてきた。「モンゴルと漢族人民」と書いているが、実際のポイントは「漢族人民」であるのは自明のことである。「漢族人民」のモンゴル人に対する憎しみは作家ウラーンバガナに煽動された側面がある。内モンゴル人民革命党は東部を拠点としていたので、ウラーンバガナの煽動により、中国人の関心もやがては東へ向くようになる。

では、ウラーンバガナとはどんな人物だったのだろうか。彼については、『内蒙古文革実録』

の著者である啓之が実際にインタビューしているし、筆者もその息子に会って資料を収集し、『墓標なき草原』（下）で一章を設けている［楊　2009b］。

ウラーンバガナは一九二九年にホルチン左翼中旗に生まれ、日本が設置した興安軍官学校に入って勉強していた。軍官学校のあった王爺廟《おうやびょう》は民族主義的思想の濃厚な地であったので、ウラーンバガナも当然、そこで薫陶を受けた。彼は政治的な嗅覚が鋭く、日本の敗退後にはハーフンガ指導下の東モンゴル人民自治政府と距離を置き、中国共産党に接近していった。不謹慎な噂を広げたことで予備党員の資格が剝奪されたが、一九五六年からウラーンフー指導下の自治区党委員会に抜擢されて全国文藝工作代表大会の代表に選ばれ、中国作家協会内モンゴル分会副主席に任命された。

文革が発動された当初、ウラーンバガナは自治区の最高指導者だったウラーンフーを守る立場を取ったとされて、作家のマルチンフーと共に一時は打倒されていた。政府から作家協会に派遣されてきた工作隊と対立し、一九六六年一二月に彼は独自の造反派「東方紅」を組織した。ウラーンバガナは北京を訪れて地質学院の「東方紅」と連携し、一九六七年八月からは滕海清将軍と知り合う。滕海清に利用価値を見出されたウラーンバガナは、ウラーンフーに重用され抜擢された歴史を自ら否定して、一転して「ウラーンフーとハーフンガから迫害されていた」と主張するように変わった［啓之　2010］。啓之によると、ウラーンバガナは一九六七年一〇月に「叛国集団を揪《つか》みだす聯絡センター」を作って自らがセンター長になった［啓之　2010］。上で示した「ウラーンフーの黒いグループの私に対する階級的な報復を憤怒の心情で訴える」という文もこの時期

写真18 『呼三司』第38期の巻頭。

に書かれたものであろう。

草原に立つ「紅色の長城」

モンゴル人政治家の自治政策に対する中国人の批判は細かい点にまで及ぶようになった。一〇月二八日付の『呼三司』第三六期は、ウラーンフーがかつてモンゴル人の自治運動を国際共産主義革命の一環だと位置づけていたことを問題視している［楊 2017a］。特に内モンゴルの民族解放運動をモンゴル人民共和国と連動させていたのは、「分離独立を進め、大モンゴル国を創るためだ」と指摘する。「分離独立の活動」は中華人民共和国の建国後も続き、政府機関に勤務するモンゴル人を増やし、「真の自治を実現させるためには、モンゴル人が主人公にならなければならない」と主張した点が「罪証」となっている。自治地域において、現地の少数民族が主人公となるという内容は、ほかでもない共産党の民族政策であった。それも、中国人に嫌われ、批判されていたのである。

一〇月二九日の午後、呼三司はフフホト市内の「紅色劇場」で成立一周年の記念大会を開いた、と二色刷りの『呼三司』第三七期は伝えている。劇場のウラーン・テャータルとのモンゴル語の名も既に紅衛兵によって剝奪され、モンゴル文化の色彩は抹消されていった。大会では紅衛兵を代表して岳志東が発言し、闘私批修の継続を訴えた。自治区革命委員会準備組の組長滕海清将軍と呉濤、権星垣らも参会した［楊　2017a］。

一一月一日に、自治区革命委員会は誕生した。『呼三司』は四日付の第三八期を二色刷りにして祝意を表した［楊　2017a］。「内モンゴル自治区革命委員会第一号公告」は自治区の党と政治、それに財務と文化などの権力が革命委員会に移譲されたと宣言した（写真18）。「草原の天地は一新し、毛沢東思想でもって内モンゴルに反修正主義の紅色の長城を建設しよう」と呼三司は誓っている。革命委員会の成立は、自治区に潜む「アメリカと蔣介石、それに日本のスパイどもに対する打撃となるに違いない」と謳歌している。これ以降、モンゴル人からなる「日本のスパイ」や「民族分裂主義者」に対する摘発は一段と進むことになる。

「大学における教師の等級制を廃止せよ」、と一一月八日付の『呼三司』第三九期は呼びかけた。教授や副教授、それに講師と助教といった等級は「ブルジョアの精神貴族制度」の現れで、無産階級の独裁に合わないので、徹底的な改革が必要だと主張する［楊　2017a］。これと連動して、新たに成立した自治区革命委員会を「共産主義の労働大学校」にしなければならないとも求めている。そして、「紅色政権の強化を通して、大ハーンだったウラーンフーの過去を否定しよう」と主張する。紅衛兵の思想は一見、「ブルジョア制度の打破」のように見えるが、党中央は既に革命委員会の成立を通して混乱の収拾に着手しているので、学生の異端思想が弾圧されるのは時間の問題である。

第4章
煽動されたジェノサイド

モンゴル人の政治家や知識人などのエリート層に対する中国政府と中国人からの攻撃は一九六七年一一月から次第に変化していく。従来の「ウラーンフー反党叛国集団」や個々人への批判から内モンゴル人民革命党への断罪に転換していく。前者は主として自治区西部出身者からなっていたが、後者は東部出身者を中心としながらも、西部と中部の者をも多数含めていたので、民族全体がターゲットにされたのである。

1　民族全体を攻撃する手法

文藝界の黒い路線

一一月八日に呼三司はその編集部を自治区共産党学校から共産主義青年団の本部棟に移し、三日後に『呼三司』第四〇期を世に送りだした。編集部が置かれていた場所自体、呼三司と党政府との関係は特殊だったことを示している。巻頭に「内モンゴルの黒い文藝路線を徹底的にぶち壊そう」との社説を掲載したこの第四〇期は、モンゴル人エリート層の受難を正式に宣言した意義を持つ［楊 2017a］。社説は江青夫人が二日前の一一月九日に文藝界に向けて行った演説に対する呼応だ。社説はいう。

ウラーンフーとその徒党どもは既に摑《つか》みだされた。ウラーンフーが資本主義を復活させようとして進めてきた内モンゴル文藝界の黒い路線を徹底的に打破し、天変地変を促さなければ、ブルジョアジーどもの蟠踞する地盤は変わらないだろう。……内モンゴル文藝界の黒い路線を徹底的にぶち壊そう！

内モンゴル自治区の文藝界をリードしてきたのはウラーンフーの息子ブヘとその夫人のジョランチチクだ。夫婦の回りには大勢の自治区中部と東部出身の知識人がいて、ほとんどが日本統治時代に育った「日本刀を吊るした奴ら」だ。この時期、作家のウラーンバガナは既に滕海清将軍と連絡しあって内モンゴル人民革命党と、その党首だったハーフンガに対する攻撃を始めていたことは、前に述べた。自治区の情勢は次第に東部出身者に対しても不利になってきた。

同『呼三司』はまた『青山烈火』というオペラを「大毒草」だと批判している。オペラはウラーンフーの「抗日活動」を描いているが、なかには「おれたちはモンゴル人だ」とか、「私たちはチンギス・ハーンの子孫だ」とかのような台詞があった。こうした言葉は「民族分裂主義的思想だ」と指摘している。

江青夫人が北京で講話を公開したのと同じ日に、内モンゴル自治区革命委員会も第一回会議を開き、滕海清将軍は「ウラーンフーの黒いグループや反革命修正主義者、それに民族分裂主義者に対して猛烈な攻撃をしよう」と指示していた。ここから、「ウラーンフーの黒いラインに属す者を抉りだし、その毒害を一掃する運動」が自治区政府の主導で始まる［楊　2009a］。

日本留学の原罪

呼三司は党中央と滕海清将軍に積極的に協力しはじめた。彼らは内モンゴル自治区の文藝界の「黒い路線」内の具体的な「罪証」を細かく発見していった。

一九六七年一一月一五日付の『呼三司』第四一期は、ウラーンフーが「自治区成立二〇周年」のために準備していた文藝作品を並べて「民族分裂主義の証拠」とした［楊　2017a］。具体的には大型本の画集『内モンゴル』と映画『民族問題』、ドキュメンタリー映画『ジェリム人』、オペラ『青山烈火』、京劇『気壮山河』などで、そのストーリーと台詞が問題となっている。

モンゴル人の詩人で、日本に留学していたナ・サインチョクトもターゲットにされた。「ナ・サインチョクトを揪みだせ」との文は詩人の履歴と作品を分析して、その「民族分裂的な罪」を批判する。「ナ・サインチョクトは日本の文化的奴隷だった」と紅衛兵は指摘する。その具体的な「罪」は以下の通りである。

ナ・サインチョクトは日本滞在中に「ファシズムの象徴である富士山」を称賛する詩を書いた。

東京帝国大学の言語学者服部四郎の通訳となり、陸軍の宣伝誌『フロント』のモンゴル語訳を担当した。帰国後は「偽蒙疆」の主席徳王の部下となり、モンゴル人青年女子を「日本の殖民地主義風の女に改造しようとした」。日本の敗退後は内外モンゴルの統一合併を推進し、さらに修正主義国家の首都ウランバートルを礼賛する詩歌を書いた。

モンゴルの文化人、知識人が紅衛兵新聞に大々的に取りあげられるのは、これが最初であろう。ここから、モンゴル人が近現代に入ってから創作した文藝作品は例外なく批判されることになる。文藝作品が批判されるだけでは終わらない。その著者や創作関係者らも「民族分裂主義分子」として迫害を受け、殺害されていくのである。

「罪」は文藝作品にあり

「文藝界の文革を最後まで推進せよ」、と『呼三司』第四二期は一一月一八日の社説で呼びかけた。前号までの『呼三司』は個々のモンゴル人とその作品を批判していたのに対し、この社説は全モンゴル人と、モンゴル人のすべての文藝作品を網羅して攻撃しているのが特徴的である［楊2017a］。

「内モンゴルの文藝界の問題は大きい！」、と社説は主張する。文化局と文化藝術聯合会、映画製作所と歌舞団などは「叛国の基地」だと断罪している。「叛国の急先鋒」はウラーンフーの息子ブヘとその夫人のジョランチチクだ。この夫婦の「手先」として詩人ナ・サインチョクト、作家の韓燕如と雲照光、マルチンフーとムンヘボイン、それに舞踏家の賈作光などを挙げている。

「偽満洲国」出身の賈作光以外はすべてモンゴル人だ。賈作光もウラーンフーとブへに見初められて「出世」した人物だ。これらの「叛国分子」が一九四〇年代から書いた『富士山讃歌』や『ウランバートル讃歌』（いずれもナ・サインチョクト作）、マルチンフーの小説『茫々たる草原』、雲照光の小説『オルドスの嵐』等が「大毒草」とされた。

フフホト市郊外の農民代表は「重砲でもって内モンゴル文藝界を砲撃せよ」との文を同じ号の『呼三司』に寄せているし、労働者は「階級闘争の蓋を開けよう」と求めている。ここから、文藝界の「叛国者」を摘発する運動は北京当局が推進していた「階級の隊伍を清理する運動」と連動してくる。「階級の隊伍に潜り込んでいた敵」は当然、モンゴル人でなければならない。中国人すなわち漢族は絶対に「叛国」をしないし、「民族分裂的な活動」も推進しないからだ。「叛国」と「民族分裂」に対する反撃が目標として設定されると、モンゴル人が粛清の対象となってくる。呼三司を主軸とした造反の潮流は全自治区を巻き込んでいく。まもなく、自治区東部のジェリム盟左派聯合の通遼一中毛沢東思想紅衛兵が出していた『反到底』（「最後まで造反せよ」との意）も地元の「ウラーンフー一派」の打倒を開始する［楊 2017a］。

暴力発動の正当化

江青夫人の講話は内モンゴル自治区でもその影響力を発揮してきた。『呼三司』は一一月二二日の第四三期の巻頭にも江青夫人の講話を掲載し、その下に中央文革小組のメンバーの一人である戚本禹《チーベンユイ》の講話を並べて、文藝界における黒い路線の打破を呼びかけた（写真19）。中央文革の

写真19　文革の旗手として謳歌されていた江青夫人を描いた風刺漫画（『掲批“四人幇”漫画集』天津日報社より）。

指示と毛沢東から出された「闘私批修」理論を一層学ぶために、来る一二月上旬にフフホト市で「呼三司主催の毛主席の著作を学ぶ積極分子大会を開く」との緊急通知を出した［楊　2017a］。会議を通して、闘争方針を伝達しようとしている。

党中央の政策を具体化するために、同じ新聞は第三面と四面を使って「マルチンフーを揪みだしてさらし者にせよ」との批判文を載せた。批判文によると、マルチンフーは一九五二年に作家丁玲《ディンリン》が主催する文学講習所に入った時から「作品優先主義」を信奉し、文藝界で反党活動を開始した。一九五四年からはまたロシアの作家ショーロホフを崇拝し、「修正主義の文学作品」である『静かなドン』を模倣した『茫々たる草原』を仕あげた。このようなマルチンフーを「現代の殿様」たるウラーンフーは評価し、マルチンフーもまたウラーンフーを「モンゴル民族の傑出した革命家だ」と礼賛していた。例えば、マルチンフーは一九六五年に、「社会主義教育運動はモンゴル人をもってモンゴル人を制しようとしている」との「反動的な発言をして、民族間の団結を破壊していた」という。

これだけではない。内モンゴル大学「井崗山」の荆雷爾という人物は「圧力を突破し、黒い文藝路線を直撃せよ」との攻撃的な文を公開して暴力を呼びかけている。

　ウラーンフーとその息子のブへを倒しただけで満足してはいけない。もっと広範な革命的な群衆を動員して修正主義分子と民族分裂主義分子を揪みださないといけない。彼らがあちらこちらに隠れるのを許してはいけない。一人や二人のトップの者を揪みだしただけで満足して、彼らが製造した無数の毒草を除去せずに、ひきつづき人民に害毒を与えるのを許してはいけない……

内モンゴル大学「井崗山」はその闘争の矛先をモンゴル人全体に向けている。ウラーンフーとその息子のブへを打倒しただけで中国人は満足しておらず、モンゴル人の知識人が「ばらまいた毒害の除去」を目的としている。このような文章が氾濫していたので、中国人からの暴力も容易に拡大していったのである。

2 大量粛清のスタート

刀を手に戦馬を駆って出る

江青夫人と内モンゴル自治区革命委員会主任の滕海清将軍が揃って一九六七年一一月九日に文藝界の黒い路線を打破せよと指示したのを受けて、一一月二四日の深夜に自治区の造反派「魯迅兵団」の顧問トグスが真っ先に逮捕された。「毛沢東の直々の許可を経て革命委員会のメンバーとなっていたトグスが委員会成立から一カ月足らずで敵とされ、自治区の最初のウラーンフーの黒いラインに属す者として抉りだされた」、と高樹華らは証言している［高樹華　程鉄軍　2007］。翌二五日、『呼三司』第四四期は「文藝界におけるウラーンフーの反動勢力を一掃せよ」との社説を出した［楊　2017a］。

本紙編集部が「内モンゴル文藝界の黒い路線を徹底的に打破せよ」と「文藝界の文革を最後まで推進せよ」という二つの文章を発表して以来、淀んでいた水に大波が発生したごとく文藝界は沸騰した。文革を最後まで推進しようとする無産階級の革命派たちは刀を手に戦馬を駆って出て、古い内モンゴル文藝界に対して総攻撃を開始した。

上の文は、「あらゆる黒い手先の黒幕がウラーンフーとハーフンガだ」と断定している以上、西部出身者からなる「ウラーンフー反党叛国分子」にせよ、東部のモンゴル人からなる「内モンゴル人民革命党員」にせよ、どちらも一網打尽にされる運命である。文化大革命に「文化」という字が冠されていても、文化的な要素はほとんどなく、暴力が終始主流だった。内モンゴル自治区も例外ではなく、文藝界云々と称しながらも実際はモンゴル民族全体が中国人のターゲットとされている。

呼三司系統の紅衛兵は有線放送を利用して全自治区レベルでウラーンフーと内モンゴル人民革命党に対する批判を展開し、同時に「毛主席の指示」に従って、農山村への下放にも応じた。フフホト市の高校生と中学生からなる「四〇〇人の紅衛兵戦士」がシリーンゴル草原に向けて出発した。ある紅衛兵は以下のような詩文を書いて「戦友」を送りだした。

内モンゴルの沙嵐は猛烈だが、紅小兵は少しも怖くない。
風を飲んで黄沙と戦い、草原に赤い花を咲かせよう。

草原に入った紅衛兵は都市部での暴力を移植して平穏な牧畜社会を破壊していったのである。

中国人の自己欺瞞

鋭利な文章を発表して北京に呼応してきた『呼三司』の中国全土での影響もさらに大きくなってきたので、一二月からは発行部数を制限せずに増やす、と一一月二九日付の第四五期は報道している［楊　2017a］。この時期、既に二五日には師範学院の革命委員会も成立し、造反派の「革命的な事績」に関する展示会の準備も進んでいた。師範学院の革命委員会の成立に合わせて、『呼三司』編集部と内モンゴル大学「井崗山」の『文藝戦鼓』誌編集部、「文藝界におけるウラーンフーを批判する連絡センター」などが合同で「内モンゴルの文藝界における黒い路線を徹底的にぶち壊す大会」を主催した。大会の開催には暴力が欠かせない。「ハーフンガとブヘ、ジョランチチクとマルチンフー、賈作光とナ・サインチョクト、ムンヘボインとリドナム、雲照光らの反革命修正主義分子らが揪みだされてさらし者にされた」。

「赤い嵐で大空を席巻せよ」との社説が『呼三司』第四六期の紙面を飾ったのは一二月二日のことである［楊　2017a］。モンゴル人のエリート層を粛清する運動の中で、この社説が果たした威力は大きい。社説はいう。

フフホト市の無産階級の文革運動は全国と同じで、素晴らしい状況下にある。群衆は糧秣を用意してウラーンフーが張り巡らせた黒いラインを根本から抉りだし、大小様々な叛国集団とソ連やモンゴル修正主義集団のスパイどもを徹底的に揪みだして、大批判運動と大闘争運動を促進しようとしている。ウラーンフーは長期にわたって民族問題でもって階級闘争を隠蔽し、反大漢族主義の旗印の下でスパイや裏切り者どもを集めて党と国家の権力を簒奪し、資本主義を復活させた。

「民族問題を利用して闘争の目標を転換させ、階級の隊列を分裂させようとしている」こととは、文革は最初からモンゴル人の一掃を狙っている、との見方が自治区に拡がっていた事実を意味している。中国政府と中国人の目標は明確だった。その目標は人民大衆にはっきりと示されていたにもかかわらず、モンゴル人の粛清は「民族問題」ではない、との自己欺瞞の姿勢である。同『呼三司』はさらに「生きた閻魔大王のブへを打倒せよ」との長大な批判文を載せて、内モンゴル自治区文藝界の作品を「反党叛国と民族分裂の確たる証拠」だとしている。『呼三司』の紙面は実に戦略的に組まれていることが分かる。

文藝作品が攻撃される理由

一二月五日の午後、フフホト市革命造反聯絡総部と工人代表大会、農民代表大会、それに内モンゴル軍区の造反派は集会を開き、リーダーの高樹華が演説した。翌六日付の『呼三司』第四七期によると、高樹華は、江青夫人が一一月九日と一二日に行った講話を学び、ウラーンフーの反党叛国集団の分子どもや民族分裂主義者分子どもと最後まで戦おう、と呼びかけた［楊 2017a］。この日の社説は「文藝界におけるウラーンフーの毒害を一掃してから教育界に突入しよう」と暴力の拡大を要求している。また、師範学院は元院長兼書記のテムールバガナを批判し、内モンゴル大学は詩人ナ・サインチョクトの作品『ウランバートル讃歌』を攻撃する。彼の作品中に「内外モンゴルの首都は、ウランバートルだ」とあったのが「民族分裂的野心の現れ」だと断罪している。

呼三司は一九六八年一月上旬に開催予定の「毛主席の著作を学ぶ代表大会」を一二月から準備し始めた。呼三司に属する五八の大学と中等専門学校にそれぞれ代表を選ぶよう、一二月九日に呼びかけた［楊 2017a］。同紙は「ウラーンフーの嫁ジョランチチクを揪みだして見せしめてやろう」との長い批判文を掲載し、ブへの夫人を侮辱した。「反動的な地主階級出身」で、内モンゴル映画制作会社の副社長だったジョランチチクは「一六、一七歳の時から反革命活動を進めた」、と批判文はいう。彼女がオチルと共に制作した映画『フレルバートル』には「西は太陽が昇る方向で、主人公は西へ飛んでいった」との台詞があった。これは「まぎれもなく西方社会に憧れているという反動的な証拠だ」と批判する。ジョランチチクはまたソ連の映画がいかに素晴らしいかを強調していたのも、「修正主義国家に媚びを売った行為」だと断罪されている。ジョランチチクの夫で、ウラーンフーの長男ブへも一二月七日にフフホト市内の「人民劇場」で陳炳宇市長や包徳力、馬慶余らと共に文藝界井崗山らによって闘争された［楊 2017a］。

『呼三司』第四九期は一二月一三日にその第四面に「ウラーンフーの反革命思想の大毒草——反動的な映画『オルドスの嵐』を評す」との長い文を載せ、文藝界を攻撃した。文藝界の文藝作品を批判すれば、自然に各界へと広がっていけるからである。文藝作品はモンゴルの歴史を描いており、モデルとなった人物も健在だし、物語の元となった歴史も忘却されていないからだ。

文藝作品の中から「罪証」も簡単に見つかる。台詞である。例えば、映画『オルドスの嵐』の中にも、「漢人が増えすぎた」とか、「草原開墾は軍閥の張作霖の政策のようだ」とかのような台詞があった。中国人からすれば、そうした台詞は歴史上の物語を演じた時の表現であっても、「歴史でもって現状を風刺している」と解釈できる。中華人民共和国が成立する以前は共産党も「国民党の大漢族主義に反対しよう」と標榜していたが、建国後は「大漢族主義に反対する」という言葉も禁句となった。漢族は神聖にして反対してはいけない存在となったのである。

3　氾濫する「太陽神」崇拝

『呼三司』の戦略的役割

翌一四日、中国人はフフホト市内で大規模な集会を開き、自治区宣伝部副部長のトグスに暴力を加えた。一六日付の『呼三司』第五〇期は「トグスの反革命的罪行を憤怒の声で糾弾する」との記事を載せ、「トグスは賊ウラーンフーの猛者《もさ》で、賊ハーフンガの決死隊員で、民族分裂主義者だ」と定義している。ハーフンガの指導の下で、トグスを副部長とする自治区宣伝部は「反動的な雑誌『モンゴルの言語文学と歴史』と『花の原野』、新聞『内モンゴル日報』を出した」。それらは「内モンゴル人民革命党の党員たちの謀略だ」と断じている［楊　2017a］。

自治区政府は、一九六八年七月二〇日に正式に内モンゴル人民革命党を民族分裂主義的政党だと認定する。『呼三司』はそれよりも早く、一九六七年一二月の時点で既に同党を批判している事実は注目に値する。『呼三司』は政府からの指示を受けて内モンゴル人民革命党を先に批判しているし、政府もまた『呼三司』を利用してモンゴル人の民族主義政党に対し断罪していた。政府と中国人群衆は相互に呼応し合ってモンゴル人を抹殺しようとしていたのである。

同『呼三司』はさらに「編集部の言葉」との形でトグスというモンゴル人の役割を分析している。トグスは「ハーフンガをボスとする反動的な内モンゴル人民革命党の中心的な指導者の一人であるばかりでなく、ウラーンフー反党叛国集団の決死隊員でもある」という。トグスに照準を定めれば、自然に西部出身のウラーンフーと東部のハーフンガをつなぎ合わせることができるので、『呼三司』の批判は戦略的である。『呼三司』は指摘する。

長年にわたって、ウラーンフー反党叛国集団は自治区の各地と各界、それに重要な政府機関内に三本の太くて長い反革命修正主義にして民族分裂主義の黒いラインを張り巡らせた。まず一本目はウラーンフーの嫡系の者からなり、二本目はウラーンフーの傍系であるハーフンガに追随する民族分裂主義者たちで、そして三本目は敵どもに勧誘された李貴と張如崗らの走資派たちである。

右でいう三本の黒いラインは、ウラーンフーをはじめとする西部出身者とハーフンガ配下の東部出身者、そして自治区の民族政策に理解を示す中国人幹部らという構成だ。後に一九六八年四月から人民解放軍の滕海清将軍が「ウラーンフーには表裏二つのグループがある」と断罪して、自治区の東西を問わずモンゴル人の一掃を断行する〔高樹華　程鉄軍　2007; 楊　2009a〕。滕海清の「表裏二つのグループ」説と『呼三司』が唱える「三つの黒いライン」は近似している。

神なる毛沢東

モンゴル人が粛清されていく中、紅衛兵の毛沢東崇拝は強まる。一二月二〇日付の『呼三司』第五一期には「挨拶用語の毛沢東思想化に関する提案」という興味深い文を第三面に載せた〔楊　2017a〕。文は以下のようになっている。

　わが国の人民の風俗習慣には決まった挨拶用語がある。会った時には握手して「こんにちは」（您好《ニーハオ》）と、別れる際には「さようなら」（再見《ツァイジエン》）と言う。今後はこうした無用な挨拶用語を廃止しよう。会った時には「毛主席の万寿無疆を祝おう」とし、別れる際には「永遠に毛主席に忠誠を誓おう」と変更するよう提案する。

右のような提案を出しているのは師範学院革命委員会と師範学院の「東方紅縦隊」、それに師範学院の紅衛兵である。また、農業学校「井崗山紅衛兵総部」も「日常生活の毛沢東思想化」を呼びかけている。「日常生活の毛沢東思想化」とは、どんな時でも毛沢東バッジを体から離さないこと、毛沢東語録を手放さないこと、仕事を始める際には必ず『東方紅』を唱い、毛主席の万寿無疆と林彪副主席の健康を祈ること、などである。

毛崇拝の強化を提案しながら、『呼三司』は第四面で「トグスを打倒し、ウラーンフーの残党どもを揪み尽くせ」との特集を組んでいる。内モンゴル軍区の「文工団無産階級革命派」は「闇に隠れている民族分裂主義者どもに注意しなければならない」と書き、トグスがハーフンガや言語学者のエルデニトクトフ、詩人のナ・サインチョクト、歴史学者兼内モンゴル人民出版社社長のソドナムらと結託して「内モンゴル独立」や「内外モンゴル統一」のような「祖国を分裂させる罪を犯した」と批判する。「ウラーンフー集団は全業界に蟠踞している」と指摘されると、革命的群衆は「より深く、より広くモンゴル人を抉りだそう」と動く。『呼三司』が果たした煽動と破壊の役割は大きい。

毛の誕生日である一二月二六日にフフホト市の各紅衛兵団体は大規模な祝賀行事を催した。二七日付の『呼三司』第五四期も第一面を二色刷りでデザインし、海から昇る紅い太陽を背景とした毛沢東の木版画を大きく飾った（写真20）。毛と太陽をセットで用いることで、太陽神信仰の現代版を演出している［楊 2017a］。紅衛兵は「最も」という副詞を繰り返し使うことで太陽神崇拝を高調へと導いている。

わが国の無産階級文化大革命の凱歌の中で、私たちは最も紅い、最も紅い、紅い太陽である毛主席の七四歳の誕生日を迎えることができた。紅い太陽は東方より昇り、霞は万丈に光る。山は踊り、海は歓喜している。

過剰なほどの擬人化を乱用して毛の神格化を推進している文の中味は空虚そのものである。

一九六八年になった。一月一日の『呼三司』第五五期の一面も二色刷りで、毛が毎回のように表紙のトップを独占した［楊 **2017a**］。『呼三司』は社説で過去の闘争を振り返った上で、新しい年度における任務を明示した。

写真20　『呼三司』第54期の第1面。

過去の一年間に、私たちは広範な工農兵や文藝界の革命的な群衆と共に、文藝界を突破口にして内モンゴルの文革を縦に横に深く広く進めた。……これからは教育界に潜り込んだウラーンフーの残党どもやソ連とモンゴル修正主義国家のスパイどもを徹底的に一掃しなければならない。

「民族問題を使って階級闘争の本質を隠蔽しようとしている点」との表現がポイントである。これは、自治区において、モンゴル人だろうが、中国人だろうが、文革がモンゴル人の抹消を目的としていることを表している。全国では階級闘争だろうが、自治区においては政府と中国人が一体化してモンゴル人の全滅を意味する「民族問題の解決」が重要だ、と言わんとしている。

「フフホト市内で日常生活用品を買い占める動きがある」、とバートルという人物の書いた手紙を一九六八年一月六日付の『呼三司』第五六期は掲載した。勿論、物資が不足しているという「噂」も、「階級の敵どもが放した流言飛語だ」と紅衛兵は信じている。また、運動の深化に伴い、群衆路線を歩もうとしない紅衛兵も出てきたことで、「呼三司紅衛兵組織条例」を改定しなければならない、との通知も出された。『呼三司』は「毛沢東思想に従って革命を推進せよ」と強調しているが、実際は社会の激変に付いて行けなくなった者が続出していたことが紙面から読み取れる。

4　発見された「反革命勢力」

虐殺運動の決定と下放

一九六八年一月六日から一八日にかけて、自治区革命委員会第二回全体拡大会議がフフホト市内で開催され、正式に「ウラーンフーの黒いラインに属す者を抉りだし、その毒害を一掃する運動」（挖粛《ワース》）がスタートする。自治区の党政府高官の密議について、紅衛兵はまだ知らない。そのためか、一月九日付の『呼三司』第五七期は「呼三司の紅衛兵第一陣が牧畜地区に赴いて定住した」との記事をトップにし、二百余名の青年たちがシリーンゴル盟東ウジムチン旗の草原に入ったことを報道している。全国規模で推進されていた「下放運動」の一環である［楊　2017a］。

一月一三日午前九時、「毛沢東思想を学ぶ呼三司紅衛兵代表大会」もフフホト市内で開かれた。自治区革命委員会主任の滕海清将軍と常務委員の権星垣、郝広徳と王金保、委員の劉文研らも第二回全体拡大会議を中座して駆け付けた（写真21）。紅衛兵を代表して岳志東が挨拶し、「毛主席万歳」を三唱した［楊　2017a］。

無用となった青少年を農山村へ追放するだけでは物足りない。学校に残っている者に対しても一層、管理を強化しなければならないので、毛は軍事訓練の徹底を命じた。毛の「最新指示」を受けて、一月一六日付の『呼三司』第五九期はフフホト市第五中学を事例に、「人民解放軍に学ぶ意義」を強調する文を一面から三面にかけて掲載した［楊　2017a］。厳しい軍事訓練の中で、「解放前の旧社会」がいかに搾取と抑圧が酷かったかを振り返り、「社会主義新社会」はどんなに素晴らしいかを思い起こさなければならない、とのキャンペーンだ。この時期、旧正月の春節を迎えようとしていたことから、学生はみな実家に帰りたがっていた。『呼三司』は「家に帰らずに、学校に留まって革命運動を推進しよう」と呼びかけている。

写真21　「毛沢東思想を学ぶ呼三司紅衛兵代表大会」を描いた『呼三司』の巻頭画。

青少年の動揺を止め、締め付けを強めるため、「フフホト市革命造反聯絡総部群衆専政総指揮部」は一月一八日の早朝、人民解放軍と公安局と合同で市内の旅館と駅に突入して一斉捜査を実施した。その結果、「未だに改心していない地主と富農、悪徳分子、国家配給品を買い占めた者、逃亡していた反革命分子、農産物を転売していた者」などが摘発された［楊 2017a］。実際は社会混乱で人民公社や企業から離脱した人々である。この行動を『呼三司』は「階級の敵どもに潰滅的な打撃を与えた」と自画自賛している。

『呼三司』はさらに社説でモンゴル人への攻撃を全面的に主張している。社説はいう。

> 目下、ソ連とモンゴル修正主義国家はわが国との国境地帯に大軍を駐屯させ、軍事的配備を強化し、挑発を止めようとしていない。絶えずスパイどもを派遣してきて、昔に結んだ関係を復活させようとしている。わが国の情報を探り、叛乱と叛国を企て、政権転覆を図っている。アメリカや日本、そして蔣介石のスパイどもとも結託し合い、破壊活動をしている。……敵は刀を磨いているので、我々も刀を研ごう。

『呼三司』は自治区内の社会不安の芽を事前に摘む「階級の敵に打撃を加える行動」を支持しながら、常にその矛先をモンゴル人とソ連、それに「モンゴル修正主義国家」すなわち内モンゴルのモンゴル人の同胞たちに向けていたのである。

「ウラーンフーの反革命集団の三勢力」

一月二〇日になって、『呼三司』第六一期はようやく一八日に閉幕した自治区革命委員会第二回全体拡大委員会の席上で滕海清将軍が行った講話の全文を掲載した［楊 2017a:522］。この講話は、モンゴル人ジェノサイドを決定した政府の公文書の一つで、極めて重要である［楊 2009a］。滕海清《トンハイチン》将軍は以下のようにモンゴル人粛清について指示している。

……目下、わが内モンゴルの情勢は全国と同じように素晴らしい。以前のどの時期よりも素晴らしい。人々の精神状態は天翻地変の如く変化し、毎日のように毛主席の本を読んでいる。毛主席の著作に照らして自らの行為が正しいかどうかをチェックしている。すべての家に毛主席の肖像が掲げられ、全人民が『毛主席語録』を携帯している。子どもが生まれて学ぶ最初の言葉は「毛主席万歳」で、初めて唄う歌も『東方紅』である。遊牧民はみんな毛主席の万寿無疆を祈っている。お互いに会えば、「毛主席の著作を学んだか」と尋ね合う。天幕に入ればまず毛主席の語録を朗誦している。……

ウラーンフーは民族団結を破壊し、祖国の統一を破壊した。……ウラーンフーの反革命集団は三つの勢力からなる。第一の勢力は、ウラーンフーの元部下たちで、早い時期から形成されたものだ。この中には奎璧やジヤータイのような悪者、チョルモンやブへのような「少壮派」も含まれる。第二の勢力はハーフンガを代表とする反革命集団だ。そのメンバーらは主としてソ連とモンゴル修正主義国家のスパイ、日本のスパイ、蔣介石のスパイ、裏切り者、匪賊たちだ。第三の勢力は一九五四年以降に内モンゴル自治区と旧綏遠省が合併されてから形成されたものである。……これら三つの勢力は長期にわたって、反共産党・反社会主義・反毛沢東思想の、罪悪に満ちた活動を展開してきた。彼らは内モンゴルの各民族の人民を資本主義社会に導き、内モンゴル自治区を祖国の大家庭から分裂させようとしている。

滕海清が定義した「ウラーンフーの黒いラインに属す者」は「三つの勢力」からなっており、誰が見てもモンゴル人とモンゴル人の自治政策に賛同する極少数の中国人ばかりがターゲットにされている。「第一の勢力」は西部トゥメト出身者からなっているし、「第二の勢力」は東部のモンゴル人たちを指す。「第三の勢力」はウラーンフーの自治政策に理解を示し、モンゴル人と平和的に共生しようとする数人の中国人だ。

大虐殺の動員方法

滕海清将軍は自治区革命委員会第二回全体拡大会議で正式に「ウラーンフーの黒いラインに属

す者を抉りだして、その毒害を一掃する運動」の開始を命じた。紅衛兵と自治区革命委員会との連携もここから強まる。第二回全体拡大会議が閉幕する前夜、一月一七日の夜、医学院の「東方紅」に属す紅衛兵は「一騎当先で、反革命修正主義分子にして民族分裂主義者の王再天（Namjalsureng）を揪みだした」、と『呼三司』第六二期は一月二三日に伝えている［楊 2017a］。同じ時期に西部出身のモンゴル人で、自治区党委員会メンバーの雲志厚も「革命の隊列から除去された」。雲志厚は、「ウラーンフーが打倒されたことは、モンゴル民族全体の災難が始まったことを意味する。ウラーンフーを粛清したのは漢人の陰謀だ」と抗議していた。

「北京から吹いてきた江青同志の東風、すなわち昨年一一月一二日の講話を聴いてから、内モンゴルの草原では〈黒いラインに属す者を揪みだし、その毒害を一掃する〉という紅い嵐が吹き荒れている」

と、『呼三司』は論じている。「あらゆる害虫どもを一掃せよ」との第六二期の社説はさらに明確にモンゴル人の「敵ども」に照準を当てている。

二十数年にわたって、ウラーンフーはあらゆる領域と様々な部門において、彼自身の反革命修正主義と民族分裂主義の建党路線、それに幹部政策を通して、大勢の叛徒と蒙奸、反動的な文人と封建社会の生き残り、さらにはごろつきとやくざを採用して出世させた。彼らは内モンゴルの党と政府、財界と文化などの要職に就いた。彼らは結託し合い、革命の陣営内に隠れる反革命の派閥を形成し、地下の独立王国を創った。戦闘の号令は既に出された。同志の皆さん、戦友のみなさん、敵軍を一掃するために行動を起こそう！

『呼三司』の編集と宣伝は戦略的である。具体的な「民族分裂主義者」として王再天と雲志厚を事例に出し、そして社説で暴力を煽動する。「事実」としての事例を見て、煽動的な文章を読むと、中国人のモンゴル人に対する憎しみは自然と湧いてくる。大虐殺はかくして推進されるようになったのである。

暴力と公文書の関係

『呼三司』は一月二五日付の第六三期でも「打倒王再天」との社説を掲げた［楊 2017a］。「反動的な大貴族、大牧主、悪徳地主出身の王再天は一七歳の時から軍閥張作霖の軍隊に入って、人民を虐殺した」、と社説は書く。自治区の成立した後、王再天はウラーンフーとハーフンガらと意気投合し、二〇数年間にわたって公安機関を統括してきた。王再天が統括する公安機関は「モンゴル族とその他少数民族幹部や職員の歴史的犯罪行為を隠蔽し、モンゴルの民族分裂主義団体を一切、反革命団体として摘発しなかった」、と『呼三司』は追及している。牧畜地域と半農半牧地域では反革命分子を粛清しようとせずに、大勢の「少数民族の反革命分子をかくまって残した」。王再天はまた内モンゴル人民革命党の実力者や少壮派のトグスとイダガスレン、それにムレン（木倫）らを重用し、政府機関の要職に就けた。

「王再天を打倒し、将来の災いを除去しよう」

と紅衛兵は呼びかけている。繰り返し指摘するが、中国政府は一九六八年七月二〇日に正式に公文書を配布して内モンゴル人民革命党員の粛清を命じる。『呼三司』は、一九六八年一月の時点で既に同党党員に対する逮捕と攻撃を始めていた。煽動された中国人の暴力が先で、政府の公文書による追認は後から行われたのである。

一月二三日、「毛主席の著作を学ぶ呼三司の代表大会」がフフホト市で開催された。大会では「徹底的に修正主義教育路線を批判し、無産階級の教育革命を最後まで推進する宣誓文」が採択され、トグスと各大学の「走資派ども」が殴打された〔楊 2017a〕。翌二四日には呼三司系統の医学院の「東方紅」と工学院の「井崗山」、師範学院の「東方紅縦隊」と林学院の「紅旗」、内モンゴル大学の「井崗山」などが「反革命修正主義分子の王再天を揪みだして闘争する大会」を開催し、ハーフンガとトグス、イダガスレンと張暉（王再天夫人）、ムレンと劉璧、鄭朝珍と王修、グンガら十数人が「見せしめに闘争」された。『呼三司』はまた「王再天を完全に打倒したことに関する厳正な声明」を発表し、「ウラーンフーとハーフンガの残党どもからなる黒いラインに属す者たちを一掃せよ」との指示を出した。

第5章
内モンゴル人民革命党員の粛清

一九六八年春から内モンゴルにおける文革運動のターゲットは内モンゴル人民革命党員の殺害に変わるが、それまでに進められてきた「ウラーンフー反党叛国集団」のメンバーに対する摘発との関連もまだ重要であり続けた。

1　造反派と滕海清将軍

倒されていくのはモンゴル人

「モンゴル人ばかりがやられている」、という見方は自治区全体に広がっていた。「ウラーンフーはかつて大漢族主義が内モンゴルの最大の危害だと話していたが、今まさにその通りになった」、とこの時期のモンゴル人は認識していた。政府は「モンゴル人の見解は階級の敵どもが民族問題を利用して文革の方向を転換させようとする陰謀だ」、と否定した。

二月三日付の『呼三司』第六五期はフビスガルトというペンネームで書かれた文を掲載し、「モンゴル人ばかりがやられているという謬論を否定しよう」と反論した［楊 2017a］。フビスガルトとは「革命家」の意だ。これは明らかにモンゴル人が「モンゴル人ばかりがやられているとの謬論」に反論しているように見せかけるために、中国人がモンゴル風のペンネームを使っていた作戦だろう。

「確かにモンゴル人はやられている」、と「革命家《フビスガルト》」も認めている。その上で、「ウラーンフーやハーフンガのようなモンゴル人と、普通の広範なモンゴル族人民は共通の心理を有しておらず、もはや各民族の労働人民の共通の敵だ」と詭弁に徹している。

ウラーンフーの残党どもは悪質な性格を改めようとせずに、滅亡する前に頑迷に抵抗している。彼らは民族主義の陣地に隠れて煽動を行い、情勢を混乱させようとしている。彼らは「現代の殿様ウラーンフー」の反動的なブルジョア民族主義の衣鉢を継承し、狭隘な民族的情調を利用して民族間に紛争をもたらそうとしている。彼らはなんと「今回の革命はモンゴル人ばかりをやっつけている」とか、「モンゴル族の幹部はもう残らなくなった」とかと話して文革の闘争を破壊しようとしている。

『呼三司』はまた内モンゴル医学院の「東方紅公社」と「東方紅紅衛兵総部」が合同で書いた王再天（ナムジャルスレン）を批判する長大な文を掲載した。その王再天もまた「モンゴル人ばかりを打倒しないで」と文革の初期において話していた。余計、「モンゴル人ばかりがやられている」との「謬論」は「ブルジョア民族主義者たちの反革命的な見方」だと証明されたことになる。『呼三司』は戦略的にモンゴル人虐殺運動を推進している。

二月六日の午後一時半に、呼三司系統に属す五九もの造反派組織が内モンゴル革命委員会ホールと内モンゴル軍区ホールに結集し、「反革命修正主義にして民族分裂主義者の王再天を憤怒の声で糾弾する有線放送大会」を開いた。王再天とトグス、イダガスレン（写真22）とムレンら十数人ものモンゴル人が「会場に揪《つか》みだされてさらし者」にされ、殴られた［楊　2017a］。

写真22　暴力を受けるイダガスレンと王再天。

翌七日の『呼三司』第六六期は「黒い手先を断ち切り、階級闘争の蓋を開けよう」との文を巻頭に載せた。「フフホト市文藝界の文革はまだ淀んだ水のように静かで、階級闘争の蓋は未だに開いていない」と判断し、その原因はモンゴル人市長の「陳炳宇の部下がまだ裏で造反派を操っているからだ」と指摘している。こうした批判は、運よく残っていたごくわずかなモンゴル人たちも「ウラーンフーの黒いラインに属す者」として抉りだされる時期が近付いていることを意味している。

造反派の動揺

『呼三司』は自治区政府に呼応していても、内部には様々な派閥があり、「粛清と打撃の対象を広げ過ぎたのではないか」と見る青年もいた。北京から派遣されてきた滕海清将軍は毛沢東の指令を忠実に守り、モンゴル人の一掃を着実に進めようとしていたので、造反派内の動揺は許される現象ではなかった。造反派内部の対立を『呼三司』は伝えていないが、別の過激な造反派、師範学院の「東方紅縦隊」が内紛を暴露している。

「東方紅縦隊」は二月一〇日に自陣の『東方紅』第三五期で滕海清将軍が一月二五日に披露した有名なスピーチ、「ウラーンフーの黒いラインに属す者を抉りだし、その毒害を一掃する人民の戦争を発動せよ」を全文掲載した上で、呼三司内部の動揺を批判した［楊 2017a］。滕海清はその際に以下のように呼三司について触れていた。

私は最近、呼三司に不満だ。呼三司は付いて来ていない。呼三司が教育革命を進めるのもいいが、最終的には教育革命も階級闘争で、思想革命だ。文藝界の文革は江青同志が発動したもので、私たちは支持しなければならない。私が支持すると表明した以上、もっと放火しなければならない。

滕海清は続いて「呼三司には既に厭戦の雰囲気が出ている」と叱咤し、革命委員会の指示に従うよう圧力をかけている。「ウラーンフーの黒いラインに属す者を抉りだして粛清する運動はもう一、二カ月間続き、その後は内モンゴル人民革命党をやっつける」と明言している。「あなたたちはあの内モンゴル人民革命党員をやっつけなさい。内モンゴル人民革命党の党員はみな裏切り者かスパイ、ソ連とモンゴル修正主義国家のスパイどもからなっている」、と滕海清将軍は指示を出す。「怖がることも心配することもない。火力を集中して馬鹿者どもを徹底的にやっつけなさい」、と将軍は紅衛兵を鼓舞している。

右で例示した滕海清将軍のスピーチは全篇にわたって「火力」や「放火」といった軍事用語で飾られ、「やっつける」といった粗野な言葉を乱発している。こうした政治言語は、それを使っている中国共産党の高官本人の無教養を表しているだけでなく、暴力の行使を優先していた事実を物語っている。また、モンゴル人の「民族分裂主義者」たちを一掃する運動を「人民の戦争」であると表現している以上、それは中国人対モンゴル人の「戦争」であった性質も明らかになっている。

造反派内部の派閥同士の対立はどこから生じたのだろうか。二月一〇日付の『呼三司』第六七期はフフホト市農業学校の造反派、「農校井崗山紅衛兵総部」の事例を挙げて分かりやすく説明している［楊 2017a］。『呼三司』によると、「農校井崗山紅衛兵」の内部の対立は一九六七年七月から激化したという。そのうちの一派は「打倒派」で、もう一つは「解放派」だった。「打倒派」は引き続き「敵どもの打倒」を目指すのに対し、「解放派」は「誤って打倒された良い幹部を解放しよう」と唱えていた。「解放派」は元々文革初期の保守派だった。文革の深化に伴い、造反行為が政府から支持されるようになると、元保守派も造反を自称するようになった。「農校井崗山紅衛兵総部」は「解放派」が「解放」しようとする幹部は「人民の敵」であるという「事実」を示して反論している。

中央政府からの指示と国際情勢

一九六八年二月一〇日夜、滕海清将軍は上京して周恩来総理と江青夫人、それに情報機関のトップである康生に面会した。この時、周恩来はまず「ウラーンフーが批判闘争されたか」と滕海清に尋ねた上で、「適当な時期にウラーンフーを人民に渡して闘争しなさい」と指示していた。周恩来はさらに「内モンゴルでウラーンフーの打倒に不平不満を持っている者がいれば、そのボスを捕まえなさい」と命じた。康生は「モンゴル族が住む地域の悪者をモンゴル人の手で揪みださせよう」と具体的な方法を伝授している［楊 2009a］。中国政府の指導者が直々にモンゴル人粛清の方法と策略を伝えていた事実から、モンゴル人ジェノサイドは国家ぐるみの政治運動であった性質が浮かび上がってくる。

呼三司系統の造反派は国際関係に敏感だった。二月一二日午前、呼三司に属す各団体は盛大な有線放送大会を開き、「ベトナム人民の反米闘争を支持」した。「英雄的な南ベトナムの人民がアメリカとその傀儡政権の軍隊を破った戦果」を称賛した後、「自治区と結びつけて考えると、我々労働者の内部にもアメリカのスパイと日本のスパイ、ソ連とモンゴル修正主義国家のスパイ、そして未だに改造されていない地主と富農、反革命分子と悪徳分子、右派どもがいる」、と判断した［楊　2017a］。

ベトナムの反米闘争のニュースを伝えながら、『呼三司』第六八期は第三面で農牧学院のグンガ院長を、第四面では王再天とガルブーセンゲを取りあげて批判した。「グンガは共産党内に潜り込んだ反革命修正主義分子で、内モンゴル人民革命党の党員で、モンゴル修正主義国家の諜報員で、民族分裂主義者だ」と断じている。「大地主の家に生まれ、偽満洲国の軍官学校を経て、日本に留学したガルブーセンゲは日本とソ連、それにモンゴル修正主義国家のスパイで、内モンゴル人民革命党の忠実な大将だ」、と批判する。ガルブーセンゲを自治区の外事弁公室の責任者に任命したのは王再天だ。王再天に支持されていたガルブーセンゲは一九五七年に「勝手に自治区の草原三万平方キロメートルをモンゴル人民共和国側に提供した」、と紅衛兵は暴露している。

一九六八年二月の段階で、中国政府は「ウラーンフーの黒いラインに属す者を抉りだし、その毒害を一掃する運動」を進めていた。内モンゴル人民革命党員の粛清を政策としてはまだ実施していなかったが、実際は同時進行していた。一九六八年七月二〇日に政府が公文書を配布して正式に内モンゴル人民革命党員の粛清を決定した際には、既に大勢の同党の党員たちが逮捕、殺害されていた。右で触れたガルブーセンゲも一九六九年一月五日に中国人の臧海賢と呉春舫らによって殺されていた［阿拉騰徳力海　1999; 楊　2015b］。

2　逃げ道のないモンゴル人

急先鋒たる造反派とジェノサイド発動の準備

呼三司の主流派を成す師範学院の「東方紅縦隊」は「造反派内部に潜り込んだウラーンフーの決死隊員を発見して排除しよう」、と機関紙『東方紅』第三六期で呼びかけた。「ウラーンフーの黒いラインに属す者を抉りだして、その毒害を一掃する運動は烈火の如く燃え盛る中、モンゴル人の決死隊員（死党）は野牛のように慌てふためいている」、と造反派は喜んでいる［楊 2017a］。「東方紅縦隊」はその矛先を自治区の教育界にも向けた。教育界の主要なポストは長い間、ハーフンガを指導者とする内モンゴル人民革命党員に占められてきたため、「民族分裂主義の教育路線を歩んできた」と罵倒している。自治区西部出身のウラーンフーの側近らと、東部出身のハーフンガの部下たちなど全員が断罪され、モンゴル人に残された逃げ道はなくなったのである。

教育界だけでなく、医療衛生界も攻撃された。二月一七日付の『呼三司』第六九期は「衛生戦線の敵に向けて放火せよ」との文を披露した。「ウラーンフーの決死隊員であるホルチンビリクとイダガスレンらが牛耳る内モンゴルの衛生界は完全に不衛生なところだ」、と断罪する。「彼らは全員民族分裂主義者で、既に紅衛兵によって揪みだされ、地面に倒されたが、まだ深く潜り込んだ奴らがいる」と指摘する。そして、「一致団結して敵どもを抉りださなければならない」と呼びかけている［楊 2017a］。『呼三司』の主な関心は政府のモンゴル人粛清にある。呼三司は政府のモンゴル人粛清の急先鋒を担うようになったのである。

呼三司は二月一七日から一九日にかけて、所轄する各団体の責任者を集めて、フフホト市内で「呼三司紅衛兵第一回代表大会第二期全体委員会」を開いた。雷善元が司会し、自治区革命委員会の高錦明がスピーチした［楊 2017a］。高は「ウラーンフーの黒いラインに属す者を抉りだして粛清し、その毒害を一掃する人民の戦争を五月一日のメーデー前に一段落させたい」と冒頭で話す。次の段階での「任務」は内モンゴル人民革命党員を粛清することだ、と明確に指示している。

高錦明の見解によると、内モンゴル人民革命党は一九二五年に成立し、一九三六年に一度解散するが、一九四五年に日本の敗戦後に再び結党している。ハーフンガとポンスク、それにテムールバガナらを中心とする同党の党員は「ウラーンフーの三つの勢力の内の一つを成した」という。内モンゴル人民革命党を反革命にして民族分裂主義の政党だと公式に認定するのは一九六八年七月二〇日のことだが、実際は二月の段階で既に準備が整っていた。高錦明のこの二月の講話は七月二〇日の政府の公文書の内容と完全に一致しており、政府の見解も早い段階で固まっていたことが窺える。「ウラーンフーの黒いラインに属す者を抉りだして、その毒害を一掃する運動」だけでは物足りないので、「人民の戦争」を発動した。「上層レベルではウラーンフーの多種多様な反革命の指導者層、下層レベルではウラーンフーの反党叛国の社会的基礎勢力」、つまりモンゴル民族そのものを抹消するために内モンゴル人民革命党の粛清が必要となってきたのである。

「社会基礎」が意味するもの

会議を経て、「紅衛兵の戦闘の任務を明確にし、組織の条例を改定した」。そして、火薬の匂いが非常に強い「目下の情勢に関する決議」が最後に採択された［楊 2017a］。モンゴル人大虐殺運動の推進において、呼三司がこの時に採択した決議は大きな意義を持つ。『呼三司』第七〇期がその決議の内容を伝えている。

現在進めているウラーンフーの黒いラインに属す者を抉りだし、その毒害を一掃する闘争は、実際は上層レベルではウラーンフーの多種多様な反革命の指導者層と、下層レベルではウラーンフーの反党叛国の社会的基礎勢力との闘争だ。

右の文が示す攻撃目標は明確だ。「上層レベルではウラーンフーの多種多様な反革命の指導者層」、つまりモンゴル人幹部などエリート層を指す。「下層レベルではウラーンフーの反党叛国の社会的基礎勢力」、すなわちモンゴル人社会そのものを意味する。エリート層と一般社会、モンゴル民族そのものが排除と抹消の対象とされている。「文革中に内モンゴル自治区の漢人も被害者だ」とか、「民族間の紛争はなかった」とかのような詭弁はまったく成立しない。『呼三司』自身が師群力（「師範学院の群衆の力」との意）とのペンネームで「モンゴル人ばかりが打倒されている」との「流言飛語を否定しよう」と躍起になっている事実もまたジェノサイドの性質を鮮明にしている。

師範学院の「東方紅縦隊」も民族間紛争の本質を隠蔽しようと奮起してきた。二月二四日の『東方紅』第三七期は次のように危機感を露わにしている［楊 2017a］。

ウラーンフーの決死隊員たちは民族問題を利用してあれこれと企んでいる。彼らは民族主義の破れた旗を掲げて、悪意でもって「モンゴル人ばかりがやられている」とか、「四〇歳以上のモンゴル人幹部はもはやいなくなった」とかと叫んでいる。彼らは民族感情を煽動し、民族的情緒を利用して民族間の対立を作ろうとしている。

モンゴル人を抹消して中国人の内モンゴルに改造しようとの運動を進めながら、モンゴル人が民族間の対立を煽っている、と師範学院の造反派は主張している。中国人は自ら他の民族を虐殺しながらも、原因は他者、すなわち殺戮される側にあると唱えているのである。そうした伝統は今日において、新疆ウイグル自治区での民族浄化にも見られる。「悪い」のは常にウイグル人とされている。

『東方紅』はまた膝元の師範学院の指導者だったガワーとテムールバガナら東部出身のモンゴル人はハーフンガとトグスの「決死隊員」で、彼らは内モンゴル人民革命党員か「統一党」ないしは「真理党」のメンバーだと断罪している。雲照光のような西部出身者はウラーンフーの下で、反大漢族主義のキャンペーンを推進したと批判する。漢族は神聖にして犯すべからずの対象で、モンゴル人に反対されるなんて論外だとの文意だ。この文章は単純明快で、非常に簡単に中国人のモンゴル人に対する憎悪感を煽りやすいように書かれているのが特徴的である。

3 「内モンゴル人民革命党粛清」任務

西部から東部へと広がる暴力

二月二一日午後、内モンゴルの支配者、革命委員会主任の滕海清《トンハイチン》将軍はフフホト市鉄路局の学習代表らを前にして、「人民による制裁」を直接呼びかけた［楊 2017a］。『呼三司』は二月二四日付の第七一期でこの暴力喚起の講話を全文掲載した。

「ウラーンフーの黒いラインに属す者を抉りだして、その毒害を一掃する挖粛《ワース》闘争」の方向は正しい。内モンゴルで社会主義を建設するのに欠かせない戦略的な意義を有している。この戦いを成功させなければならない。これは革命運動からの必要で、国際情勢からの必要でもある。

滕海清はモンゴル人虐殺の目的についても語っている（写真23）。それは、第一にはソ連とモンゴル人民共和国との一戦を想定した事前の粛清である。第二には国境地帯の安定は全国における文革運動を順調に促進するのに欠かせない、ということである［楊 2009a］。

二月二八日付の『呼三司』第七二期は再度、「ウラーンフーとハーフンガの黒いラインに属する者からなる地下の指揮部を徹底的にぶち壊そう」との文を掲載した［楊 2017a］。呼三司は今度、公安と検察、そして法律界に切り込んだ。

写真23　滕海清将軍。

内モンゴルの公安と検察、そして法曹界は誰の天下だ？　どの階級のための独裁の道具となっているのだ？　ウラーンフーのためだろう。ウラーンフーはその反党叛国の必要性から、謀略を駆使して内モンゴルの公安と検察、それに法曹界をその反革命のクーデターのための道具に作り変えた。彼の決死隊員の王再天とポンスク、ビリクバートルと雲世英、張如崗とテムールバガナらからなるいわゆる内モンゴル党委員会政法小組は公安と検察の権力を握り続けてきた。彼らは一九四六年一月の東モンゴル人民自治政府期から一九四七年五月の内モンゴル自治政府期を経て、内モンゴル自治区期に至るまでの二〇数年間にわたって大勢のスパイどもと裏切り者を受け入れた。徒党を組み、党内の要職を占めた。……彼らは自治区の各機関内に無数のソ連とモンゴル修正主義国家のスパイどもとアメリカや日本、それに蔣介石のスパイども、裏切り者、古参の民族分裂主義者、内モンゴル人民革命党の中堅幹部、封建的な王公貴族を潜り込ませた。……

以上のように、二月末の時点で、既に中国政府と共産党の指示を受けた造反派はその攻撃の矛先を西部から東部に転換させている。一九四六年春に誕生した東モンゴル人民自治政府と一九四七年五月に創建された内モンゴル自治政府を批判することで、内モンゴル人民革命党員をあぶりだそうとしている。

教育界の「民族分裂主義者」

この時期、造反派内に「逍遥派」と称する人々が現れていた。怒濤のような革命の趨勢に付いて行けなくなった者だ。三月二日付の『呼三司』第七三期は「逍遥派を不名誉にせよ（搞臭）」との文を載せて、内部への締めつけを始めた。また、読者からの手紙を公開し、「学校に戻って革命をやる」という毛主席の指示に従わない青少年の扱いに困っている、との内容だった。こうした社会の変化の中でも、北京からの滕海清将軍はモンゴル人粛清を主要な任務にしていた。彼は二月二二日の夜に教育関係者からなる「毛主席教育革命思想班」の班員たちに対し、次のような主旨の指示を出していた［楊　2017a］。

ウラーンフー支配下の内モンゴル自治区の小学校で使われていた教科書の第一章は、「我々の首都はウランバートルだ」と書いてあった。ウラーンフーはまた以前に内モンゴル大学の学長を兼任していた。ウラーンフーは裏切り者であるばかりでなく、ソ連とモンゴル修正主義国家のスパイでもあった。他にハーフンガとポンスク、トグスもみなスパイだ。彼らは自らの後継者を育てるために教育界に毒害を残した。今後は教育界の敵どもを排除しなければならない、という。

滕海清将軍は中国人に対し、教育界のモンゴル人を粛清せよと命じている。三月六日に印刷された『呼三司』第七四期は迅速に滕海清に呼応している。「目下における我々の主な任務は、教育界の階級の隊列を整理することだ。ウラーンフーの黒いラインに属す者を抉りだして粛清し、その毒害を徹底的に一掃する教育革命だ」、と支持を表明している［楊　2017a］。このように、モンゴル人大虐殺運動は政府が指示を出し、中国人が行動する形で断行されたものである。

4　捏造された内モンゴル人民革命党の歴史

日本のスパイ

「毛沢東思想を学ぶ積極分子の大会」が春の三月一三日からフフホト市内で開催された時、『呼三司』第七五期は「悪人を庇い、反党叛国を進めた王再天の罪は許せない」との長い批判文を掲載した［楊　2017a］。批判文は以下のように自治区のモンゴル人エリートたちを断罪している。

解放初期において、わが自治区の東部に巣食う日本と偽満洲国の勢力やソ連とモンゴル修正主義国家のスパイどもと、古参の民族分裂主義者たちが結託し合っていた。彼らは民族分裂と内外モンゴルの合併を進めるための黒い旗を立てて、四〇いくつもの反動的な党派を組織した。これらの組織はウラーンフーと王再天に守られて反革命組織として認定されなかったどころか、逆にその中堅幹部たちを「民族化」と称して自治区の機関内に潜らせた。

批判文は事例として、「偽満洲国」の駐日大使館の参事官などを歴任したハーフンガと、「日本とモンゴル修正主義国家のスパイであるポンスクとテムールバガナ」、内モンゴル人民革命党員のウリート、トグスとドグルジャブ、ウルジーナランとゴーシンサイ、ウルジーオチルらの名を挙げている。全員が東部出身の内モンゴル人民革命党員である。そのうちのウリートはジェリム盟盟長と騎兵第二師団長などを歴任した人物で、一九六九年一二月一九日に中国人に殺害された［阿拉騰徳力海　1999］。ある研究によると、この時期、モンゴル人作家のウラーンバガナは滕海清将軍の意向を汲んで、「内モンゴル人民革命党の活動」に関する報告を創作していたという。モンゴル修正主義国家は二十数年間にわたってスパイを派遣して自治区にいる内モンゴル人民革命党員に指示を出し、内外モンゴルの合併を秘密裡に推進してきた、という嘘を書いては自治区革命委員会核心小組に提出していた［啓之　2010］。自治区革命委員会の核心小組の動きと、造反派の批判運動は常に相互に連動し合っていたのである。

内モンゴル人民革命党は日本が満洲国と徳王のモンゴル自治邦から撤退した後に東モンゴル人

民自治政府や内モンゴル人民共和国臨時政府を創り、モンゴル人民共和国との統一合併を推進した。モンゴル自治邦の指導者徳王と李守信も西部のアラシャン地域で自決運動を行っていたので、旧満洲国やモンゴル自治邦のモンゴル人たちは次々と馳せ参じていた。その後、自決運動は失敗し、徳王と李守信はモンゴル人民共和国に亡命する。『呼三司』によると、王再天と公安庁庁長のビリクバートルらはアラシャン各地に分散していた四百数十人もの「地主とスパイ、反革命分子どもを庇い続けた」という。どれも事実だが、中国によって「反革命」と再解釈されたのである。

「ウラーンフーの社会的基盤」

大虐殺運動の深化に伴い、一部の老造反派も付いて来られなくなった、と三月一六日付の『呼三司』第七六期は認めている［楊 2017a］。動揺する老造反派は新しい功績を立てなければならない、と激励する。「過去にウラーンフーの黒いラインに属す者を抉りだして、その毒害を一掃する運動に熱心に参加しなかった人でも、これから積極的にすれば革命派になれる」、と『呼三司』は説得している。そして、「ウラーンフーの社会的な基盤を破壊しなければならない」と煽っている。「ウラーンフーの社会的な基盤」はモンゴル人社会で、呼三司はモンゴル人全体を敵視している。

「ウラーンフーの社会的な基盤」の一つに、フフホト市第一五中学がある。トゥメト中学とも称するこの学校は主として自治区西部トゥメト出身のモンゴル人の子どもたちが学ぶところだ。造反派は、トゥメト中学の教師たちの「反党叛国にして、民族分裂的活動の罪証」を列挙している。校長の孟紹はウラーンフーの夫人雲麗雯の親戚で、彼はいつも「内外モンゴルは同じ民族で、同じ祖先を共有する」と話して「内外モンゴルの合併」を唱えた。「我々の祖先はチンギス・ハーンだ」、「内外モンゴルはどちらも同じ祖先の子孫だ」、「中国国内にあるモンゴル人居住地を内モンゴル自治区に管理させるべきだ」、「内外モンゴルが合併してはじめて、大漢族主義の抑圧から解放できる」、「同化されるなら、分裂した方がいい」とかのような「反革命的言論」を繰り広げて学生たちに「毒害」を伝授した。中国人からすれば、上で示したような「反革命的言論」を教える学校はまさに「ウラーンフーの社会的基盤」以外の何物でもない。このようなモンゴル人を徹底的に抹消しなければ、中国政府と中国人は絶対に安心できないのである。

社会的混乱の反映と造反派の動揺

中国社会の混乱に乗じて、全国規模で「中国大衆党」を名乗る「反革命組織」が現れた、と『呼三司』第七七期は三月二〇日に報道している［楊 2017a］。「中国大衆党」の具体的な性質については触れていないが、同党がばらまいたビラの中には「偉大な領袖の毛主席と林彪副主席、社会主義制度と無産階級文化大革命に対する憎しみを露わにした内容がある」という。文革の発動で社会に混乱をきたしたことに対して批判したビラだった。内モンゴル自治区の場合だと、電力の供給が止まり、紙が不足し、燃料の石炭の生産も停止していた。『呼三司』編集部も三月二〇日から発行部数を減らし、三月中には号数も一つ削減するとの方針を出した。

混乱期において、造反派内部の動揺もまた一層進む。『呼三司』第七八期は三月二三日に戦猶酣というペンネームで書かれた巻頭論文を掲載し、内部の動揺者、それも指導者層の動揺に警鐘を鳴らした［楊 2017a］。かつて「造反した英雄」の一部は革命の趨勢に付いて行けなくなった者もいれば、傲慢になって新しい革命を行おうとしない者もいる、と『呼三司』は指摘する。

ウラーンフーの黒いラインに属す者を抉りだして、その毒害を一掃する人民の戦争は縦にも横にも広がり、発展している。抵抗もまた大きい。抵抗は敵どもから来ているが、肝心なのは造反派内部の指導者だ。根は敵側にあるが、病根は右傾的思想を持つ指導者にある。

造反派の指導者が動揺しているだけではない。元の保守派も造反を称するようになったので、真の造反派を自認する呼三司は危機感を抱いている。例えば、フフホト市第四中学で一九六七年一月三日に成立した「東風戦闘隊」は公然と呼三司を批判し、対立する保守派の「抗大兵団」と連携するようになってきた。

粗野な中国人が発動したジェノサイド

自治区革命委員会は一九六八年三月二〇日に「学生は学校に戻って革命を行うよう」との緊急通知を出して社会の混乱に歯止めをかけようとした。『呼三司』は三月二七日の第七九期で周恩来と陳伯達、康生と江青らが二月二一日に天津市の革命的群衆を接見した際の講話を掲載して、

「階級の敵どもを清理する運動の深化」を求めた［楊　2017a:606］。三月三〇日、『呼三司』第八〇期は滕海清将軍が二七日に自治区の文藝界に向けて行った講話を全文、公開した［楊　2017a］。この講話は重要な内容を内包している。

滕海清将軍はまず自治区の文革の展開を三つの段階に分けている。まず、第一段階では一九六七年一一月に江青夫人が談話を発表したのを受けて、トグスを揪みだした。続く第二段階では一九六八年一月に「ウラーンフーの黒いラインに属す者を抉りだし、その毒害を一掃する運動」がスタートした。「私は一月一七日に講話を行い、火を付けた。プロレタリアートたちは王再天を揪みだした」、と滕海清は自慢している。

滕海清将軍ほどの中国共産党の高官でも、その中国語のレベルは言葉で言い尽くせないほど低く、文章表現も極端に粗野である。そのためか、滕海清はモンゴル人エリート層を粛清する「ウラーンフーの黒いラインに属す者を抉りだし、その毒害を一掃する運動」の発動を「火を付けた」と呼んでいるのも、教養がなかったからであろう。彼には数人の大学卒の秘書たちが付いていたが、例外なく乱暴な文を書く者ばかりだった。

滕海清は第三段階を三月中旬に周恩来の指示が出た時からカウントしている。運動の深化に伴い、造反派の一部が動揺しているのに滕海清は不満だ。モンゴル人が粛清され、闘争の方向も見えなくなっていたので、滕海清将軍は明確に「敵の存在場所」を指し示している。

階級闘争の蓋をどのように開けるのか。突破口はどこにあるのか。蓋と突破口は文化藝術聯合会だという人もいれば、歌舞団だという者もいる。私は文化藝術聯合会が重点だと見ている。文化藝術聯合会には叛国文学と叛国集団が存在している可能性が高い。ブヘとジョランチチク、マルチンフーとオドセル、ナ・サインチョクト、チョクトナランら一握りの走資派と民族分裂主義者たちだ。『花の原野』と『草原』という二つの雑誌も叛国文学の基地で、外国に密通する基地だ。……

滕海清将軍は具体的な人名と雑誌名を挙げて、粛清すべき人物と打倒すべき団体を造反派に教えている。政府高官からの指示を受けて、内モンゴル共産党学校の「井崗山兵団・遵義」はムンフバトという幹部を「揪みだした」。フフホト市に集まった農民牧畜民代表も「敵に対する闘争心を燃やした」という。勢力が増大する呼三司はフフホト市第一五中学の「東方紅兵団」の加入を正式に受け入れた。まもなく、滕海清の上の講話はフフホト市だけでなく、地方にも伝達された。滕海清は後に一九八〇年代になってから一切の責任を認めなくなるが、彼はこれほど具体的にモンゴル人打倒に関与していた事実を否定したのである。

第6章
暴力と抗争、そして動揺

ジェノサイドを全内モンゴル自治区の津々浦々まで推進しようとする中国政府に対して「頑迷」に抗争するモンゴル人がいた。モンゴル人と中国人は錯綜した関係を構築してきたので、運動の深化に伴い、自身に災難が及ぶのを危惧する中国人幹部も現れた。そして、旗振り役を演じてきた造反派もまた動揺しだした。

1　モンゴル人の抵抗

右傾化批判

「敵の民族分裂主義者」は具体的なモンゴル人からなる。四月三日付の『呼三司』第八一期は巻頭に「攻めてきた敵を右傾化した人物が守っている」という文を載せ、モンゴル人を粛清する抵抗勢力は造反派内部にあると認めている［楊　**2017a**］。その上で、『呼三司』は藝術学校と軍区、それに第二中学がいかに「ウラーンフーとハーフンガの部下どもを抉りだしたか」を詳細に報道している。また、内モンゴル電影発行放映公司の「韶山聯総」は「ウラーンフーの嫡系の決死隊員のボス、ヤルー（亜茹）を揪みだしてさらし者にせよ」との文を披露した。

女優ヤルーは文革の初期の段階から「モンゴル人のみが打倒されているのは、どういう社会になっているのか」とか、「私は死んでも、モンゴル人の名誉のために戦う」とかのような「反動的な言論を繰り広げた」という。彼女はまた『チンギス・ハーンの末裔』のような「民族分裂主義思想の映画を制作して宣伝し、祖国を分裂させようとした」という。明白に「敵の活動」を例示して、内部の「右傾化」を防止しようとしていたことが分かる。また、北京の前門飯店でウラーンフーが抑留されて打倒された際に、赤峰軍分区の副参謀長だった雲成烈は「モンゴル人は頑張ろう。山に入ってゲリラでも何でもやる」と発言し、党中央に衝撃を与えた。造反派の指導者だった高樹華らによると、ヤルーはそのような雲成烈を匿っていたとされ、逮捕される寸前だったいう［高樹華　程鉄軍　2007］。

「右傾化」した人物とは誰だろうか。

啓之の研究によると、内モンゴル自治区で「反右傾化」が提起されたのは、一九六八年一月のことだという。「右傾的活動」をしているか、あるいは「右傾思想」を持っているかの二種類の人間が狙われた。前者はウラーンフーの名誉回復を狙う人たちで、主としてモンゴル人から構成される。後者は成立したばかりの革命委員会に不満で、新しい指導者の滕海清と呉濤、高錦明に反対する人々で、中国人を主とする。両者のどちらにも保守派もいれば、造反派もいて、相互に利用し合うこともあった［啓之　2010］。

「野牛」の抗争と構造的暴力

四月六日の『呼三司』第八二期は周恩来と江青夫人が三月二七日午後に披露したスピーチを全文掲載している。周恩来はこの時、人民解放軍代理総参謀長の楊成武と空軍政治委員の余立金、北京衛戍区司令官の傅崇碧の解任を発表した。江青は、傅崇碧司令官がかつてハスというモンゴル人を北京大学に派遣して情報収集していたことを問題視している。周恩来は延々と江青がいかに若かった頃から素晴らしい革命家だったかを述べて、毛沢東に媚びを売っている［楊　2017a］。後に文革が終息してからすべての「罪」が江青夫人らになすりつけられることになるが、周恩来は「中国人民の好い総理」に祭りあげられた。

呼三司は四月一〇日にユニークな版面でその機関紙の第八三期を装飾した。一面は全部ゴシップ体で二一個のスローガンを掲げ、「打倒楊成武と余立金、傅崇碧」の他に「打倒ウラーンフーとハーフンガ」も忘れなかった。「滕海清同志を断固支持せよ」と決心し、「鮮血と生命でもって江青同志を守ろう」と北京に忠誠を尽くした［楊　2017a］。

『呼三司』はまた「トゥメト旗聯社」が「ウラーンフーの名誉回復を企てている」との批判文を掲載した。執筆したのは「聯社調査組」で、「聯社」は「右傾化組織」の代表格である。

呼三司の調査報告に入る前に、「聯社」に関する従前の研究成果を整理しておく必要があろう。啓之によると、「聯社」は一九六六年一二月二三日に成立したモンゴル人からなる造反派組織で、その活動は「文革に対するモンゴル人の抵抗だった」。「聯社」は「内モンゴル東方紅革命造反聯社」の略で、その指導者はトゥメト旗北什軸人民公社のモンゴル人農民李佔標と張福栓、梁恒徳らだった［啓之 2010］。一方、『呼三司』の調査ではリーダーは呉国棟と雲建華、ビリクトと雲霞だとしている［楊 2017］。

「聯社」はウラーンフーには罪がない、と唱えていた。ウラーンフーは一九六六年五月に北京の前門飯店で開かれた共産党華北局会議で失脚に追い込まれた。反ウラーンフーの急先鋒は劉少奇と鄧小平だった。その後、劉少奇と鄧小平も毛沢東によって打倒された。劉と鄧が追放された以上、モンゴル人指導者に冠された罪はもはや成立しない、と「聯社」は主張した。

「聯社」は農民だけでなく、その内部には第一五中学のモンゴル人学生たちもいた。一九六七年一月三一日、五十数人のモンゴル人学生たちがウラーンフーの故郷タブタイ人民公社に入り、「大漢族主義に迫害されているウラーンフーを守ろう」と叫び、「野牛について」との有名なビラを配布した。

造反派と紅衛兵は赤いマットを纏った闘牛士だが、実際は奴隷主の奴隷に過ぎない。この荘厳な時に奴隷主は観覧台に坐って野牛の死を見て楽しんでいる。奴隷は野牛を玩び、血を好む奴隷主の嗜好性を満足させている。家畜化した牛どもは美味しい飼料と風雨の入らない畜舎に満足しているが、いずれミンチにされる運命だ。殺されるよりは、野牛のように血戦し、生きる道を探そう。

中共と中国政府に柔順だった「家畜化した牛のようなモンゴル人」も殺されている以上、蜂起するしかない、という「徹底的な反革命の思想」を「聯社」は有していた。一九六七年五月に呼三司が配下の異端「聯社」を除名すると、その指導者らも逮捕された［啓之 2010］。

一九六八年春の時点で、「聯社」は全滅していた。呼三司が再び存在しなくなったモンゴル人の造反派組織を批判したのは、滕海清将軍からの圧力を交わし、内部の「右傾化」に警鐘を鳴らすためだった。呼三司の調査報告によると、「聯社」はまた「モンゴル人はアメリカの黒人のように立ち上がろう」と主張し、文革運動は共産党自身が制定した対少数民族政策を否定しているとも唱えたという。例えば、一九三五年の『三五宣言』も共産党自身が作って発表した公文書であるし、各種の「優遇政策も共産党中央が制定したものだ」と「聯社」は譲らなかった。中国人は外来の入植者であるにもかかわらず、「党の政策はモンゴル人ばかりを優遇し過ぎている」と強弁していたことへの反論でもある。中国人は外からの侵入者であっても、先住民以上の権利を獲得しようとしていただけでなく、文革を利用してモンゴル人を抹消しようと躍起になっていたのである。

四月一三日は「内モンゴル問題を処理する中共中央の決定」が発表された二周年にあたる日だ（写真24）。『呼三司』第八五期は第一面に同「決定」を全文載せて、社説では「ウラーンフーの黒いラインに属す者を抉りだして粛清し、その毒害を一掃する運動は少しも誤っていない」と強調した［楊 2017a］。そして、未だに粛清されていない「ウラーンフーとハーフンガの家来ど

写真24　『呼三司』第85期第1面。

も」が造反派の呼三司と滕海清将軍を指導者とする革命委員会との関係を離間し、「聯社は造反派内部に潜り込んだ〈第五隊列〉だ」と批判している。

啓之の研究によると、一九六八年四月になると、「叛徒を揪みだす連絡センター」が林立し、多くの報告書類が滕海清将軍の机の上に届けられたという。ある報告書は七六もの「反動的な組織名」と一〇五一人もの個人名を列挙して内モンゴル人民革命党員の粛清を提案した。こうした報告書はモンゴル人大虐殺の「確固たる証拠」として利用されていくが、粛清運動は「構造的な暴力」と化していたのである。「構造的な暴力」とは、第一に毛沢東を指導者とする党中央の指導で、第二には滕海清将軍のような自治区革命委員会の指導者たちの推進で、そして第三には造反派をはじめとする無数の群衆組織の参加を指す［啓之　2010］。この時期の呼三司は「構造的な暴力」の先鋒の一部を担っていたのである。

2　植民地たる内モンゴル

「揪みだされた」ウラーンフー一族

ウラーンフーの家族は造反派の掌中にあった。造反派のリーダーらによると、「師範学院のウラーンフーを揪みだす聯隊」は自治区革命委員会の指導者高錦明と李樹徳、それに郭以青らの支持の下で、一九六八年三月一八日に、ウラーンフーの家族をほぼ全員、全国各地から「揪みだしてきて」フフホト市南郊の大台村にある農業学校内に監禁した。その中にはウラーンフーの娘で、中国人民大学で学んでいたウラーンチチクと、フフホト市第一四中学の学生だったウラーントヤー、息子で、北京第一〇一中学の学生だったスニト、リーシャークの夫人楊珍雲、ウラーンフーの孫のチンガーと石林、石小紅、塞小燕などが含まれていた。家族はウラーンフーに関する「罪」と師範学院の一部の造反派との「特殊な関係」について自白するよう命じられていた。造反派内部の派閥闘争にも、ウラーンフーの家族は利用されていたのである〔高樹華　程鉄軍2007〕。

ウラーンフーの家族の利用価値に気づいた造反派は、「右傾化こそ目下の最も危険なことだ」、と四月一七日の『呼三司』第八五期で指摘し、滕元の師範学院も文革前に「ウラーンフーが民族分裂活動を進める大本営だった」と批判する〔楊 2017a〕。この師範学院にはウラーンフーの「三太子リーシャーク」がいて、彼こそが「民族分裂主義」の推進者だったという。リーシャークはソ連でレアアースの精錬に関する研究をし、帰国後は一九六二年から師範学院に勤め、その専門とは無関係の外国語学部の講師となった。彼は一九六三年から「反漢排漢の運動」を推進し、「帝国主義と修正主義に呼応して反華活動を繰り広げた」という。リーシャークは次のように話していた。

今、内外モンゴルの合併について討論することは意義がない。外モンゴルは修正主義だからだ。しかし、理論の面からは探求していい。経済と政治のレベルで高次元に達したら、合併していい。

リーシャークはまた「少数民族の幹部と漢族の幹部の紛争に対し、漢族が主な責任を負わなければならない」と主張していた。文革が始まると、リーシャークはまた兄弟のウービン（武斌）と雲占祥らと共に「反革命活動を展開し、ウラーンフーの名誉回復を狙っていた」という。リーシャークの夫人は楊珍雲で、習仲勲の義理の娘だった。この時期、習仲勲が失脚していたので、楊珍雲も「臭い女房だ」と罵倒されている。このように批判されるリーシャークだが、実は彼は造反派の指導者高樹華と親しかった。一九六六年夏にリーシャークが師範学院の紅衛兵に批判闘争されていた時に密かに励まし、そして最後には上海へ脱走させたのも、高樹華だった〔高樹華程鉄軍　2007]。

「ウラーンフー家族と特殊な関係にある」、と造反派の一部がそのように疑われると、以前にもまして「強い革命の意思」を表明しなければならなくなった。そのため、『呼三司』は「動員令」を公布し、「ウラーンフーの黒いラインに属す者を抉りだして粛清し、その毒害を一掃する人民の戦争をさらに進め、反革命勢力に総攻撃を発動せよ」と呼びかけた[楊　2017a]。中国人は、造反派でもモンゴル人と複雑な関係を構築してきた。モンゴル人との関係が別の派閥から疑われると、余計に暴力を推進して革命への忠誠を示さなければ自身も打倒される危険性があった時期である。中国人同士の政争の中でも、犠牲にされるのは、モンゴル人である。

党中央への報告と殖民地

「ウラーンフー反党叛国集団」だけでなく、内モンゴル人民革命党員をも粛清しようとの目標を定めた滕海清将軍は一九六八年四月上旬から自治区南部の集寧市に駐屯する騎兵第五師団の武装解除に着手した。同師団は騎兵で、モンゴル人からなっていた。滕海清はまず軍区政治部副主任のボインジャブを逮捕して暴力を加え、「内モンゴル人民革命党員の主要なメンバー」のリストを作成した[図們　祝東力　1995; 高樹華　程鉄軍　2007]。四月二六日、自治区革命委員会は「内モンゴル人民革命党の叛国案件に関する報告」をまとめて、党中央と毛沢東、林彪らに提出した。同報告には七十数名ものモンゴル人高官が名を連ね、彼らは一九六三年に秘密集会を開き、「内外モンゴルの統一を求める宣言」を作った、と断罪された[図們　祝東力　1995; 楊　2010a]。まもなく、一九六八年四月に五万人もの「敵」が「抉りだされた」し、一〇月になると、さらに十数万以上に達した。それでも、滕海清将軍はまだ「右傾化」になっているのではないかと認識していた〔高樹華　程鉄軍　2007〕。モンゴル民族そのものが党中央から敵視されていたので、十数万人もの「敵」が粛清されても、まだ「右傾化」していると見るのも不思議ではない。

内モンゴル人民革命党の党員たちの受難が始まった四月二七日、『呼三司』第八八期は再びトゥメト旗「聯社」に攻撃をしかけた〔楊　2017a〕。去る一九六七年一月三一日に「モンゴル人はビラを配布し、立ち上がって漢人を殺そうとしている」ことを問題視している。「聯社」の若いメンバーは大半がトゥメト中学（第一五中学）の学生だったので、同中学には「ウラーンフーの黒い地下司令部がある」と断罪している。

既述のように、「聯社」は「野牛について」というビラを配っていた。『呼三司』第八九期は五月一日に「ウラーンフーの名誉回復を狙った大毒草——反動的なビラ〈野牛について〉を評す」との批判文を載せた〔楊　2017a〕。「聯社」は無産階級の権力者を「奴隷主」に、中国人を「奴隷」に、そして「毛主席に忠実なモンゴル人を家畜牛にそれぞれ譬えた」点が最も「反動的」だと断じている。「聯社」は中国に屈服しないモンゴル人を「野牛」だと表現し、武装蜂起を呼びかけていた。では、「年老いた家畜牛」、つまり中国人との共生を選び、中国領内での自治を選んだウラーンフーの世代の老齢なモンゴル人はまたどのような歴史観を有していたのだろうか。『呼三司』は、ウラーンフーらがかつて内モンゴルを中国の殖民地だと認識していたことを取りあげて批判する。批判文はいう。

ウラーンフーは内モンゴル社会の性質と社会の基本的な矛盾を改竄した。彼によると、歴史的にはずっと大漢族主義がモンゴルを侵略し、モンゴルに侵入していたので、モンゴル民族は抑圧されてきたし、民族間の矛盾こそが主要な問題であるという。現代のモンゴル社会も所詮は大漢族主義に原料を提供する殖民地に過ぎない、という。

ウラーンフーは、嘘つきだ。彼は意図的に国内の歴史上の民族問題を国家間の侵略の問題にすり替えている。わが国の歴代の中央政府が少数民族に対して実施した反動的な大漢族主義的政策を帝国主義の殖民地問題に置き換えている。ウラーンフーが主張する「民族間の紛争こそ主要な矛盾だ」との謬論は内モンゴル人民革命党がいうところの「殖民地解放」と同じである。わが国から分裂し、独立して「主要な矛盾を解決し、殖民地を解放する」という目的である。

上の文は「内モンゴル大学井崗山」に属す人物が書いた批判文だが、正鵠を射た内容である。中国人も「わが国の歴代の中央政府は反動的な大漢族主義的政策」を少数民族に対して実施したと認めている。ただ、それは帝国主義の殖民地ではなく、国内問題だと詭弁している。一方、ウラーンフーは「国家同士の問題」すなわち殖民地と宗主国の関係だと理解していた。モンゴルは中国の殖民地だとの見方はウラーンフーだけでなく、モンゴル高原の政治家と知識人の共通した見解であった。彼らはこうした思想から民族革命を発動し、一部は独立に成功してモンゴル人民共和国になったのである［楊 2013c,2016b］。社会主義と共産党を礼賛してきた日本の現代中国研究者は専ら西洋列強と大日本帝国主義のみが殖民地支配を他者に強制しただけで、中国が他の少数民族に対して殖民地統治を敷いた事実を認めようとしない。このよう見方を持つ人々は少なくとも、モンゴル人の政治家の観点に直面しなければならないだろう。

3　異端への転落

草原へ飛ばされる「紅い鷹」

造反派がモンゴル人を批判していた間の四月一日から一四日にかけて、自治区の革命委員会は密かに「青少年を農山村に派遣する工作会議」を開いていた。『呼三司』第九〇期は五月になって「中華の子女に奇志あり」、という毛沢東の漢詩を題目とした文を掲載した。文は首都北京からシリーンゴル盟西ウジムチン旗バインボラク人民公社に下放された青年たちの活動を描いている。おりしも五月四日になったので、「下放運動」をかつての「五四運動」と結びつけている。造反派の役割を終えた青少年は少しずつ農山村や草原へと放逐されつつあったのである［楊2017a］。

毛沢東は早くも一九六六年五月七日に、「人民解放軍は一つの大学校で、学生たちも学業を中心としながら他のものも学ばなければならない」との指示を出していた。この指示はその公開した日にちに因んで「五・七指示」とも呼ばれた。『呼三司』第九一期は五月八日に「五・七指示」を巻頭に飾り、「紅衛兵は牧畜業を支援する」との態度を表明した。牧畜地域に入って調査研究しようとしながらも、ウラーンフーに対する批判を緩めていない。「ウラーンフーの反党叛国集団の成員を粛清する運動は抵抗に遭っている。抵抗勢力は革命の隊列内の右傾分子だ」、と内部への引き締めをも強化している［楊　2017a］。

「飛べ！　草原の紅い雄鷹」、と『呼三司』第九三期は自陣からシリーンゴル盟へ下放された五十数名の青少年を謳歌した［楊　2017a］。「シリーンゴル盟は祖国の北部辺境」に位置しているので、一年後、下放青年はさらに増強され、先住民のモンゴル人は「反革命分子」とされて内地への強制移住を実施された［楊　2014b;2018d］。造反派は中国政府が発動した文革の急先鋒を演じてモンゴル人に迫害を加えているが、毛沢東に捨てられる運命も見えてきた。ここに、彼らの悲劇性がある。

造反派内のモンゴル人排除

フフホト市に残っていた造反派はモンゴル人を虐待し続けていた。内モンゴル医学院中医院の「九・一二五縦隊」は衛生庁の副庁長だった「民族分裂主義者のイダガスレン」らを闘争したし（前掲写真22）、フフホト市第一中学はト辰という人物を「日本のスパイ」として「揪みだした」。モンゴル人に暴力を働くだけでなく、文藝界から生まれた数々の文藝作品に対する攻撃も再開された。五月一三日、呼三司系統に属す紅衛兵の第二陣もまた「牧畜を支援する青少年団」として送りだされた。メンバーらは配られた毛バッジを胸に付け、『毛沢東選集』四巻を手に、「燎原烈火」との旗を掲げて出発した、と『呼三司』第九四期は五月一八日に報道している［楊　2017a］。

文革の発動を伝えた「五・一六通知」が発表されて二周年を記念するため、十数万人もの革命的群衆と人民解放軍が五月一六日にフフホト市内で大規模な集会を開いた、と五月二二日付の『呼三司』第九五期は伝えている。『呼三司』は同時にフフホト市工人代表大会と農民代表大会、それに呼三司らの提案書を掲載し、「ウラーンフーの黒いラインに属す者を抉りだして粛清し、その毒害を一掃する決戦の勝利を勝ち取ろう」と気勢をあげている。また、内モンゴル自治区ラジオ放送局は「聯社」が主張する「文革は漢人がモンゴル人を粛清する運動だ」との「反動的な言論」に反論し、フフホト市第一四中学は「聯社のボス呉国棟」を批判する［楊　2017a］。呉国棟が同中学の卒業生だったからである。

締め付けを強化しようとして、呼三司は五月一七日にその内部の「革命造反縦隊」（略して革縦）を除名した。「革命造反縦隊」は主としてフフホト市第一五中学の生徒からなる。同中学は民族学校すなわちモンゴル人の子弟からなる学校だったので、次第に文革運動の潮流から離脱した。モンゴル人が虐殺されていくのを見て、生徒たちは「聯社」に加わるようになった。そして、「ウラーンフーが打倒され、モンゴル人も終わりだ」、「トゥメト・モンゴル人はずっと抑圧されてきた」と話し合っていた。『呼三司』第九六期は五月二五日に「第一五中学のモンゴル人たちは民族問題を利用して階級闘争の推進を阻害しようとしている」と批判する［楊　2017a］。また、内モンゴル自治区党委員会の「敢向前戦闘隊」はスレンというモンゴル人の「罪状」を分析し、同時に李振華とキョールゲン（克力更）、トブシンとエルデニらの「決死隊員」を攻撃している。同紙はまた次のような社説を掲げてモンゴル人を非難した。

ウラーンフーの反党叛国集団は裏切り者とスパイ、「日本刀を吊るした奴」らからなり、日本帝国主義のために中国人民を殺害する下手人だった。彼らの中にはまた国民党の残滓もおり、ウラーンフー自身も国民党党員だ。……ウラーンフーの徒党たちは今、ブルジョアの民族主義の旗を立てて、「モンゴル人はみな同じ家族だ」とか、「文革はモンゴル人を粛清するための運動だ」とかの流言飛語を広げている。……

端的にモンゴルのエリート層を「日本帝国主義のために中国人民を殺害する下手人だった」と批判すれば、中国人のモンゴル人への憎しみも容易に増幅される。呼三司はこのような煽動を通してジェノサイドの拡大を促進していったのである。

フランスの労働者がストライキを起こしたとのニュースがフフホト市に伝わると、呼三司系統の各派は五月二二日に「覚醒するヨーロッパとアメリカ人民を声援する集会」を開いた［楊 **2017a**］。国際社会に関心を寄せながらも、膝元でモンゴル人の「聯社」が文革運動の本質について見抜いていたことに危機感を抱いている。そのため、師範学院附属中学の「ウラーンフーを揪みだす連絡センター」は「勝利に乗じてトカゲを捕まえよう」との文を披露し、造反派内に「潜り込もう」とするモンゴル人を「変幻自在に保護色を変えるトカゲ（変色龍）」に譬えた。「彼らは美女に化けている可能性があり、警戒せよ」と警鐘を鳴らしている。締め付けは効果をあげ、「革命造反縦隊」を除名した後の第一五中学には新たに「東方紅兵団」と「新革命造反縦隊」が誕生した。

動揺への締め付け

自治区の指導者滕海清将軍が進めるモンゴル人大虐殺運動に対し、疑問を呈した人々がいた。集寧市を政府所在地とするウラーンチャブ盟の『ウラーンチャブ日報』である。同紙は早くも三月二六日に滕海清主導の粛清方針に異を唱えた。問題を重視した滕海清は五月二五日に直々に集寧市に乗り込んで、「動揺する地元の幹部たち」を名指しして批判してから、「銃剣に血を浴びせよう」と強硬な命令を出した［楊 2009a］。

滕海清はまた「フフホト市の呼三司も動揺している」と造反派に対する不満を口にしたので、呼三司は以前よりも積極的にモンゴル人粛清運動に加担するようになる。そのため、六月一日付の『呼三司』第九八期は「本紙評論員」の文を一面に掲載し、再びモンゴル人の「聯社」を攻撃した［楊 2017a］。

「聯社」の中の一人握りのウラーンフーの決死隊員どもは滅亡した！「聯社」の中の一握りの悪人どもは甘い言葉でもってモンゴル族群衆を騙している。彼らは「我々はモンゴル人のことを考えている」、「民族のために最後まで闘争しよう」、「我々モンゴル人は同じファミリーだ」、などと話して、「民族」を餌にモンゴル民族を誘惑しようとしている。お前らは「モンゴル人のことを考えている」のか。違う！　お前らはモンゴルの搾取階級のことだけを考えている。

既に述べたように、「聯社」は前門飯店華北局会議に正当性がないと主張していた。前門飯店会議は「劉少奇と鄧小平らブルジョアの反動的な路線の下で開かれた」ので、今、その劉少奇と鄧小平も毛沢東によって追放された以上は、ウラーンフーに冠された「罪」は成立しなくなった、との見解である。呼三司は「聯社」の主張に論理的に反撃できる根拠が乏しいので、感情的に断罪するしかない。ここに造反派の限界が認められよう。

4　造反派の二面性

造反派が動揺する理由

呼三司はモンゴル人の「聯社」を批判するが、滕海清《トンハイチン》将軍の政治手法にも付いていけなくなりつつあった。このような造反派の一部に対し、滕海清将軍も「動揺している」と警告していたことは、既に述べた。六月五日付の『呼三司』第九九期は一面に「本紙編集部」による長大な論文「政策と策略は党の生命である」を掲載し、正面から革命委員会のボス滕海清が進めるモンゴル人粛清運動に異議を唱えた［楊　2017a］。この論文は、「ウラーンフーの黒いラインに属す者を抉りだして粛清し、その毒害を一掃する運動」を引き続き推進しなければならないが、「過ちを犯してしまった者と真の民族分裂主義者とを区別しなければならない」、と主張している。

> 酷い過ちを犯してしまった者とは、民族分裂的言動はあるものの、民族分裂主義分子ではない人を指す。他人に利用されてウラーンフーの名誉を回復させようと活動したものの、叛徒やスパイではない者を指す。

「過ちを犯してしまった者」でも、その「過ちを認めれば団結の対象となる」と寛大な態度を『呼三司』は示す。呼三司と逆に、滕海清将軍とその部下たちは「モンゴル人を一〇〇パーセント内モンゴル人民革命党員として断じてもいい」との厳しい政策を取って、モンゴル人全体を敵視していた［楊　2014b］。呼三司は自らの主張は毛主席がいうところの「教育面を拡大し、打撃面を縮小する」政策に合致すると標榜していた。

　呼三司は何故、動揺してきたのだろうか。文革研究家の啓之は次のように分析する。まず、造反派の多くは中華人民共和国建国後に政治的に抑圧されてきた人々だ。彼らは「出身階級が悪い」か、本人の行動が共産党の規範に合致しないかで党と政府によって長らく差別されてきた。文革が勃発し、彼らは造反して立ち上がっても、党と政府が作りあげた制度と思想の枠組みを根本的に打破することはできなかった。文革の深化に伴い、初期の保守派も造反と称するようになると、本来の造反派の立場も一層微妙になってきた。

次に、若い造反派はアナーキズムと平等主義を信奉し、パリ・コミューンに憧れていた。毛沢東ら共産党の指導部には造反派と共通する思想は毛頭なく、あくまでも政敵を打倒するのに青少年を利用しただけであった。いざ、政敵が一掃されると、毛も秩序の回復を優先するようになり、造反派も無用となってくる［啓之 2010］。こうした中国全体の情勢の下で、造反派は深刻な内部分裂と動揺に直面するようになってきたのである。

呼三司の弱点

六月八日、『呼三司』は『人民日報』を手にした毛沢東の肖像画を巻頭に載せて、第一〇〇期を飾った。そして、「ウラーンフーはブルジョア反動路線の被害者か、それとも中国のフルシチョフの代理人か」との論文を公開し、モンゴル人指導者の名誉回復を求める運動にくぎをさした。この時期、モンゴル人からなる「聯社」の抗争も激しくなっていたからだ。ウラーンフーら西部出身者が追放されたのは、「自治区の書記高錦明と権星垣らが延安派を迫害していることだ」とし、「モンゴル人は大漢族主義の被害者でもある」と正面から主張する。「前門飯店華北局会議はブルジョアの反動路線を歩む劉少奇と鄧小平が主催したものである。その二人が失脚した以上、ウラーンフーを粛清した正当な理由ももはや成立しない」、と異議を唱えていた［楊 2017a］。正論だが、党中央と政府から納得できる説明がない以上、『呼三司』が代弁するしかなかった。呼三司は党の政策を口にしているが、彼らのほとんどが党員ではないので、その語り口も説得力はない。

呼三司が敵視する「聯社」の「ボス」の雲成貴は判子《はんこ》と旗、それに腕章を持って逃亡した、と『呼三司』第一〇一期は六月二一日に伝えている。雲成貴は「真理戦闘隊」を組織して、中国人がモンゴル人を襲撃している現象は歴史上の「夜に乗じて元朝を滅ぼした」事件と重なる、と話していたそうだ。元朝末期に、中国人が夜に蜂起してモンゴル人を殺害した故事を語って「民族間の団結を破壊した」という［楊　2017a］。呼三司は人民解放軍第一三四部隊と共に「聯社の巣窟」である第一五中学で「学習班」を設置して思想教育を強化し、「敵を全滅した」という。一二〇〇人の生徒がいた第一五中学であるが、「聯社の煽動」を受けて二〇〇人しか学校に来なかったが、呼三司と人民解放軍の「作戦が奏効」し、雲成貴らに「騙された」者も「覚醒」したという。

呼三司は動揺していても、滕海清に追随してモンゴル人粛清に熱心な勢力は主流を成していたし、政府に忠誠を尽くす他に生き残る道はなかった。六月一五日、戦猶酣というペンネームは再び登場し、『呼三司』第一〇二期に有名な文を残した［楊　2017a］。文はいう。

最も人々を興奮させているのは、ウラーンフー反党叛国集団の裏のグループ（暗班子）を抉りだしたことだ。文革運動がウラーンフーの表のグループ（明班子）だけを解決し、裏のグループを抉らなかったら、反党叛国集団の勢力はまだ残ってしまう。そうなると、内モンゴルでも資本主義は復活するだろう。

上の文章が重要な役割を果たすのは、約一カ月後のことである。来る七月一二日に、自治区革命委員会第三回全体会議の席上で、滕海清将軍の口から正式に「ウラーンフーには表裏二つのグループがあり、彼らは表面的には共産党だが、裏では内モンゴル人民革命党だ」と断罪する［楊 2009a］。滕海清の文章はその秘書らが代筆していたので、呼三司の戦闘的な批判文が参考にされた可能性が高い。あるいは、戦猶酣も滕海清の指示で『呼三司』を利用したかもしれない。滕海清は「表裏二つのグループのメンバーを抉りだして粛清する」ために内モンゴル人民革命党員たちを殺害していったので、『呼三司』が果たした役割は無視できない。

造反派の窮境

六月一二日、自治区革命委員会の指導者の一人、権星垣はフフホト市内の各中学の卒業生たちを前にして、農山村に行くよう動員する講話を行った［楊 2017a:702］。権星垣によると、全自治区九二の旗と県において、革命委員会を設置していないのは、ジェリム盟ホルチン左翼中旗だけだという。どこに行っても、革命委員会は学生を温かく迎え入れるだろう、と下放政策について説明している。造反派が農山村に下放されたことにより、都市部では紅衛兵の主導する暴力が減る方向に転じるが、逆に下放されたところで「新しい革命が勃発」することになる。

自治区各地に革命委員会が設置されたが、その中には「動揺している幹部たちがいる」、と『呼三司』は六月二二日付の第一〇四期で批判し、市の党委員会内部にも「抵抗勢力が存在する」と二六日付の第一〇五期は攻勢を強める。「ウラーンフーの黒いラインに属す者たちを抉りだして粛清し、その毒害を一掃する運動」でモンゴル人の「社会的基盤」も破壊されたが、まだ不十分だとの内容である。空虚な攻撃的な文だが、新しい事実は示されていないので、造反派が困難な状況に直面していることが現れている。打倒されていない党の幹部たちはあの手この手で「宣伝隊」や「調査組」を各地と各機関に派遣して造反派と衝突している、と二九日の『呼三司』第一〇六期は危機感を抱いている［楊 2017a］。

打倒できる敵が目の前にいないと、呼三司は「歴史」に注目した。具体的にはウラーンフーが実施した「歴史を認め、現実を優先する政策」である。ウラーンフーが主張する「歴史」とは、内モンゴルの土地は歴史的にモンゴル民族が共同で所有してきた事実を指す。中国人は近代に入ってから長城以南から侵入し、移住してきたに過ぎないので、モンゴル人の歴史を認めなければならない。ただ、現実的に中国人も住みついた以上は、モンゴル人と共生するしかないし、モンゴル人も外来の中国人に自身の土地を譲る以外に方法はない。モンゴル人の土地を入植者に譲渡する際には「先住民に多目に、他所からの中国人には少な目に」という「歴史に即して、現実を優先する」政策が導入された。ウラーンフーはこの政策でもって先住民のモンゴル人の怒りを抑え込んだが、それでも中国人は不満だった。中国人は外来の侵略者であっても、モンゴル人と同等な土地を入手したいし、先住民以上の権限を獲得して逆にモンゴル人を支配しようと計画していたので、呼三司もウラーンフーの政策を「民族分裂主義的にして反漢排漢だ」と批判する。歴史を掘り起こせば、問題は発見できるので、呼三司は過去の発掘にこだわったのである。

第7章
消滅される造反派

教育レベルが低かった中国において、紅衛兵からなる造反派は「知識青年」だ。そのような知識階級に対し、毛沢東は無学の工人の指導を受け入れるよう指示した［楊　2018d］。

1　信用されなかった造反派とモンゴル人

階級の隊列の純潔化

首都北京では毛沢東ら党中央の警護にあたる八三四一部隊は一九六八年初めに新華印刷工廠で「階級の隊列の純潔化運動」を開始し、「大衆の中に隠れていた反革命分子らを摘発した」。五月二八日、党中央は新華印刷工廠の経験を広げて全国規模で「階級の隊列を清理する運動」の実施を発表した［陳東林ほか　1997］。呼三司はこの「階級の隊列を清理する運動」を直ちに民族問題と結びつけた。内モンゴル自治区の場合だと、「階級の隊列内の不純分子はウラーンフーの黒いラインに属す者だ」と断じ、彼らは「民族という隠れ蓑」を利用して分裂活動を行ってきたと批判する。『呼三司』第一〇七期に見られる批判は［楊　2017a］、内モンゴル自治区における「敵と不純分子」はモンゴル人からなることを意味している。

「階級の隊列を清理する運動」には実際の行動が伴われる。呼三司系統の造反派は六月二九日の深夜にフフホト市内で「出動」し、旅館などを捜査した結果、「大勢の裏切り者やスパイども」を見つけて逮捕し、「アメリカやソ連、それにモンゴル修正主義国家に打撃を与えた」と七月六日付の『呼三司』第一〇八期は報道する［楊　2017a］。呼三司はまた第二期「毛沢東思想学習班」を組織して所轄する各派に意志と行動の統一を図り、「派閥主義を排し、一致団結してウラーンフーの反党叛国主義集団に対する攻撃を緩めてはいけない」と攻勢を強めた。呼三司は終始、民族問題に固執し、モンゴル人を敵視しているのが特徴的である。

それでも呼三司は滕海清将軍の革命委員会から信用されなかった。内部の動揺も激しくなっていたので、「偉大な領袖毛沢東」の古い「最高指示」にすがるしかなかった。七月一〇日の『呼三司』第一〇九期は「革命委員会が素晴らしいのは〈革命〉の二字があるからだ」と権力機関に媚びを売る社説を掲げた［楊　2017a］。革命委員会は一九六七年一月の上海における奪権運動以降に現れた従来の政府組織に取って代わった権力機関であり、毛も「革命委員会は素晴らしい」と絶賛したことがあった。そのため、『呼三司』も社説では革命委員会を自身の「彼女」だと擬人化して表現して以下のように「愛」を誓った（傍線は筆者）。

革命委員会は素晴らしい。彼女の構成員はみな普通の労働者であって、人民群衆の頭の上に乗っかる役人や殿様ではないからだ。

革命委員会は素晴らしい。彼女は毛主席の無産階級革命路線を執行し、迅速に、適確に、全面的に毛主席を指導者とし、林彪副主席を副とする無産階級の司令部の戦闘任務と政策を宣伝し、実行しているからだ。

片思いを寄せる「彼女」を賛美してから、内モンゴル大学ではまだ「階級闘争の蓋が開けられていない」と具体的な闘争の標的を定めた。内モンゴル大学はウラーンフーが学長を兼任していたので、「民族分裂主義者どもが反動的な学術の権威として隠れている」、と指摘し、モンゴル人教授陣を攻撃した。呼三司の攻撃には内モンゴル大学に駐屯する人民解放軍の兵士たちも賛同した。「歴史の車輪は前へと向けて動き、あらゆる反動的な勢力が轢かれていくだろう」と暴力の嵐を正当化した。

密室の策略

呼三司が革命委員会に忠誠を尽くして信任を得ようと努力していた頃、滕海清将軍は七月五日から自治区革命委員会第三回全体会議を開催していた。会議の主な議題は内モンゴル人民革命党員の粛清である。「ウラーンフーの黒いラインに属す者を抉りだして粛清し、その毒害を一掃するキャンペーン」はほぼ「勝利」したことで、さらに多くのモンゴル人を一網打尽にする必要が迫られていたからである。滕海清は一二日に「ウラーンフーには表裏二つのグループがある」と判断し、「内モンゴル人民革命党の反革命的活動に対する摘発」を呼びかけた［楊 2009a］。既述のように、「表裏二つのグループ」との表現は呼三司が最初に用いていたので［楊 2017a］、滕海清将軍も造反派から学んだのだろう。七月一六日、革命委員会委員の李徳臣は政府を代表して内モンゴル人民革命党と内モンゴル人民革命青年団の性質に関する公的な見解を披露し、二〇日には「内モンゴル自治区革命委員会文件・内蒙革発（68）351号」が配布され、同党党員に対する粛清が正式にスタートする［楊 2010a］。

中国政府は公式見解で一九二五年から一九三六年までの内モンゴル人民革命党は「ブルジョアジー民主革命の一部の力量だが、狭隘な民族主義の毒素を散布した」と断じた。一九四五年以降の同党は「内外モンゴルの統一合併という反動的なスローガンを掲げていた」し、党員らも「蒙奸か日本のスパイが中心だ」と解釈した。一九四七年以降は「モンゴル修正主義国家と結託して祖国を分裂させる活動」をし、解散を命じられていても地下に潜伏し、一九六三年には党大会を秘密裡に開いて、「一連の反革命事件」を起こしたと判断した［楊 2010a］。

造反派の焦慮

自治区政府中枢の謀略を知らない造反派は、七月一六日に農山村へと下放していく同志たちを歓送する大会をフフホト市内で開き（写真25）、四十数台のトラックに分乗した一〇〇〇人の青少年たちを見送った［楊 2017a］。造反派は「一部の同志たちは革命委員会のメンバーになり、

·4·　呼三司　1968年7月3日

到祖国最需要的地方去

记呼三司支牧红卫兵

从北京到边疆，响着一个声音：“门合同志是我们光辉的榜样。”呼三司首批支牧红卫兵看到门合同志的英雄事迹后，立即和牧民一起开座谈会，决心学习门合同志，永远忠于毛主席的革命路线。

图为支牧红卫兵和雅拉玛拉沁一家老小九口人向毛主席请示、汇报，开展“三忠于”活动。

毛主席的书我们最爱读，字字句句记心头。图为牧民和红卫兵一起学习毛主席著作，提高阶级斗争、路线斗争觉悟。

坚决按照毛主席「五・七」指示办事。到锡盟西乌旗额仁高毕牧场安家落户的呼三司小将，在广阔的草原上耕耘，播下了第一批种子。

“民族斗爭，說到底，是一个阶級斗爭問題。”彻底批判乌兰夫民族分裂的谬论，坚决铲除乌兰夫复辟资本主义的社会基础。小将们和牧民一起把吃人的牧主揪出来，斗，斗，斗，对这帮牛鬼蛇神就是要打翻在地再踏上一只脚，镇压，镇压，永远镇压。

（本版均为本报記者攝）

写真25　下放された呼三司の紅衛兵を歓迎するモンゴル人（『呼三司』1968年7月3日）。

昇進してからは本来の闘志を無くしている」と批判し、「革命委員会の権威も人民から与えられたものだ」と唱える。革命委員会の成員が人民に奉仕しなければ、打倒されたブルジョアジーと同様にいつかは人民に倒されるだろう、と論陣を張る。自治区革命委員会の指導者たちが密室で内モンゴル人民革命党の粛清についての策略を練っていたのに対し、造反派の批判には焦慮が感じられると同時に、空虚感も漂っている。

造反派は追放されているが、それでも『呼三司』は「ウラーンフーの黒いラインに属す者を抉りだして粛清し、その毒害を一掃する偉大な運動を最後まで推進しよう」との闘争方針を放棄しなかった。これは、農山村に赴く下放青年への激励の言葉でもある。下放青年は都会での「革命の火種」を持って各地で「行動を起こしていった」のである。

青少年の下放は毛沢東の指示で始まった運動だ。造反派も反対できないが、組織の弱体につながるとの危機感は共有されていた。一度は打倒されながらも再び権力の座に返り咲いた幹部たちも当然、文革初期の保守派を側近として抜擢するので、造反派は次第に周縁化されつつあった。そのため、『呼三司』第一一三期は七月二四日の社説で自らの苦しい立場の解決を求めた［楊2017a］。

一部の指導者の幹部は、ブルジョアの立場に立って、造反派の過ちを利用して、造反派を全面的に否定しようとする。また、別の同志は機会主義と実用主義の態度で群衆と造反派に接している。過去に自分を守った者を重用し、自分に反対した者を排除する。自分に従う者を重用し、自分を批判した者を排除している。

造反派は指導者幹部からの弾圧に有効な対策が取れていない。造反派は滕海清将軍の革命委員会が既に内モンゴル人民革命党員の粛清を決定したことすら知らないので、独自の方法で攻撃の目標を探さなければならない。そこで、『呼三司』はウラーンフーが創刊した自治区党委員会の宣伝誌『実践』をターゲットにした。一九五八年七月一日に創刊された『実践』はウラーンフーの民族理論を宣伝していた。近代において、中国人の草原開墾に抵抗したオルドス高原のウルジージャラガル（シニ・ラマ）は「反動的な内モンゴル人民革命党の中堅だった」と批判する。また、同誌に内モンゴル大学の牙含章や畜牧庁の庁長ドグルジャブらが寄稿していたのも「民族分裂主義の思想を宣伝するためだ」とし、『実践』は「反漢と叛国の思想的陣地」だと断罪する。呼三司は、政府が正式に内モンゴル人民革命党員の粛清を決定した事実をまだ知らないものの、彼らの同党に対する独自の批判は結果的に政府の政策を側面から支援したことになる。

2　毛沢東の「ブラック・ハンド」

紅衛兵新聞の愛読者

政府からの情報が入ってこない内モンゴルの造反派と対照的に、「偉大な領袖毛主席」は全国の紅衛兵新聞に目を通し、余裕をもって対策を練っていた。

北京大学の造反派指導者聶元梓の回想によると、毛は一九六八年七月二八日の深夜三時三〇分に首都北京の清華大学と北京大学などの各派紅衛兵の指導者の聶元梓と蒯大富、譚厚蘭と韓愛晶、それに王大賓らを身辺に呼びつけた。毛はこの時、「あなたたちは工人と農民、解放軍の戦士と学生の大多数から離脱した」、「これからは軍事管理を実施する」と伝えた。そして、「あなたたちの紅衛兵新聞は全部見ている」と談笑し、大学間や大学生と労働者、農民との武闘の状況についても熟知している、と語った。紅衛兵の指導者たちが呼ばれる前日に「首都工農毛沢東思想宣伝隊」が突然に清華大学に闖入し、大学生からなる「井崗山」と衝突し、双方に数十人の死傷者が出たことも毛は知っていた。

学生たちは敵対する「勢力」の後ろに「ブラック・ハンド」(黒手)があると説明し、党中央の高層に武闘を唆す者がいると述べた。毛は、「ブラック・ハンドはわしや」とユーモラスに自認した。毛はまた暴力を奨励したのも自分で、その根源は一九二〇年代に書いた「湖南農民運動考察報告」にあると話して、一同を笑わせた。具体的には「悪人」とされる者に紙で作った帽子をかぶせ、両手を後ろへまっすぐに伸ばした姿勢で長時間立たせる「ジェット機式」のリンチ方法も毛が発明したと認めている。暴力は全国に広がっているが、「紅衛兵のあなたたちが過ちを犯す番が回ってきた」と毛は軍事管理の導入を説いた。「紅衛兵運動は終わり、工人がすべてをリードする」時代の到来を毛は自ら宣言した〔聶元梓 2005〕。毛がこの時に出した、紅衛兵の運命を決定するスピーチをその日にちに因んで、「七・二八最新指示」と呼ぶ。

反応の遅い『呼三司』は八月三日になってようやく、その第一一六期の一面に「毛主席の七・二八最新指示」を掲載した〔楊 2017a〕。『呼三司』の不熱心ぶりは自身の前途多難を憂いていたためであろう。党中央の決定に全国の造反派は無力で、内モンゴル自治区の呼三司も「毛主席の決定」を称賛する以外に方法はなかった。

造反派の遅い反応

自治区政府が推進する内モンゴル人民革命党員を粛清する運動は既に七月二〇日に正式に公文書として採択されたにもかかわらず、造反派は鈍感だった。造反派が個々に権力者に抵抗しても意味がないので、合併するしか道がなかった。そうした中、対立してきた農牧学院の造反派の「砸聯站」と「横聯站」が連携し合うようになったことを『呼三司』第一一七期は八月七日の主要な記事として扱っている。青少年の闘争の出口は下放先の農山村しかないので、「最も困難な地域に行こう」と鼓舞する文も掲載された。八月一〇日、「ウラーンフーの黒いラインに属す者を抉りだして粛清し、その毒害を一掃するという偉大な挖粛《ワース》運動こそが、下放運動を促進している」との社説を『呼三司』第一一八期は掲載した〔楊 2017a〕。

八月一四日になって、『呼三司』第一一九期はようやく「内人党と内人団問題に関する読者からの質問に答える」形式で、「民族分裂主義政党の内モンゴル人民革命党」に関する文を第三面に載せた〔楊 2017a〕。

呼三司も自治区革命委員会が定めた公文書に沿って、内モンゴル人民革命党を三つの時期に分けている。特に一九四五年八月一八日に復活した同党が、ハーフンガとボインマンダフ、テムールバガナらを中心に「民族解放の旗」を掲げて「内外モンゴルの統一合併を推進した」歴史を問題視している。内モンゴル人民革命党は一九四七年五月一日に内モンゴル自治政府が成立したのに合わせて解散を表明したものの、実際は「ウラーンフーの保護下で、ハーフンガらは地下に潜伏して活動を続けた」と断じている。同党には「様々な変種組織」があり、どれも「民族分裂主義的活動」を進めてきたとも批判する。同党のメンバーらが「地下に潜伏した」とか、「様々な変種組織がある」とかと判断されると、より多くのモンゴル人が攻撃の対象とされるし、運動自体もさらに「縦にも横にも深く、広く抉らなければならなくなる」。呼三司は政府の運動に忠実な態度を示している。

大学に進駐する工人

八月一八日は、毛沢東が天安門の城楼で紅衛兵を接見した二周年にあたる記念日だ。紅衛兵は無用となったが、それでも呼三司系統の紅衛兵たちは十数万人を動員してフフホト市内の新華広場で集会を開いた。工人代表と農民代表、それに人民解放軍の代表がスピーチを披露し、「毛主席の指示に従って農山村に赴く革命的行動を起こす青少年」を鼓舞した［楊 2017a］。

下放された後の大学と中学には「工農兵毛沢東思想宣伝隊」が進駐し、「偉大な領袖毛沢東」の思惑通りに進んでいる。『呼三司』も八月二五日の第一二二期で社説を掲げて「工農兵」の進駐を歓迎するしかなかった［楊 2017a］。

青少年を都市部の学校から追放して、代わりに労働者を進駐させるとの政策は一九六八年の『紅旗』誌第二期に掲載された姚文元の「労働者階級がすべてを指導しなければならない」との文章から始まる。知識分子が独裁的に支配してきた学校の天下を打破し、無産階級の文化大革命を実現させるためには労働者階級が指導し、解放軍兵士と教職員の中の真のプロレタリアートとの三結合を実行しなければならないとの決定だ。この政策が導入されると、都市部では労働者が、農山村では貧農と貧下中農が学校に入り、指導者のポストを独占した。この政策は一九七六年まで続き、筆者が学んだ内モンゴル自治区オルドス高原の小学校にも貧農代表が校長になっていた。字も読めない校長が全校集会に立つと、小学生たちが馬鹿にしていたのを覚えている。

『呼三司』は一九六八年八月二八日付の第一二三期に「工人を師として仰ぐ」とか、「工人階級に学ぼう」とかのような記事を載せた。また、ジョーウダ盟ハラチン旗東方紅人民公社において貧下中農代表団が学校に進駐したことについても報道している［楊 2017a］。こうした動きは、八月二五日に中共中央と中央文革小組が工人毛沢東思想宣伝隊を学校に進駐させた決定を受けてのことだ。政府は工人の力で紅衛兵が学校を占拠する状況に終止符を打ちたかった。『呼三司』も九月一日に第一二四期で「工人宣伝隊は学校に長く留まる」との語録を巻頭に載せて、引き続きハラチン旗の「革命的経験」を紹介する文で版面を埋め尽くした［楊 2017a］。その前の八月二七日に、「工人毛沢東思想宣伝隊が威風堂々と内モンゴル大学に進駐した」からだ。「以前の内モンゴル大学はウラーンフーの決死隊員で、二股をかける反革命分子の郭以青にコントロールされていたので、無産階級の文化大革命も淀んだ水のように盛り上がらなかった」と批判する。そして、「工人が入ってからはたちまち熱気に包まれるようになった」、と『呼三司』第一二五期は九月四日に書いている［楊 2017a］。無学で暴力を好む工人の登場によって、モンゴル人に対する迫害は学生を中心とする紅衛兵よりエスカレートしていった、と経験者は証言していた［楊 2009c］。

司令部の陥落

九月六日、チベット自治区と新疆ウイグル自治区でも革命委員会が成立したことで、「台湾を除く中国全国の山河がすべて赤くなった」。フフホト市では一〇万人による大規模な集会が開かれ、貧下中農代表と工人代表、それに呼三司の代表が演説し、革命委員会の誕生を祝福した［楊 2017a］。九月六日付の『呼三司』第一二六期は赤と黒の二色刷りで第一面を飾り、二面と三面では工人階級による学校占領の政策を称賛し、第四面ではウラーンフーを批判した。ウラーンフーが以前に「自由連邦」を唱えていた事実を例に、祖国を分裂させようとした「反革命の多中心論」を批判する。「多中心論」はすなわち「無中心論」だ、と党中央の姚文元が提唱していたので、呼三司も時の政策に合わせてモンゴル人の指導者を攻撃する。

「こんな結末になるのを知っていたら、最初から造反するのではなかった」、と工人による学校占領を悲しむ紅衛兵も多かった。『呼三司』第一二七期は九月一一日に「大人しく工人階級の指導を受け入れなさい」との文を一面に載せて、悲観論に陥った同志を批判した［楊 2017a］。

社会全体が不安定に陥り、「未だに改造されて良い人にならなかった地主と富農、反革命分子と悪徳分子、それに右派ども」が逃亡するのを防ぐため、紅衛兵は定期的に労働者や農民、それに人民解放軍と合同で深夜に出動し、旅館などを一斉捜査した。九月一一日にも同様な捜査が行われ、「革命の秩序が保たれ、階級の敵どもに打撃を与えた」、と『呼三司』第一二八期は九月一五日に伝えている［楊 2017a］。

造反派の紅衛兵がいくら協力しても、権力を失う趨勢は止められなかった。九月一二日に工人毛沢東思想宣伝隊がついに呼三司の司令部にまで進駐してきたのである。権力を失った『呼三司』は九月一八日に第一二九期で「工人を熱烈に歓迎し、喜んで再教育を受け入れる」との立場を表明しなければならなかった［楊 2017a］。同紙の報道によると、工人は三つのグループに分かれてそれぞれ呼三司司令部とその機関紙『呼三司』編集部、それに宣伝を担当する「教育革命展覧会部」に闖入し、全権を接収されたという。呼三司の主力を成す師範学院も「大人しく工農兵からの再教育を受け入れる」と全面的に降参した。

写真26　闘批改運動の推進を呼びかけたポスター。運動の主役は労働者と農民であることが強調されている。

最後のプロパガンダと造反精神の否定

無用となった紅衛兵は何をすればいいのだろうか。

『呼三司』は九月二〇日にその第一三〇期で「ウラーンフーの黒いラインに属する者を抉りだして粛清し、その毒害を一掃するという偉大な運動は基本的に勝利した」と宣言し、毛沢東が文革の初期から指示していた「闘争と批判、そして改革する運動（闘批改）」に取り組もうとの認識を示した（写真26）。革命委員会の指導者で、造反派出身の霍道余は「目下の任務は牧畜地域において搾取階級の牧主を打倒する紅い嵐を起こすことだ」と強調している［楊　2017a］。

ウラーンフーは、モンゴル社会では階層化が進んでいない事実から、中国の農村のように階級の身分を画定する必要性は低いとの政策を実施してきた。ウラーンフーの政策は毛沢東から「階級闘争に熱心ではない」、「搾取階級を庇っている」と見られた。霍道余ら自治区革命委員会が推進する「牧主を打倒する運動」により、牧畜地域に住むモンゴル人も大虐殺の対象とされていったのである。中国共産党は一貫して「搾取階級を肉体的にも消滅しなければならない」政策を実施してきたのである。内モンゴル自治区の場合だと、「搾取階級」だけでなく、「ウラーンフーの反党叛国集団のメンバー」と内モンゴル人民革命党員としても殺害されたのである。

呼三司が擁してきた理論の陣地が確実に奪われ、取りあげるべきテーマもなくなった九月二五日、『呼三司』第一三一期は「偉大な領袖毛主席が華北と中南、華東地区を視察した一周年」を祝った。一年前に毛は各地を回り、文革の実態について調査していた［楊 2017a］。フフホト市では大規模な集会が開催されたものの、熱気は消えた。若い紅衛兵たちは意気消沈していたが、学校と政府など各種の機関に進駐した人民解放軍と労働者、それに農民たちはこの時期、モンゴル人虐殺の主力となっていたのである［楊 2010a］。

紅衛兵を農山村に追放するだけでは新たな社会不安につながるので、「模範」の創出と「傑出した人物」の発見と宣伝が欠かせない。九月二八日の『呼三司』第一三二期は見つけだした一つの「良い模範」を紹介している。北京市郊外の通県に住む一八歳の紅衛兵王佐清ら五人が首都から歩いて内モンゴル自治区南部の涼城県に到着して下放生活を始めたという［楊 2017a］。王佐清らは八月二三日に北京の天安門広場で毛沢東の肖像に向かって宣誓してから、徒歩で北のモンゴル草原を目指した。九月二日の深夜、彼らは四五〇キロを踏破して目的地に辿りついた。青年たちと地元の革命的群衆は「毛主席万歳」を三唱し、「新しい戦闘を始めた」。フフホト市紅衛兵第三司令部の機関紙、『呼三司』はこの号でもって、その造反の精神に終止符を打たなければならなかった。

3　造反しない『紅衛兵』

国慶節にあたる一九六八年一〇月一日、呼三司はその機関紙を『紅衛兵』に変えて、世に送りだした（写真27）。ここから、彼らは造反の旗を完全に降ろした。

写真27　『呼三司』から変身して生まれた『紅衛兵』。毛の肖像画と揮毫それに林彪語録が一面を飾った。

改名宣言の意義

一〇月一日、すなわち中国の国慶節の日に彼らが機関紙の名を『紅衛兵』に改めなければならなかったのは「偉大な領袖が発動した文革運動」に対する忠誠を一層示す必要に迫られていたからだ。改名はまた造反精神の封印と否定を意味している。造反派した紅衛兵の多くは既得権益者の党幹部とその子弟たち、それに社会主義制度に対し不満を抱いていたとはいえ、奪権しても最終的には制度そのものを変える力はなかった。毛の政敵が打倒された時点で造反派紅衛兵の役割は終わったし、彼らが胸中に潜める体制批判の思想も容認できるものではなかった。青少年が農山村に下放され、工人と人民解放軍、それに農民が学校に進駐して全権を掌握した一九六八年九月末を境界に、呼三司の運動と思想は下火になったのである。

『紅衛兵』第一三三期は実質上改名後の第一号であるが、編集部も「呼三司」から「内モンゴル呼三司紅代会」に変わり、ナンバーだけは踏襲された。第一面の上段は毛の肖像画で、その下に林彪元帥が一九六七年に揮毫した「偉大な導師、偉大な領袖、偉大な統帥、偉大な舵取り」との言葉を添えた［楊 2017a］。改名したことについては、第四面で小さな記事を掲げた。

敬愛する読者の皆様へ：無数の群衆たちは喜び、偉大な祖国が成立して19周年を祝う輝かしい国慶節に併せて、内モンゴル自治区革命委員会の決定に従い、『呼三司』は一〇月一日から『紅衛兵』に改名する。今後、私たちは工人階級の指導の下で、毛沢東思想の偉大な紅旗を高く掲げて、毛主席の偉大な戦略に従い、闘争と批判、そして改革運動の中で新しい功績を立てるよう努力する。

機関紙の改名は自治区革命委員会の決定であることと、工人階級の指導を受け入れたことなどが強調されている。紅衛兵は、文革運動の発動に伴って現れた一般的な青少年集団を指す名詞だ。紅衛兵と名乗ることで呼三司としての造反派精神を希釈しようとしていることが分かる。生来の造反派としての性質が否定されて、広範な紅衛兵集団の中に吸収され、消えていく運命が暗示された改名だ。それでも、呼三司の代表は「私たちは鮮血と生命でもって毛主席と、毛主席が発動した無産階級の革命路線を守ってきたし、内モンゴル自治区における文革に貢献した」、と書いて同志を鼓舞し、自分を慰撫した。

不用品となった紅衛兵

この時期になって、呼三司と自治区革命委員会内の一部の幹部は「ウラーンフーの黒いラインに属す者を抉りだして粛清し、その毒害を一掃する運動」と内モンゴル人民革命党員を粛清する運動は「基本的に勝利し、これ以上進める必要性は低くなってきた」と認識するようになっていた。滕海清将軍はこの動きを「造反派が自分に反対している」と理解し、呼三司に対する弾圧を一層強めた〔啓之 2010〕。『呼三司』が『紅衛兵』に改名させられたのと同じ時期に、呼三司に属す第一五中学の「五・七兵団」も解散させられた。『紅衛兵』第一三四期は一〇月五日に「五・七兵団」の解散を伝えているが、同兵団は「ウラーンフー反党叛国集団分子を粛清するのに貢献した」と「功績」を謳歌しながらも、解散の理由については一切報道していない〔楊 2017a〕。滕海清将軍が執った、造反派を骨抜きにする策略の一つであろう。

「紅衛兵はもう不用品だ」との悲観論が造反派の中でも広がるようになったので、『紅衛兵』第一三五期は一〇月九日に「革命的な姿勢で再教育を受けよう」との社説を披露した。「紅衛兵の役割は終わり、不用品とされて文革の主流から除外されたと認識するのは間違いで、そうした見方は未だに改造されていない旧社会の思想の発露だ」と社説は指摘する。実際に都会では「活躍」の機会も奪われ、人民解放軍と労働者がモンゴル人大虐殺の任務に当たっていた。新しくなった『紅衛兵』も報道する内容がなく、一年前にシリーンゴル草原に下放された「呼三司の戦士の生活」を伝えるしかない［楊 2017a］。「毛主席の紅い宝のような本、毛主席の語録を手にした呼三司の戦士たちはモンゴル人の貧しい牧畜民と共に放牧している生活」と同志を礼賛した。「モンゴル人は旧社会では食べるものも着るものもなく、反動的な王たちに搾取され抑圧されていたが、毛主席の輝かしい思想が草原を太陽のように照らすようになってから、生活レベルも改善された」と書く。こうした宣伝はすべて嘘で、事実はむしろ逆だった。中国人、それも特に中国共産党がモンゴル人の草原に侵略してきてから、豊かな遊牧生活が貧困のどん底に落ちた、と経験者は証言している［楊 2009b,c; 楊 2011b］。

右傾化と悲観論、そして生き残りの戦略

毛沢東に捨てられたのは造反派だけではない。自治区革命委員会の指導者の一人、一九六六年五月から開かれた前門飯店華北局工作会議で反ウラーンフーの急先鋒を演じた高錦明もこの時期に「保守派」と批判されていた。彼は九月二五日に開かれた自治区直属機関の幹部大会で「ウラーンフーの黒いラインに属す者を抉りだして粛清し、その毒害を一掃する運動は基本的に勝利した」との見方を示した。彼の見解は北京から派遣されてきた滕海清将軍と逆だった。『紅衛兵』第一三七期は一〇月一六日に高錦明のこの講話を全文掲載し、暗に理解を示した。「ウラーンフーの黒いラインに属す者を抉りだして粛清し、その毒害を一掃する仕事は基本的に勝利した。こ

れ以上抉ると、敵の謀略にひっかかり、過ちを犯すことになる」、と高は強調する［楊 2017a］。政府は、「縦にも横にも深く広く抉り続けて戦果を勝ち取ろう」とするが、高錦明は自身に飛び火するのを危惧していた。自治区の政策はウラーンフー一人で決めて実施してきたのではなく、中国人幹部も長い間、ウラーンフーに忠誠を尽くし、熱心に賛同してきたからである。造反派は元々「出身が悪い」か、体制に不満を抱く家庭の出身者が多く、その家族もまた批判されたり、粛清されたりしていたので、高錦明に同調する青年が多かった。何よりも、文革運動に参加したこと自体が間違ったのではないか、という悲観論までが広がっていた。『紅衛兵』は「悲観論に反対せよ」と書いて、引き続き運動に身を投じようと論じているが、どことなく空しい。

呼三司のような紅衛兵が生き残るためには、再度、敵を発見し、自分たちがその敵人を打倒する先鋒を担わなければならない。一〇月一九日、『紅衛兵』第一三八期は久しぶりにウラーンフー批判の論文を載せた［楊 2017a］。「内モンゴル直属機関毛沢東思想大学校」のメンバーが書いた批判文は、ウラーンフーがモンゴル人を大量に共産党に入れて、「民族政党」に改造し、「民族分裂的活動を推進した」と指摘する。普通のモンゴル人だけでなく、「王公貴族や大牧主、それにラマ僧」などをも共産党員にして、党を変質させた。ウラーンフーはまた「大モンゴル帝国」を建立するために、『モンゴル語会話』のテキストを大量に出版した、と批判する。問題の『モンゴル語会話』は一九六四年には一万冊印刷されたが、翌年には一〇万冊も増刷し、「モンゴル語学習の時間を増やすことで、毛主席の著作を学ぶ機会が奪われた」と解釈する。紅衛兵のモンゴル人批判は生き残りを図ろうとした戦略である。

革命委員会による造反派解体

造反派の紅衛兵がモンゴル人批判の旗を高く掲げても、革命委員会による解体作業は続いた。具体的には共産党と共産主義青年団を整理整頓する運動を導入して、紅衛兵組織を共産主義青年団に吸収合併させる方法を執った。政府はまず一〇月二三日にフフホト市第一二中学の紅衛兵を共産主義青年団に合併して、「工人毛沢東思想宣伝隊の指導下」に置いた。『紅衛兵』第一三九期によると、政府はさらに以下のような造反派を管理する事項を公表した［楊　2017a］。

一　呼三司司令部のメンバーが長い間出勤しなくなったため、工人毛沢東思想宣伝隊と人民解放軍毛沢東思想宣伝隊からの人員が司令部に入り、新しい指導層を形成し、日常の業務を取り仕切る。

二　従来の組織部と後勤部、宣伝部と編集部、弁公室と「毛主席の著作を学ぶ弁公室」、教育革命弁公室という「四部三室」の体制を「二部二室」に改編する。

三　司令部のメンバーは週に一回必ず労働に参加し、工人階級の再教育を受けなければならない。

四　司令部のメンバーは週に一回、所属する大学や中学に戻って、闘批改運動に参加しなければならない。

五　毛主席の肖像画に対して毎朝に指示を請い、毎晩に報告しなければならない。

以上のように、呼三司はその草創期からのメンバーたちが追放され、代わりに工人と人民解放軍の代表に接収されることで、完全に権力と影響力を喪失した。「紅衛兵は国際共産主義運動中の偉大な壮挙である」、と『紅衛兵』は社説で叫んでいるものの、実質上、共産党政府の飼い犬と化しただけである。

4 造反派の弱い反撃

反「復古」の試み

それでも、造反派は反撃を少し試みた。

秋の一〇月二六日付の『紅衛兵』第一四〇期は「復古に反対する」との社説を載せて、革命委員会政府に抵抗した［楊 2017a］。革命委員会が進める共産党と共産主義青年団を整理整頓する運動は、「中国のフルシチョフたる劉少奇を批判しないで、かえって大勢の造反派党員と非党員の造反派を粛清している」と指摘する。

「共産党と共産主義青年団を整理整頓する運動」は、一度は打倒されながらも、その後に復活した「保守派」が造反して革命委員会の幹部になった紅衛兵を追放するキャンペーンだった。一般の学生は農山村へと下放されたが、リーダーらは革命委員会の「幹部」に昇進していたので、その存在が許せなくなったのである。自分たちが打倒したはずの「ウラーンフー反党叛国集団の成員」が革命委員会に復活しつつある現象を生き残った紅衛兵は「復古」と呼んだのである。

一〇月二九日は呼三司が成立して二周年にあたる記念日だ。造反派は人民解放軍駐フフホト市軍事管理委員会と群衆専政総指揮部らと共に二七日から盛大な記念活動を実施した。彼らにとって、これは最後の記念活動となる。暴力を嗜好する青少年は人民解放軍や労働者と一緒に各地を襲撃し、「物資を転売する者とスリー、ごろつきなどの反革命犯罪分子」と、「逃亡していた地主と日本帝国主義者の通訳官、それに奎璧《クイピイ》とジャータイ、浩帆の子どもたち」を吊しあげて闘争大会を開いた。当時、単なる刑事犯罪者にも必ず「反革命」との名が冠されていたし、「日本帝国主義者の通訳官」は日本統治時代のモンゴル人知識人を指す。そして、モンゴル人高官の家族も紅衛兵が実施する記念活動のスケープ・ゴートにされた。こうした暴力的な活動を『紅衛兵』第一四一期は一〇月三〇日に二色刷りで宣伝し、「呼三司紅衛兵は偉大な統帥毛主席について、大勢の工人階級の指導の下で戦ってきた」と自己称賛した［楊 2017a］。

この日の『紅衛兵』は「無産階級の徹底した革命的な造反精神万歳」と題する「戦闘宣言」を掲載した。宣言は当時広まりつつあった「奪権は呼三司に頼り、その後の権力維持は呼一司に頼る」との「噂」を否定している。呼一司は元々保守派だ。一九六八年秋になると、内モンゴル自治区も北京などと同様に完全に保守派が権力に復帰し、造反派が解体されつつあった。呼三司は「我々こそが毛主席の戦士で、毛主席は我々の理解者だ」と強弁しても、その前途は暗かった（写真28）。また、「宏衛東」というペンネームで書かれた「紅衛兵を否定してはいけない」という文は「紅衛兵を嫌っているのは地主と富農、それに悪徳分子や右派どもだ」、と時勢に抗争してい

写真28　呼三司の闘争史を謳ったポスター（筆者蔵）。

る。「宏」は「紅」と同じ発音で、「衛東」は「毛沢東を衛る」との意だ。『紅衛兵』はさらに毛が発動した文革を世界各国が支持している、と宣伝している。「アメリカ帝国主義とソ連社会帝国主義が世界を新たに分割しようとしており、両者は対立しながらも結託し合っている」と書き、中国はアルバニア人民と共にベトナムの反米闘争を断固支持する、と標榜している。

ジェノサイドの惨禍と中国人密告者の失脚

冬の一一月四日、『紅衛兵』は第一四二期と一四三期を合刊として印刷した。一面は毛沢東の肖像画のみで、計八面からなるが、伝えている内容は乏しい［楊 2017a］。注目すべきは、この時自治区革命委員会の指導者の一人、李徳臣が伝達している滕海清将軍の講話の内容である。講話は去る一〇月二五日と三〇日に自治区の整党委員会で行ったものである。滕海清は「ウラーンフーの黒いラインに属す者を抉りだして粛清し、その毒害を一掃する運動は人民の戦争だ」とし、

「既に自治区全体で抉りだした者は一〇万人を下らない」と「輝かしい戦果」を強調している。この数字から一九六八年一〇月の時点で逮捕監禁されたモンゴル人の規模を推察できるし、その一部は殺害されていたのである。それでも、「江西省に比べると、保守的な数字だ」、と滕海清は話し、一〇万人の「戦果」に満足していなかったのである［楊 2009a］。

権力を失った呼三司は工人階級や人民解放軍よりも熱心に「ウラーンフーの黒いラインに属す者を抉りだして粛清し、その毒害を一掃する運動」の一層の推進を表明しなければならない。そのため、『紅衛兵』第一四四期は一一月九日に再び「右傾機会主義路線を粉砕せよ」との長い社説を出して、「ウラーンフーとハーフンガの黒いラインに属す者を徹底的に抉りだせ」と力説した［楊 2017a］。この時期、内モンゴル人民革命党員を粛清する運動の必要性は自治区革命委員会において再確認され、農村と牧畜地域でも怒濤のように進められていたのである［高樹華 程鉄軍 2007:349-364］。

モンゴル人ウラーンフーの身辺に一人の中国人の密告者がいた。郭以青である、と前に述べた。中国共産党の諜報機関のトップである康生とつながる彼は、ウラーンフーの動静を北京に伝えていた。北京の前門飯店で華北局工作会議が開かれた際に、彼は反ウラーンフーの先鋒を演じ、後に自治区革命委員会の委員に昇進していた。高樹華らによると、一九六八年八月に、河北省から北京軍区に「郭以青には革命を裏切った容疑がある」との資料が提出されたのをきっかけに、彼は失脚した。「ウラーンフー反党叛国集団分子」の粛清と内モンゴル人民革命党員を抉りだして粛清しようと誰よりも積極的だった郭以青の失脚には、彼と滕海清将軍との軋轢も背後にあった

［高樹華　程鉄軍　2007］。

『紅衛兵』は一一月一三日付の第一四五期で、「反革命の郭以青を打倒せよ」との文を載せた［楊 2017a］。書き手は内モンゴル大学の工人毛沢東思想宣伝隊となっているが、当時の中国人労働者の多くは読み書きができないので、大学生が代筆したものだろう。批判文によると、郭以青は一九三〇年代から「劉少奇に追随して革命を裏切り」、その後は中共中央宣伝部長だった陸定一と北京市長の彭真の推薦でウラーンフーの下で幹部として任用されたという。郭以青はウラーンフーに重用されて内モンゴル大学の責任者となり、副学長のバトや言語学者のチンゲルタイらを抜擢して、「ウラーンフーの大モンゴル帝国に奉仕した」という。郭以青はモンゴル人ジェノサイドを推進した中国人の一人である。その彼も過去に「革命を裏切った行為」から打倒された事実は、中国における政治運動の苛烈さを物語っている。

右傾機会主義者への批判

「郭以青の失脚で高錦明は右腕を失った」、と造反派の高樹華らは回想する［高樹華　程鉄軍 2007］。造反派も、「高錦明こそ内モンゴル自治区における最大の右傾機会主義者だ」と認識していた。『紅衛兵』第一四六期は一一月一六日に「高錦明はウラーンフーの特殊勢力のボスで、紅色政権の心臓部に隠れていた両面派だ。彼はウラーンフーを打倒するふりをしながら、実際はモンゴル人高官の奎璧《クイビイ》とジャヤータイ、トグスと王再天、ゴンボジャブとボインバト、バトバガナと郭以青らを守ってきた」、と断じた［楊 2017a］。

滕海清将軍も実は一一月三日から一九日にかけて開かれた自治区革命委員会第四回拡大会議の席上で高錦明を名指しで批判していた。内モンゴルの「八〇万人も住む牧畜地域では階級の区分もしてこなかった」と分析し、「内モンゴル人民革命党員を粛清する運動を、モンゴル人の多い牧畜地域で徹底的に推進するよう」指示していた［楊 2009a］。

「我々の反対派は無産階級の政権を転覆しようとしている」、と『紅衛兵』は一一月二〇日に第一四七期で物々しい表現に満ちた文章を巻頭に飾った［楊 2017a］。「我々の反対派」は高錦明ら「右傾機会主義者」を指す。「高錦明はウラーンフーの反党叛国集団の社会的基礎を抉りだして粛清する運動の徹底化に反対し、主将ウラーンフー一人を失うことで大勢の反党叛国分子を守ろうとしている」。「ウラーンフー王朝の左丞相の奎璧と右丞相のジヤータイ、トグスと王再天、郭以青と包頭市の范易、シリーンゴル盟書記のゴンボジャブ、バヤンノール盟書記のバトバガナ、イケジョー盟書記のボインバトなど、全員が高錦明の決死隊員だ」と断じている。高錦明も、上で挙げた三人のモンゴル人盟書記も、北京の前門飯店華北局工作会議でウラーンフーを批判していた［楊 2016b］。彼らは北京に忠誠を尽くすような保身的態度を取ったものの、全員打倒された。

一一月二三日、『紅衛兵』はその第一四八期で滕海清将軍が草原地帯で進める「全面戦争」を支持すると表明した［楊 2017a］。造反派は滕海清将軍が実施する「八〇万人ものモンゴル人が住む牧畜地域」でのモンゴル人虐殺運動に加担したことになる。

5　毛沢東の著作とモンゴル人の「罪」

再びモンゴル人の「原罪」を探す

存在感を失いつつある造反派にとって、生き残りの希望を託す方向は二つある。毛の著作から理論を発見し、隣のモンゴル人の「原罪」を見つけることだ。この二つを結合させれば、復活も不可能ではない、と彼らは夢を見てもがき続けた。

毛の党中央は一〇月三一日に中共中央第八回大会の第一二期拡大会議を終わらせ、劉少奇を「永遠に党から除名した」。大会閉幕後には再び一九四九年三月五日に毛沢東が第七回全国大会での報告文を公開し、人民に学習を呼びかけた。『紅衛兵』第一四九期も一一月二五日に毛の文章を全文掲載し、配下の造反派に学習の徹底を命じた［楊 2017a］。毛の文は全国での内戦の勝利を目前にして書かれたもので、中国社会の性質を分析した上で、革命の任務を再確認している。「国民党の敗残兵は一〇〇万人しか残っていないが、決して気を緩めてはいけない」、と毛は共産党員の闘争心の継続を強調していた。第八回党大会で再度この文章を発表するのは、文革の徹底を企図しており、造反派も「偉大な領袖」の心中を察している。そのため、造反派もここで「ウラーンフーの反革命修正主義と民族分裂主義の思想を批判し、内モンゴル人民革命党員の粛清運動を最後まで進めよう」、と呼びかけた。内モンゴル人民革命党員を粛清する運動は、「抉り過ぎたことがない」と弁じている〔楊 2017a〕。

政府革命委員会に抑圧され、解体の危機に瀕していた造反派に残された唯一の道は、「革命的な戦闘精神」を醸成することだった。そのため、一二月四日の『紅衛兵』第一五一期は社説で内モンゴル人民革命党を攻撃の対象に選んだ〔楊 2017a〕。『紅衛兵』が正面からモンゴル人の民族主義の政党を取りあげるのは、これが最初であろう。この重要な社説はいう。

私たちは、ウラーンフーの反党叛国集団及びその社会的基礎をすべて抉りだし、その毒害を一掃しなければならない。反革命組織の内モンゴル人民革命党を徹底的に殲滅するのが、目下のわが自治区の文革運動の最大の任務だ。……内モンゴル人民革命党は民族分裂主義者と蒙奸、反動的な日本と国民党の軍官たち、共産党の裏切り者とソ連やモンゴル修正主義国家のスパイからなる。

社説が例示している「民族分裂主義者と蒙奸、反動的な日本と国民党の軍官たち、共産党の裏切り者とソ連やモンゴル修正主義国家のスパイ」はモンゴル人を指している。『紅衛兵』はまた「内モンゴル人民革命党には表裏二つのグループがあり、彼らを全員殲滅しなければならない」と虐殺の徹底を提案している。造反派の『紅衛兵』は完全にその暴力の矛先をモンゴル人に向けてきたのである。この時期の滕海清将軍は「内モンゴル人民革命党員はモンゴル人が多い」と話していた［楊　2009a］。滕海清支配下の自治区革命委員会政府は複数回にわたって「投降を呼びかける書」を全自治区に貼りだして、内モンゴル人民革命党員の「降参」を促していた。「降参しなければ、待っているのは死のみだ」と恐怖感を津々浦々に広げていた［楊　2010a］。「殲滅」しなければならない内モンゴル人民革命党の「表裏二つのグループ」の具体的なメンバーを特定する必要から、一二月一一日の『紅衛兵』第一五三期はフフホト市書記の李貴と市長の陳炳宇らを「ウラーンフーとハーフンガの裏のグループ」だと認定した［楊　2017a］。そして、「反革命組織の内モンゴル人民革命党の指揮センターはまさにフフホト市にある」と断定している。

大虐殺と強制移住

厳冬の一二月一〇日、滕海清将軍はフフホト市工人毛沢東思想宣伝隊学習班で講演を行い、「内モンゴル人民革命党員を抉りだして粛清する運動は大きな勝利を得つつある」と戦果を誇示した。『紅衛兵』第一五四期は『工人風雷』第五三期との合同発行の形で滕海清のスピーチを全文掲載している［楊　2017a］。滕海清は、一九六八年一一月の一カ月の間で「抉りだした敵は過去の一年間で粛清した悪人の七八パーセントを占める」と「成果」を自慢している。この数字はモンゴル人が「徹底的に殲滅」されていた事実を物語っている。造反派の高樹華らも「一九六八年一二月の時点で、全自治区で抉りだされた内モンゴル人民革命党員の数は数万人云々のレベルに留まらない」とその規模のすさまじさを証言している［高樹華　程鉄軍　2007］。造反派は当然、大虐殺にも加わっていたが、それでも滕海清は紅衛兵に不満だ、と講演の中で明言している。「勝利に乗って追撃をし、内モンゴル人民革命党とその変種組織を全滅させよう」と一二月一八日の『紅衛兵』第一五五期は鋭利な文章を一面に掲載して、モンゴル人を恐怖に陥れた［楊 2017a］。同紙によると、去る一二月一四日の午前に、フフホト市内の各機関の革命委員会と工人毛沢東思想宣伝隊が合同で紅色劇場に集まり、内モンゴル人民革命党を全滅させる経験交流大会を開いたという。ウラーンフーとハーフンガの「表裏二つのグループの決死隊員」とされるモンゴル人のリストも増えていることからみると、「抉りだして粛清する運動の成果」は着実に上がっていることが分かる。

一二月一九日、自治区革命委員会は「今冬と来春における農村と牧畜地域でのプロレタリアート文革運動に関する意見」という公文書を採択して公布した。同公文書の公布により、自治区の末端では外来の中国人農民からなる貧下中農が権力を独占することになり、「モンゴル人に対する優遇政策は見直された」。また、辺境地区に住むモンゴル人を内地に強制移住させることも決定した［楊 2010a］。このように、中国政府が実施した大虐殺と強制移住の同時進行は、国連が一九四八年一二月九日に採択した「ジェノサイドの防止及び処罰に関する条約」内の規定と一致する［楊 2014b］。

『紅衛兵』は一二月二一日付の第一五六期で自治区革命委員会の指導者、高錦明を再度、批判した［楊 2017a］。高錦明と彼の「保護下」のモンゴル人王再天とトグス、バトバガナとボインバト、ゴンボジャブらのグループには「内モンゴルの東西の地域間の対立を利用して生き残った者もいれば、北京の前門飯店華北局工作会議で反ウラーンフーのふりをした者もいる」という。虐殺の徹底に伴い、次から次へと倒されていくモンゴル人政治家たちを横に、「呼三司よ、彼女だけが毛主席の戦略についてきた」、と『紅衛兵』はまたもや自身を女性に擬人化して毛沢東への忠誠を表明している（傍線は筆者）。

「紅い司令官」に追随した殲滅作戦

翌二二日、自治区革命委員会は毛沢東と共産党中央委員会に「内モンゴル人民革命党問題に関する報告提要」を提出した。この報告提要は、モンゴル人ジェノサイドの成果をまとめた、至極重要な公文書である。

報告提要はまず一二月の時点で既に一万九一一名の内モンゴル人民革命党員を抉りだした、と成果を示した上で、同党は一九四七年に解散を命じたにもかかわらず地下潜伏に転じて活動を続けたとしている。一九六三年には代表大会を秘密裡に開き、一九六五年になると三万人もの党員を擁するまでに発展した、と断じている［楊 2010a］。

『紅衛兵』第一五七期も一二月二五日にシリーンゴル盟正藍旗ジャガスタイ人民公社バヤンボラク生産大隊で「発見」された、「内モンゴル人民革命党の変種組織」について述べている。この地では「チンギス・ハーン党」や「沙漠党」、「内外モンゴル合併委員会」など、「多数の分裂主義組織が活動していたが、下放してきた紅衛兵によって殲滅された」という［楊 2017a］。「紅衛兵はモンゴル人を殺すために来た」、と話していたテゲシジャヤーという人物もまたこの人民公社の内モンゴル人民革命党の「ボス」だった、と『紅衛兵』は具体的な人物を挙げて、素直に書いている。都市部から草原に流されてきた呼三司系統の紅衛兵はモンゴル人を虐殺する運動に積極的に関わっていたことを自慢している。

毛の誕生日にあたる一二月二六日、『紅衛兵』第一五八期は「偉大な領袖」の肖像画だけが一面を占領したが、他は空虚な文だらけである（写真29）。一九六九年一月一日、『紅衛兵』は第一五九期と一六〇期を合併させた特大サイズ版を印刷した［楊 2017a］。一面全体を飾ったのは毛で、三面と四面では「高錦明の反ウラーンフーの仮面を徹底的に剝がそう」という長文を載せた。ウラーンフーが一九六四年から内モンゴル人民革命党党員を増やし、組織を拡大させていた時に協力したのが高錦明だという。また、一九六六年一月にウラーンフーが「三・五宣言」を印刷して配布した際にも高錦明は賛同したので、「長城を境界にしたモンゴル人の領土確保に与した」。党中央がウラーンフーの問題を発見して北京前門飯店で一九六六年五月に華北局工作会議を開いた時、高錦明は「反ウラーンフーのふり」をし、王再天やトグス、バトバガナとボインバト、ゴンボジャブら大勢の内モンゴル人民革命党員たちを守り通したという。「私たち呼三司は、

写真29　毛の誕生日を祝った『紅衛兵』。

紅い司令官の毛主席に追随して草原を席巻し、内モンゴル人民革命党員たちを一掃しなければならない」と決意を新たにした。

6　動揺に動揺を重ねる

滕海清将軍への懐疑

一九六九年一月八日午後四時、滕海清将軍は再び自治区南部の集寧市に入り、現地に駐屯する北京軍区からの「京字四一一部隊」を視察した。彼は、「内モンゴル人民革命党という民族分裂組織は非常に大きく、その基盤を壊滅しなければならない」と命じた。そして、「集寧市で揪みだされた内モンゴル人民革命党員には漢人も含まれており、注意するよう」指示した。滕海清は続いて、内モンゴル人民革命党は純粋にモンゴル人からなる組織で、漢人こと中国人とは無関係だと強調した［楊　2009a］。

滕海清が人民解放軍と工人毛沢東思想宣伝隊、それに貧下中農毛沢東思想宣伝隊を指揮して大虐殺運動を推進してきたことについて、造反派呼三司の一部は再び疑問を抱くようになった。そのため、滕海清が集寧市で解放軍兵士の作戦を鼓舞していたのと同じ日の『紅衛兵』第一六一期は「政策を守ろう」との文を掲載した［楊　2017a］。文はいう。

内モンゴル人民革命党は民族分裂を進める現行犯の組織だ。内モンゴル人民革命党は階級闘争の産物で、決して特定の民族の組織ではない。同党が発生し発展できたのは、一握りの叛徒とスパイ、叛国分子と民族分裂主義者、牧主と反動的な少数民族の上層分子どもがその搾取階級の利益と政治的な必要性があったからだ。絶対にモンゴル族群衆を内モンゴル人民革命党と見なしてはいけない。

造反派は真っ向から滕海清将軍の作戦と対立している。滕海清将軍は「揪みだされた漢人の内モンゴル人民革命党員」の存在を問題視しているのに対し、『紅衛兵』は「モンゴル族群衆を内モンゴル人民革命党と見なしてはいけない」と主張している。

造反派の一瞬の疑問は正しいが、結局は滕海清将軍の圧力に屈した。一月一一日の『紅衛兵』第一六二期はウラーンチャブ盟集寧市に駐屯する「京字四一二部隊」の大虐殺の経験を一面に載せた［楊 2017a:928］。「私たちはいかに群衆を組織して内モンゴル人民革命党を包囲殲滅したのか」との有名な文は、加害者の人民解放軍が書いた、モンゴル人虐殺の証言である。加害者は以下のように嬉々として自慢している。

ウラーンチャブ盟公署機構には計七九人がいて、文革前は内モンゴルの反党叛国集団のボス、同盟におけるウラーンフーの代理人で、元盟長李文精と元盟書記ワンダンらの根拠地だったし、反革命の内モンゴル人民革命党の黒い指揮部と大本営でもあった。……

盟公署の革命的群衆は工人毛沢東思想宣伝隊と左派を支持する解放軍の堅い援護を受けて、戦闘小組を作って内モンゴル人民革命党に対して猛攻撃を発動した。「人民がもし毛沢東思想を把握したら、最も聡明に、最も勇敢になり、無尽の力を発揮できる」という林彪副主席の指示通りに、たった四時間で突破口を打開し、一挙に三人の内モンゴル人民革命党員を攻略した。

……

「攻略」とは、暴虐とリンチを意味している。解放軍はまた大会を開いて中国人人民を動員し、お互いを密告させるという「心を攻める方法」で内モンゴル人民革命党を陥落させた、と自らの「功績」を延々と書き綴っている。解放軍だけでなく、ウラーンチャブ盟の革命委員会もまたこの種の「功績」を上級機関に報告していた。筆者はこうした記録を加害者側の資料として多数、公開している［楊　2013a］。モンゴル人大虐殺運動に関する第一次資料は加害者と被害者の双方からの資料が揃っているのである。

内モンゴル人民革命党への断罪

毛の肖像画ではなく、珍しくも林彪の語録が紙面のトップを飾った一月一五日の『紅衛兵』第一六三期は「一九六九年度第一回呼三司紅衛兵毛沢東著作学習班」の様子を伝えている［楊　2017a］。学習班の会議は九日から始まり、一一日に終わっている。呼三司の指導者の雷善元とフフホト市革命委員会副主任の傅力戈らが大会で演説し、内モンゴル人民革命党員を抉りだして粛清する運動の重要性とその際に政策をいかに実行するかを説いている。政策とは、「過ちを犯した者でも再教育を受ける機会を与えることと、そうした者の子弟たちを差別しないこと」を指す。紅衛兵が政策を強調すればするほど、滕海清将軍の目には自分自身に対する抵抗と映った。

滕海清将軍は一月一八日に文藝界の粉砕を求める講話を発表し、ウラーンフーの息子ブヘへの暴力を唆した。「優柔不断はだめだ。手を和らげてはいかん」、とリンチを加えるよう直接指示した［楊 2009］。暴力を煽る滕海清の講話が広がると、紅衛兵内部の呼応者も再び積極的になってきた。以前から暴力行使を唱えていた戦猶酣のペンネームを持つ人もそのような一人である。一月二五日付の『紅衛兵』第一六六期は二面と三面、それに四面の三分の一を占める量で、戦猶酣が執筆した「内モンゴル人民革命党の反党叛国の罪悪史」という有名な文が掲載された［楊 2017a］。モンゴル人を震え上がらせた批判文を要約すると、以下のようになる。

内モンゴル人民革命党は元々内モンゴル国民党と称し、一九二五年一〇月に張家口で成立したものだ。党の指導者はブルジョア右翼のボインタイと「日本の走狗」メルセイ（郭道甫）で、ボインマンダフと福明泰、サインバヤル（包悦卿）、ワンダンニマら「モンゴルの上層階級の者」が指導者層を成していた。

一九二七年に蔣介石が反共産党の政策を執ると、内モンゴル国民党もウランバートルで会議を開き、内モンゴル人民革命党に名を変えた。その後、ソ連から派遣されたポンスクとテムールバガナらがハーフンガやボインマンダフらと「結託」し、同党の権力を掌握した。一九三二年に満洲事変が勃発すると、同党は地下に潜伏し、完全に日本帝国主義の協力者となり、日本人の金と武器で武装して中国人民を殺害した。

日本が敗退すると、同党は一九四五年八月一八日に復活し、ハーフンガとボインマンダフ、アスガンら一七名の「蒙奸」と「日本のスパイ」らが先頭に立って内外モンゴル合併運動を進めた。一九四六年四月三日に承徳《しょうとく》で同党と「ウラーンフーの率いる反革命勢力」が合流すると、新たにウラーンフーが彼らのボスに推戴された。ウラーンフーは同党の党員だけでなく、徳王政権から生まれた内モンゴル人民共和国臨時政府の国防部長だったウルジーオチルらまでを重用し、一九四七年五月一日に内モンゴル自治政府を創った。自治政府は実質的には内モンゴル人民革命党の政権で、最終的には一九六七年に「大モンゴル帝国」を創建しようと準備してきた。

以上のような主旨であるが、最後の「一九六七年に大モンゴル帝国を創建しようと準備してきた」以外は事実に近いので、戦猶酣は政府の秘密檔案を閲覧して書いていると推定できる。紅衛兵が批判する内モンゴル人民革命党の歴史は、共産党政権が成立した後に隠蔽されて、人民に伝えられていなかった。皮肉にも、紅衛兵の批判によって、歴史の真相が暴露されたのである。

「最後まで造反しよう」

一月二九日、『紅衛兵』第一六七期は「高錦明のブルジョア多中心論」を批判する文を載せて、滕海清将軍の期待に応えた［楊 2017a］。高錦明は当時、「右傾化」して、モンゴル人粛清運動の推進に抵抗していると見られていたからである。翌三〇日夜、滕海清将軍は内モンゴル軍区の将校を集めて、「極力、モンゴル人を動員し、モンゴル人の手で内モンゴル人民革命党員を抉りだして粛清するよう」指示した。将来に大虐殺が問題になっても、モンゴル人同士の内紛だったとするための事前の布石である［楊　2009a］。『紅衛兵』も二月一日の第一六八期で「深く抉るには猛烈な批判が必要だ」との社説を掲載して滕海清を擁護した［楊　2017a］。

短い三カ月の間で、内モンゴル人民革命党員を抉りだして粛清する運動は大きく躍進して新しい局面に達した。多くの政治的な案件が解決され、自治区最大の反党叛国の反革命組織である同党の問題も突破できた。大勢の叛徒とスパイどもが捕まった。

造反派を取り巻く情勢は厳しくなってきた。一月二九日、毛の中央文革小組は清華大学に駐屯していた人民解放軍と工人毛沢東思想宣伝隊からの報告を許可する形で、打倒された知識人に「出口を与える政策」を実施するよう指示した。再教育により、旧思想を改造できる知識人に仕事を与えるとの意味である。『紅衛兵』第一六九期も二月五日に毛の指示を伝えた上で、「革命的造反派は最後まで造反しよう」との社説を載せた［楊　2017a］。この時、一時は打倒されたものの、部分的に復活していた王鐸と王逸倫、軍区の黄厚と王良太らも復活し、革命委員会と連携して造反派を抑圧するようになってきた。党中央からの公文書も造反派には見せなくなり、重要なポストからも外されるようになった、と危機感を抱いている。

第8章
第九回全国党大会の開催

中国共産党第九回全国代表大会は一九六九年四月一日から北京で開催されることになるが、その前から、内モンゴル自治区の情勢も変わりつつあった。

1 党大会に花を供える

中国人まで到達した粛清運動

滕海清将軍は二月六日に北京に入り、党中央の指導者に内モンゴル人民革命党粛清運動の成果について報告した。「内モンゴル人民革命党を何万人も粛清できたことで、隠れた大きな災禍を除去できた」、と彼は豪語していた［楊 2009a］。それでも滕海清は満足せず、「引き続き深く抉らなければならない」と強調していた［楊 2017a］。一方、フフホト市では旧正月の春節が近づくにつれて、経済的な困窮から闇市が活気を呈していた［楊 2017a:952］。滕海清を擁護する戦猶酣とのペンネームを持つ闘士も「民族闘争はつまるところ、階級闘争の問題だ」との批判文を公開し、「ウラーンフーと彼に守られてきた内モンゴル人民革命党員」がいかに「反漢排漢の民族分裂主義的活動」を推進してきたかを執拗に攻撃していた。中国人はモンゴル人に対する虐殺運動を勝利裏に進めて、まもなく開催される中国共産党第九回全国大会に花を添えようとしていた。二月一二日付の『紅衛兵』第一七一期も社説で近く開催予定の中国共産党第九回全国大会のために、「自治区一三〇〇万人の人民を動員してウラーンフーの表裏二つのグループを徹底的に抉りだして粛清しよう」と呼びかけた［楊　2017a］。

春節に合わせるように、呼三司はフフホト市内で「毛主席の偉大な革命的実践の展示」を行った。「毛主席に忠誠を尽くし、中国共産党第九回全国大会を祝おう」、と気勢を上げた［楊　2017a:960］。

滕海清《トンハイチン》指揮下の人民解放軍と工人・貧下中農毛沢東思想宣伝隊が猛烈な勢いで組織的にモンゴル人を大虐殺していた中で、「すっかり付いて行けなくなった」高錦明は二月二六日に再び造反派に批判された。『紅衛兵』第一七四期に掲載された「高錦明はウラーンフーの忠実な猛将（幹将）だ」との批判文は工人毛沢東思想宣伝隊第八大隊と自治区直属機関毛沢東思想大学校第一分校が合同で執筆したもので、高錦明の経歴を述べながら、その「走狗ぶり」を並べた［楊　2017a］。例えば、一九五九年にチベット人が北京の侵略に対して蜂起した際にウラーンフーは武装鎮圧に反対していたが、高錦明も「内モンゴルでは民族叛乱は起こらない。ウラーンフー同志がいるからだ。彼は成熟したマルクス・レーニン主義者だ」と話していた。一九六四年から共産党華北局が内モンゴル自治区は階級闘争の推進に熱心ではない、と是正を求めてきた時も高錦明は積極的に応じなかった。彼はウラーンフーの「反大漢族主義のキャンペーン」にも賛同していたし、「三・五宣言」の印刷配布にも賛成していた、という。『紅衛兵』の批判は正論であり、ウラーンフーの自治政策はモンゴル人幹部だけで実施してきたのではなく、多くの中国人幹部らの賛同と協力の下で貫徹できたものである。中国政府と中国人はモンゴル人のみを粛清しようとしても、「縦に深く、横に広く」抉れば抉るほど、中国人との錯綜した関係にぶつかるので、虐殺運動に抵抗する人たちも増えてきたのである。造反派もそれを知りながら、「右傾機会主義者」の高錦明を攻撃しなければならなかったのである。

『紅衛兵』は三月一日の第一七五期でもウラーンフーを批判した〔楊 2017a〕。「我々は組織の面からウラーンフー反党叛国の道具である民族分裂主義者集団の内モンゴル人民革命党を殲滅し、祖国の北部辺境の隠れた一大弊害を除去できた」、と自負している。また、農牧学院の「紅旗兵団」は「ウラーンフーの反革命的な和平変遷論」を批判した。日本統治時代が終了した後、満洲国の跡地には東モンゴル人民自治政府が誕生し、モンゴル自治邦は内モンゴル人民共和国臨時政府に変わるなど、内モンゴルには複数の政治勢力が併存していた。ウラーンフーはそれらを統合し、戦争を発動しなかったので、「和平的に変遷してきた」と認識している。「紅旗兵団」によると、一九四六年四月以降も、内モンゴル東部のモンゴル人たちは東部だけでも独立しようと「民族分裂的な活動」を繰り広げていたので、「和平変遷論」は「実質上、反動的な上層分子のウラーンフーが進めた民族分裂活動だ」、と解釈している。

「民族分裂主義批判」の現実的意義

内モンゴル人民革命党の「具体的な反革命的活動」も次から次へと発見された。三月五日付の『紅衛兵』第一七六期は「ウラーンフーをボスとする内モンゴル人民革命党員」がフフホト市でどのようにクーデターを起こしてきたを例示している。一九六五年に発表された政府人事を「政変」だとしている。ウラーンフーが発動したクーデターは、「内モンゴル人民革命党が共産党から権力を奪ったことを意味する」と書いている［楊 2017a］。そして、「目下の任務は内モンゴル人民革命党を批判して、中国共産党第九回全国大会の開催を迎えることだ」と社説は唱えている。

モンゴル人の「民族分裂的な歴史」を批判することには現実的な意義があった。実は三月二日に「ソ連叛徒集団の武装した軍隊がわが国の神聖な領土である黒龍江省の珍宝島（ダマンスキー島）に侵入し、わが中国人民を殺害した」のである［楊 2017a］。造反派は三月六日にこの「珍宝島事件」に抗議する大規模集会をフフホト市で開いた（写真30）。「モンゴル人の民族分裂的な活動も一九四五年八月にソ連・モンゴル人民共和国聯合軍が内モンゴルを解放した後に興っている」、と中国政府は理解していたので、ソ連とモンゴル人との関係が容易に疑われた。「フフホト市五・七幹部学校」や「郊外の政府機関で内モンゴル人民革命党の地下司令部に対する総攻撃が発動され、大きな勝利が得られた」という。「勝利」を勝ち取ったのは工人毛沢東思想宣伝隊だ。「勝利」とはモンゴル人に対するジェノサイドを指している。

加害者の喜びと意気込み

「ウラーンフーの黒いラインに属す者を抉りだして、その毒害を一掃する運動」と内モンゴル人民革命党を粛清する運動に対し、沈黙を保っている人たちがいる、と『紅衛兵』第一七八期は三月一二日に主張している［楊　2017a］。「沈黙を通している者や昔からの保守派は革命的な造反派を内モンゴル人民革命党員として粛清しようと企んでいる」、と危機感を抱いている。保守派の勢力増大と造反派の孤立がますます顕著になってきたのである。

　モンゴル人に迫害を加えていた工人毛沢東思想宣伝隊も自らの経験を嬉々として語って、記録を残した。三月一九日付の『紅衛兵』第一八〇期はフフホト市医院に進駐した工人毛沢東思想宣伝隊がいかに「砲撃の前線で成果をあげた」かについて述べている［楊　2017a］。一九六八年八月二七日に医院に進駐すると、三五人の工人からなる「鉄拳戦闘隊」はただちに群衆を動員した。すると、三日も立たないうちに内モンゴル人民革命党の「変種組織」である「民族分裂主

写真30　ダマンスキー島紛争を描いた中国の反ソ連ポスター。

義者集団の統一党」を発見した。こうしてフフホト市医院内の「ウラーンフーの社会的基礎は徹底的に打破された」、と自慢している。中国人労働者の組織的な暴力によって、モンゴル人の「統一党」員たちがリンチされた事実を物語っている。勿論、「統一党」なんか最初からあるはずがない。モンゴル人だから、同胞の国との統一を切望しているに違いないと判断されて、「統一党」との名称が発明されたのである。すべては中国政府と中国人の謀略である。

「ソ連修正主義の新しいツァーと最後まで決戦する宣言書」を呼三司は三月一九日に採択した。この日、「第二回呼三司紅衛兵の毛沢東思想学習代表大会」が開かれ、三〇〇人が集まった。呼三司の指導者の梁志超と自治区革命委員会の霍道余、李樹徳、権星垣、中国共産党第九回全国代表大会に参加予定の高樹華と李楓、郭老虎と孫淑琴、それに「烈士韓桐」の父親も参会した、と『紅衛兵』第一八一期は三月二二日に伝えている［楊　2017a］。「内モンゴル自治区の一三〇〇万人の英雄的な人民は反修正主義の長城を作って戦う」、と紅衛兵は気勢をあげているが、ソ連軍の侵攻を事前に防ごうとして、モンゴル人大虐殺運動もまた一段と凄まじい勢いで推進されていたのである。

来るべき時期に開催される予定の中国共産党第九回全国大会に参加する内モンゴル自治区からの代表たちと、呼三司の紅衛兵との座談会が開かれた、と『紅衛兵』第一八二期は三月二六日に伝えている［楊　2017a］。「抉りだして粛清する最前線」の造反派で、包頭市「三〇三工廠」の工人代表廉美仁、ジョーウダ盟の代表顧向良、ウラーンチャブ盟チャハル右翼中旗の党支部書記の楊桂英、ジャライノール炭鉱の孫徳玉、涼城県の孫老虎、イケジョー盟ウーシン旗ウーシンジョー人民公社革命委員会主任のボロルダイらが紅衛兵と語らい合った。筆者の故郷のボロルダイ以外、全員が中国人だ。この時期、少数民族の代表を「飾り」として選ぼうとしたが、ジョーウダ盟の場合はモンゴル人がほぼ全員打倒されていたので、代表になれるようなモンゴル人が残っていなかったのである〔楊　2014b〕。

2　情勢の変化と造反派の反応

世界革命の中の紅衛兵

党大会の開催を目前にして、情勢は急激に変化しはじめた。大会に参加するために上京していた滕海清将軍は三月一四日と一七日に立て続けに自治区革命委員会に電話をかけ、「内モンゴル人民革命党を抉りだして粛清する運動は既に大きな成果が得られたために、今後は主犯を除いて、人民内部の矛盾として処理するよう」伝えていた〔楊　2009a〕。こうした変化を察知した呼三司は三月二九日に『紅衛兵』第一八三期に「一切の干渉を排除して、政策を実行しよう」との文を掲載した〔楊　2017a〕。文はいう。

わが自治区における階級の隊列を清理する運動は大きな勝利が得られ、組織の面から内モンゴル人民革命党を殲滅し、祖国の北部辺境の隠れた弊害を除去できた。……内モンゴル人民革命党は民族分裂の産物で、その基本綱領は反党叛国だ。

農村と牧畜地域では粛清運動を中止し、対象を「封建的な上層階級と王公貴族、知識人」に限ることで、範囲を狭めようと唱えている。それまでに「モンゴル人全員を抉りだしてもいい」との原則で進められていたことと比べると、造反派の反応は敏感だといえよう。

「四月一日の夜九時、紅い電波は人々を興奮させる特大の嬉しいニュースを伝えてきた。中国共産党第九回全国代表大会がついに開催された」、と四月四日の『紅衛兵』第一八四と一八五合期は二色刷りで報道している［楊　2017a］。そして、中国こそ世界革命のセンターである、との詩が紙面を飾った（写真31）。

アフリカのジャングルの中には、延安の横穴からの火種が輝いている。

静まり返ったロシアの大地にも、天安門からの光芒が照らされた。

毛は日中戦争中に延安の横穴の中に隠れて内戦を勝ち取る秘策を練っていたので、紅衛兵はそれを「延安の横穴からの火種」だとし、アフリカ各国の共産ゲリラを支援していたことを礼賛している。紅衛兵は、常に世界革命の中で自らを位置づけてきた。そうした流れの中で、内モンゴル大学に進駐していた工人毛沢東思想宣伝隊や解放軍毛沢東思想宣伝隊もまた「階級の隊列を清理する際には政策を守ろう」とそれまでの暴力中心の路線を修正しはじめた、と『紅衛兵』第一八六期は四月九日に報道している［楊　2017a］。

中国人政治家の演出

四月一三日は、「中共中央の内モンゴル問題を処理する決定」（紅八条）が出されて二周年にあたる記念日だ。『紅衛兵』は、この日に第一八七と一八八の合期を刊行して「歴史的経験は注目に値する」と呼びかけた［楊　2017a］。誇大な表現に満ちた文である。

> 「紅八条」は宇宙を打ち破った春雷の如く、内モンゴルの上空を覆っていた妖風毒霧を追い払い、紅い太陽が草原を照らすようになった。

写真31　中国共産党第九回全国代表大会の開催を伝える『紅衛兵』。

文は続いて一九六七年に北京で発生した「二月逆流」は譚震林将軍らによる反党事件だとし、内モンゴルでも王鐸と王逸倫らの保守派が同様に造反派を弾圧してきたと主張する。保守派は何と造反派の紅衛兵を内モンゴル人民革命党員だとしてでっちあげている、という。造反派は常に毛主席の路線を守り、工人階級の指導を受けてきたので、保守派の陰謀は成立しない、と唱えている。

内モンゴル自治区では確かに王鐸や王逸倫らわずか数人の中国人政治家がほんの一時的に保守派として追放されたことがある。北京の譚震林らのように公然と毛の文革発動に正面から異議を唱えたことは一度もない。後に文革が終了した後に政権に復帰した王鐸と王逸倫らは紅衛兵からの批判を利用して自らの短期間の失脚を誇大妄想的に「内モンゴルの二月逆流」だと強調した［郝維民 1991］。それは、何万人ものモンゴル人がジェノサイドの対象とされていた事実を隠蔽し、中国人も被害者だという嘘を演出するための政治的なショーに過ぎない。

空しい造反

北京の動静に敏感な呼三司は四月一六日の『紅衛兵』第一八九期で中国共産党第九回全国代表大会の公報を掲載し、党の政策の実施を強調した［楊 2017a］。この時期、都市部に残っていた青年たちを農山村へ追放する運動は以前よりも急ピッチで進められていたが、高級幹部の子弟らは逆に特権を利用して下放先から都市部に戻って来ていた。『紅衛兵』は、「特権を利用して上山下郷運動を破壊するブルジョアジーは絶対に許さない」と憤慨している。貧しい農山村に流されて、都市部に戻れないのは一般の人民の子弟で、一度は打倒されたものの、既に少しずつ復活していた保守派からなる共産党の幹部の子どもは都市部に帰って就職できる。造反してまで既存の制度を改革しようとしても、最終的には共産党の既得利益者たちが造りあげた制度そのものを動かすことはできなかった。すべてが元の鞘に戻りつつあった。

筆鋒鋭い戦猶酣というペンネームを持つ人物も四月一九日の『紅衛兵』第一九〇期で「毛主席の万寿無疆を慶祝する」との空虚な文を寄せて、紅い太陽神に最大限の賛辞を送った［楊 2017a］。そして、「現代のツァーを打倒せよ」との文はロシアがいかに中国を侵略してきたかを詳述し、「ソ連修正主義者集団はレーニンを裏切った」と罵倒している。党大会の期間中も国内の人民の不満を外国に転換させようとしていた北京当局は当時、執拗にソ連の「侵略」を批判するキャンペーンを繰り広げていたので、内モンゴル自治区の造反派もその潮流に乗っていたのである。

「チョモランマ峰は頭《こうべ》を挙げて歓笑し、長白山の麓に万国旗が翻る」

とこのような「党への讃歌」を『紅衛兵』第一九一期は載せて、「紅い旗を高く掲げて前進しよう」とスローガンを叫ぶ［楊 2017a］。他にニュースがなかったし、紅衛兵新聞の役割も終焉に近づきつつあったからである。二六日、二色刷りの『紅衛兵』第一九二と一九三合期は一面を微笑む毛の肖像画で装飾し、第九回全国大会の公報と中央委員候補のリスト、そして後継者の林彪と周恩来らを率いて投票する毛の写真などが他の版面を占めた［楊 2017a］。

3　紅衛兵運動の「正しい方向」

不要となった造反派

モンゴル人の支配者である中国人の滕海清将軍は四月二四日に低姿勢でフフホト市に戻ってきた。「階級の隊列を清理する運動の過程で強制的な自白を進め、粛清を拡大してしまった」、と毛沢東の側近康生に指摘されたからだ［楊 2009a］。このような情報も少しずつではあるが、非公式のルートを通って内モンゴル自治区に漏れ始めていた［楊 2017a］。

五月七日、『紅衛兵』第一九六期は「革命幹部と革命的な保護者」への手紙を公開し、「息子たちを農民にしよう。子どもたちを反修正主義の前線に立たせよう」と呼びかけ、政府が進める下放政策を擁護した。表面的には党と政府の政策を守ろうとしているが、実際は幹部の子弟が都市部に戻る「回城風」を批判している［楊 2017a］。「ブルジョアの子弟たちが都市に帰る」ことは、造反そのものへの否定、文革そのものへの反動につながるので、呼三司は「紅衛兵運動の唯一の正しい方向」との文を載せて、生き残りをかけて叫んだ。文はいう。

ここ数年来、何千何万もの呼三司の紅衛兵と革命的な知識青年が毛主席の最高指示を銘記して、ブルジョアの知識人が統治する学校から出発して農村と牧畜地域の階級闘争の最前線に赴いた。……工農兵と結合するのは偉大な領袖の毛主席が指し示した明るい道で、反修正主義の重要な措置だ。無産階級の後継者を育成する重要な道程で、紅衛兵運動の唯一の正しい方向だ。

紅衛兵は毛の政策を絶賛し、自らを「革命の後継者」だと位置づけている。「偉大な領袖」は、政敵を倒すのに青少年に限られた造反権しか付与しなかった。革命の後継者も自らの子孫、それも文革運動の初期に暴力をほしいままに駆使した「老紅衛兵」でなければならない。一般人民の子弟からなる造反派紅衛兵は使い捨てにされる運命だ。今日、中華人民共和国の全権力を握っている習近平指導部は「老紅衛兵からなる後継体制」である。

中国人移民の増やし方

滕海清将軍は五月八日午後五時一五分にそれまで「右傾機会主義者」だと批判していた高錦明を革命委員会に招き、第九回全国大会の精神をいかに自治区内に伝達すべきかと「謙虚」に相談した。一三日、北京は滕海清を呼び、「内モンゴルは反修正主義の前線に位置するので、ソ連の侵攻に備えるよう」指示した［楊　2009a］。これらはモンゴル人大虐殺を隠蔽し、不満を外へ向けて発散させるための陰謀だ。『紅衛兵』も五月一一日付の第一九七期で「備えを強化し、戦う準備を」との文を掲載して党中央の謀略に加担した［楊　2017a］。

ソ連の侵攻を想定し、モンゴル人の反乱を抑えるために、中国政府は「北京軍区内モンゴル生産建設兵団」を新たに設置した。
「北京軍区内モンゴル生産建設兵団」を発足させたのは、中国人の移民をモンゴル人の草原に送り込み、人口の面でも圧倒的な多数を占め続ける戦略である。台湾の研究者によると、中国は一九五七年から一九六七年までの間に四〇〇万人もの中国人をモンゴル人の草原に入植させた［袁稼禾　1967］。「北京軍区内モンゴル生産建設兵団」が成立した際も、広東省から八〇万人、福建省から二七万人、北京市と天津市から三五〇〇人を移住させていた。地元の呼三司系統の紅衛兵も二三〇〇人余りが「北京軍区内モンゴル生産建設兵団」に編入されていた［呉錦蔭　1969］。中国政府はモンゴル人を大虐殺してから大量の移民を国境地帯に送り込んで不満を抑え、同胞の国モンゴル人民共和国への避難の道を断ち切った。自らの故郷において、後からやってきた圧倒的多数の中国人に支配されるようになったモンゴル人はジェノサイドの対象にされただけでなく、生来の権利を喪失し、父祖の代から住み続けてきた草原まで占領されたのである。

赫々たる「戦功」が創出した「毛主席の天と地」

後から判明したが、滕海清は四月一九日に党中央に「反省文」を出して、自らの「間違い」を次のように振り返った［楊　2009a］。

私の間違いは少しずつ、一九六八年一一月に開かれた自治区第四回革命委員会の後から大きくなったものだ。この第四回革命委員会の前に、全自治区で一三万人のウラーンフーの黒いラインに属する者を抉《えぐ》りだしていた。この時点で既に強制的な自白などの現象が現れていた。
第四回革命委員会の後は農村や牧畜地域まで広がっていった。……昨年一一月から今年の三月一五日までの間にはさらに二五万人（そのうちの六万八四〇〇人は内モンゴル人民革命党員）を抉りだした。極少数者は悪者だったが、間違えられた良い人が多数を占める。モンゴル人の幹部と群衆の中に傷ついた者はさらに多く、民族間関係にも緊張をもたらした。ほとんどの者は強制的な自白で内モンゴル人民革命党とされたのである。例えば、集寧市の二〇〇人足らずの機関内でも一四四名の内モンゴル人民革命党員を抉りだした。その八〇パーセントは貧しい出身の幹部と共産党員だった。内モンゴル軍区、騎兵第五師団、独立第二師団でも、八〇パーセント以上のモンゴル人将校が内モンゴル人民革命党員だった。

滕海清からの反省文を受け取った毛沢東は五月二二日に「階級の隊列を清理する運動の中で、内モンゴルは拡大化してしまった」とつぶやいた。中国政府は「偉大な領袖」の言葉をその日に因んで「五・二二指示」として公式見解とした。これが、「偉大で、光栄で、正しい中国共産党」のモンゴル人ジェノサイドに関する総括である。「拡大化してしまった」という表現は、目的や手段は正しいが、規模を大きくしてしまったとの意味で、モンゴル人を虐殺する運動そのものが過ちだったとは認めていないのである。

毛の「五・二二指示」が発表されたのを受けて、五月三一日付の『紅衛兵』第一九八期は「団結して過ちを是正し、一層の勝利を得よう」との文を載せた［楊 2017a］。文章は極力、モンゴル人ジェノサイドを軽微なものにしようと画策している。

毛主席はこのほど鋭く、「階級の隊列を清理する運動の中で、内モンゴルは拡大化してしまった」とおっしゃった。党中央も再三にわたって内モンゴルの過ちを批判していた。毛主席と党中央の呼び掛けの下で、わが自治区の各民族の人民は立ちあがり、過ちを克服しようと団結している。

モンゴル人が何万人もの犠牲者を出して得たものは、「毛沢東思想の戦士だ」との空しい称号だ。古くからの草原はキリング・フィールドと化して、「毛主席の天と毛沢東思想の大地」に改造されたのである。中国政府と中国人は両手をモンゴル人の鮮血で赤く染めても、かえってモンゴル人の心は北京に向いているとの虚言を広げて遺族たちを侮辱している。

4　『呼三司』への回帰

造反派の喉と舌

紅衛兵の命運も尽きそうになってきた七月一二日、造反派はその機関紙の名を再び『呼三司《フーサンス》』

に戻して、最後の小さな希望を託した［楊 2017a］。編集部も「内モンゴル呼三司紅衛兵代表会」から「内モンゴル呼三司紅衛兵代表会大批判指揮部」に変わった。ここでいう「大批判」とは滕海清批判を意味している（写真32）。

「滕海清が惨憺と経営してきた独立王国は、毛沢東思想で武装された内モンゴルの一三〇〇万人の各民族人民の突撃により、粉砕された」、と復刊した『呼三司』はその社説で宣言している。「独立王国」という言葉は、それまで専らモンゴル人のウラーンフーに対してのみ用いられてきたが、ついに虐殺の指揮官を指して呼ぶようになったのである。復刊の言葉は次のようになっている。

一時は滕海清によって抑圧されていた革命的造反派の喉と舌である『呼三司』報は新しく生まれ変わった。『呼三司』は滕海清批判運動の中で生まれ変わった。これは、滕氏の左傾機会主義路線に対する宣戦だ。『呼三司』の新生により、

呼三司

毛主席语录　无产阶级文化大革命，还有些事没有做完，现在还要继续做，譬如讲斗、批、改。

（原《紅卫兵战报》）
内蒙古呼三司紅代会大批判指挥部
一九六九年七月十二日　第三号

社论　克服阻力 把批滕运动进行到底

《呼三司》报复刊詞
（一九六九年七月十二日）

写真32　紙名を『紅衛兵』から『呼三司』に戻した新聞。

毛主席が発動した紅衛兵運動は勝利から勝利へと向かうものと我々は確信している！

造反派紅衛兵は最初から最後まで毛沢東と共産党に振り回されてきたので、紙名を『紅衛兵』から『呼三司』に戻しても新生とはいえなくなっていた。それは、最初の改名すなわち『呼三司』から『紅衛兵』になった時点で既に本来の造反精神が否定されて、毛沢東と党中央の道具に転落したことを意味するからである。造反といっても、多くの研究者が指摘しているように、それはあくまでも「勅旨を奉った上での造反」に過ぎなかった。政敵を倒す時は青少年たちを唆す。いざ政敵がなくなると、農山村に下放するだけである。造反派は孫悟空だ、と毛にそう呼ばれていた。それは、造反派の頭に最初から「緊箍児《きんこじ》」という金輪が付けられていたからである。内モンゴル自治区の場合だと、滕海清将軍はみごとに紅衛兵を指揮して何十万人ものモンゴル人を虐殺して「革命の任務を完成した」ので、もはや「紅衛兵運動も勝利から勝利へと」進められなくなったのである。

最後の役割は惨状暴露と「犯人」捜し

新生した『呼三司』は早速、滕海清将軍が指揮した人民解放軍と革命委員会がオルドス高原で進めた虐殺の惨状を暴露している。造反派もモンゴル人と共に迫害されていたからである。オルドスは当時、イケジョー盟の管轄下にあり、そのうちのダルト旗には「一八万人の各民族人民」が生活していた。勿論、圧倒的多数派を占めるのは中国人だ。内モンゴル人民革命党員を抉りだして粛清する運動の中で、ソハイト人民公社のある牧畜業大隊には一七四戸の牧畜民がいたが、そのうちの一一二戸が内モンゴル人民革命党員に認定された。牧畜業大隊はほぼモンゴル人だけからなり、中国人はどこに侵入しても必ず農業を営む。ここでは様々な暴虐が発動され、「女性の陰部に雪の塊を入れるなどの反人道的な行為があった」、と「イケジョー盟ダルト旗滕海清批判連絡センター」は六月二六日に書いている。報告書にはまた以下のような実例がある。

ダルト旗楡林人民公社の「東総」という造反派組織のリーダーの王汝栄同志も家族全員と共に新内モンゴル人民革命党員とされた。彼は長期間にわたって批判闘争され、さらし者にされた。彼の父親も死に追いやられ、出産したばかりの妻も捕まって凌辱された。また、塩店人民公社の「東総」のリーダーの潘俊同志も内モンゴル人民革命党員とされて暴力を受けた。彼は凌辱に耐えられなくなって電信柱に上って、自らの腹を切って腸を引き出して「私は内人党ではない。私を迫害した奴は天罰を受ける」と叫んだ。

上の実例の中で、自らの腸を取りだして自害した潘俊の話は、全自治区で広く知られており、筆者も以前に別の人物から聞いた経緯を『墓標なき草原』(下)で書いたことがある[楊 2009c]。このような凄惨な実態が被害者からだけでなく、造反派の報告書にも現れている事実に注目すべきであろう。

「彼を捕まえろ」

と新『呼三司』第四号は一九六九年七月二七日にこう呼びかけた。彼とは、作家のウラーンバガナを指す［楊 2017a］。既述のように、滕海清将軍は康生の指示を受けて、「モンゴル人の悪人をモンゴル人の手で抉りだす」内紛劇を創出するために、モンゴル人協力者を探していた。中国人が見つけたのは、作家のウラーンバガナだった。ウラーンバガナは滕海清将軍から与えられた政府の極秘資料を利用して、合計一八〇部もの内モンゴル人民革命党に関する報告を書き上げた。

滕海清の指示を受けたウラーンバガナは一九六七年冬から一九六九年春にかけて、フフホト市内で二十数回にわたって講演会を開き、有名な「四つの進化論」を展開して中国人たちを喜ばせた。それは、「内モンゴルの共産党は内モンゴル人民革命党から進化したもの、内モンゴルの軍隊は内モンゴル人民革命党の自治軍から進化したもの、内モンゴルの幹部は王公貴族から進化したもの、内モンゴルの共産主義青年団は内モンゴル人民革命青年団から進化したもの」という解釈である。彼はまた演説の際に「内モンゴル人民革命党の自治軍はジェリム盟からジョーウダ盟まで攻めた際に、遼河両岸の漢族人民を全部、殺した」と話し、「漢族の同胞のために仇を取ろう」と会場で煽動していた。

『呼三司』の指摘通りに、ウラーンバガナは悪質な煽動をやっていた。ただ、講演会といっても、中華人民共和国では政府の許可がなければ絶対に開催できない。滕海清と自治区革命委員会の主催でない限り、ウラーンバガナは演説できない。ウラーンバガナは紅衛兵から批判され、一九八七年に裁判にかけられ、中国政府が演じる「正義の犠牲用のヒツジ」とされたが、彼が書いたとされる報告書の一部は筆跡が違っていたのも判明していた。それでも、彼は懲役一五年の刑に服役しなければならなかった［楊　2009c］。

「紅衛兵に何の罪があるのか」

滕海清はモンゴル人を一人も残さないよう内モンゴル軍区で粛清を進めていた。軍区政治委員の呉濤は、北京の命令で飾りとして残されていた、ただ一人のモンゴル人だった。滕海清はその呉濤をも倒そうと動いていた。滕海清の部下の鐘長宏はモンゴル人の兵士サイシーを逮捕してリンチし、「呉濤はハーフンガをボスとする内モンゴル人民革命党の中央委員だ」と強制的な自白を書かせた。サイシーは一九六八年一二月一三日から翌年の五月五日までに計五万字に上る嘘の証言を書かされて、呉濤の「民族分裂主義的罪証」を挙げさせられた。『呼三司』は八月四日の第五号でこのサイシーが受けた迫害の様子を詳しく紹介し、最後に「紅衛兵に何の罪があるのか」、と感嘆した［楊　2017a］。

毛の「五・二二指示」が出されたにもかかわらず、滕海清は造反派を抑圧する政策を中止しようとしなかった。また、逮捕監禁しているモンゴル人を解放して名誉を回復しようともしなかったので、呼三司は不満である。

私たちの偉大な領袖毛主席は英雄的な紅衛兵に対し、「わしはあなたたちを堅く支持する」とおっしゃった。毛主席の親密な戦友である林彪副主席も「紅衛兵の戦士たちと革命的諸君の闘争方針は正しいので、毛主席と党中央はあなたたちを支持する」と話していた。江青同志もまた「紅衛兵万歳」と叫んでいた。

呼三司の造反派は一所懸命に過去に毛と林彪、それに江青夫人から支持されていた証拠を持ちだしているが、もはや滅亡の趨勢は挽回できなくなっていた。紅衛兵の名誉回復どころか、やがてモンゴル人大虐殺だけでなく、破壊行為もすべて造反派が行ったものとして、新たな罪の転換も始まっていたのを彼らはまだ知らないのである。

八月二八日、『呼三司』第七号の一面にモンゴル人の呉濤政治委員の談話が載った［楊 2017a］。「誤って内モンゴル人民革命党として粛清された者の名誉を回復し、関連の資料を燃やすよう」、と呉濤は指示している。滕海清は表舞台に出て来なくなったが、彼の部下であるフフホト市公安局政治部主任の馬伯岩らは頑としてモンゴル人の名誉回復を阻止し、造反派を弾圧する姿勢を改めようとしなかった。

このような極めて混沌とした状況の中で、呼三司系統の造反派は静かに消えていった。彼らを待っていたのは「暴力の代替者」となる運命である。ジェノサイドを指揮してきた滕海清将軍は何もかも不問とされ、一九七五年一〇月一日に山東省の済南軍区副司令官のポストへと栄転していった。中国政府にとっては、何万人ものモンゴル人の命も滕海清一人に及ばなかったのである。「新生」の『呼三司』も、まもなく紙屑と化していったのである。

造反派紅衛兵の性質と特徴

紅衛兵新聞は文革期における青少年の思想的動向を知る上で欠かすことのできない第一次資料である。内モンゴル自治区の場合だと、民族問題と関連し、以下の三点の特徴があると指摘できよう。

第一、自治区政府機関に勤めていた共産党の幹部たちが文革以前の一九六五年秋から反モンゴル人、反ウラーンフーの姿勢を見せていた。特に党委員会や社会科学院のような政府系研究所で貼りだされた壁新聞は最初からウラーンフーとそのモンゴル人部下たちが推進してきた民族自治政策を攻撃していたし、中国人対モンゴル人との構図も鮮明であった［楊 2016a］。党政府機関や研究所の研究者たちに比べると、青少年学生は一九六七年五月四日あたりから「反民族分裂」に照準を当てていく。造反派も最初は首都北京の紅衛兵と同様に、反ブルジョアや派閥間の抗争に関心が強かった。ただ、反ウラーンフーの態度は明確であり、ほぼ毎号のようにモンゴル人の指導者を取りあげては批判してきた。

第二、造反派紅衛兵の政治的な嗅覚は鋭く、常に北京の党中央と緊密に連動し合っていた。例えば、江青夫人が文藝界の黒いラインを批判すると、内モンゴル自治区でもたちまち「文藝界の黒いラインに属すモンゴル人」を抉りだして粛清するキャンペーンを開始した。自治区革命委員会は一九六八年一月に正式に「ウラーンフーの黒いラインに属す者を抉りだして粛清し、その毒害を一掃する運動」を決定している。また、従来では一九六八年二月六日から自治区革命委員会が内モンゴル人民革命党員を粛清する件に関する会議を開いたとされてきたが、呼三司は早くも一九六七年一二月一六日に既に同党を攻撃している。どちらも革命委員会よりも先にモンゴル人の政治家と近現代における民族自決の政党を批判している事実は、政府が造反派を利用して世論を形成し、その上で正式に粛清を決定するというプロセスを辿った可能性を物語っている。造反といっても、終始限られた「勅旨を奉った造反」だったため、紅衛兵も積極的に政府に呼応していたのである。運動の後半に至って、モンゴル人大虐殺運動を進めていくうちに疑問を感じ、動揺し、場合によっては政府のやり方に「政策に合致していない」と抵抗することもあった。

第三、造反派は文革の初期から高級幹部の子弟からなる老紅衛兵と袂を分かち、共産党体制に対する不満や批判を胸中に潜めながらも、「偉大な領袖」と党中央に追随する姿勢を放棄しなかった。換言すれば、造反派も常に体制側に立ってモンゴル人を敵視し、ウラーンフーの民族自決思想を批判し、自治政策を否定してきたのである。毛沢東は体制改革に青少年を登用する気は毛頭なく、政敵の打倒に彼らを動員しただけである。政敵が倒れた後は青少年を農山村に追放し、再び生き残った党の幹部たちを復活させた。当然、高級幹部の子弟からなる老紅衛兵も蘇って「革命の後継者」のポストを独占し、庶民の子弟から構成される造反派に文革の負の責任をすべて転嫁させた。一九六七年春から一九六九年秋までという短い二年半であったが、紅衛兵新聞には限られた造反精神と、中国の民族問題に関する青少年なりの見解が含蓄されているのである。

Ⅱ　労働者と知識人、農民の造反

第9章
立ち上がる労働者

造反といえば、学生の行動、というイメージが強い。内モンゴル自治区の場合だと、学生中心の造反派は呼三司だった。実際、文革が発動されると、労働者や政府機関の幹部も「造反」して立ち上がった。彼らの多くは「造反」と自称したが、公然と保守を自任するグループもいた。彼らは学生と異なる形で民族問題に取り組んだ。紅衛兵以外の内モンゴル自治区の群衆組織もまた新聞を印刷し、発行していた。以下では工人すなわち労働者の『工人《ゴンレン》戦報』と『工人風雷』等を取り上げる。各界の団体が「自由」に言論活動を展開していたように見えるが、実際は学生たちと同じように例外なく政府のコントロール下にあった。

1　労働者の思想たる『工人戦報』

労働者新聞の登場

「内モンゴル東方紅工人革命造反公社」は呼三司系統の造反派で、彼らは『工人戦報』を発行していた（写真33）。『工人戦報』の第四期は一九六七年三月一二日に自治区首府に以下のような造反派団体が成立した、と記録している［楊 2018a］。

一九六七年三月上旬：内モンゴル第二毛紡織廠紅衛兵革命造反司令部と東方紅紅衛兵革命造反聯合指揮部など七つのグループが「革命造反派聯合総指揮部」を結成した。

三月七日：第二毛紡織廠紅衛兵革命造反司令部が機関紙『革命風暴』を創刊した。

三月九日：内モンゴル工学院井崗山革命造反兵団と東方紅革命造反大軍、紅旗指揮部と東風革命造反兵団らが大聯合を実現させ、「内モンゴル工学院革命造反委員会」を形成した。

こうした大聯合の旗印の下で、内モンゴル工人革命造反総司令部と内モンゴル東方紅工人革命造反公社、内モンゴル東方紅革命造反公社という三つの労働者団体が四月五日に合流し、新たに「内モンゴル東方紅工人革命造反総司令部」（工総司）の名で『工人戦報』を編集することになった［楊 2018a］。同紙編集部はフフホト市内の中山東路にある内モンゴル共産主義青年団の本部棟に置かれていた。

労働者らは四月九日の午前に師範学院のグラウンドに集まり、総数八万人からなる大規模集会を開き、資本主義の実権派とされる劉少奇を批判した。この時、モンゴル人の高級幹部、自治区党委員会宣伝部副部長のトグスも造反派と共に行動していた。彼らはまた全自治区に打電し、労働者階級の相互の連携を訴えた。既に述べたように、激しく対立する内モンゴル自治区の各種群衆組織に対し、北京は「内モンゴル問題を処理する中共中央の決定」を出して対応した。内モンゴル東方紅工人革命造反総司令部は「全自治区の人民に告ぐ書」を公開し、造反派の勝利を称賛し、保守派に態度を改めるよう呼びかけ、機関紙の『工人戦報』も政府の決定に従う姿勢を示していた［楊　2018a］。

『工人戦報』紙の特徴は常に政敵をモンゴル人の政治家ウラーンフーと結びつけて批判していることだ。同紙第九期は、「ウラーンフーは劉少奇のブラック司令部のメンバーだ」とし、その牧畜政策を

七律
冬云　毛泽东
一九六二年十二月二十六日
雪压冬云白絮飞，
万花纷谢一时稀。
高天滚滚寒流急，
大地微微暖气吹。
独有英雄驱虎豹，
更无豪杰怕熊罴。
梅花欢喜漫天雪，
冻死苍蝇未足奇。

认清形势　发动羣众
打垮資产阶級反动路綫新的大反扑
本报編輯部

工人战报
内蒙古东方红工人革命造反总社主办
第四期　一九六七年三月十二日

写真33　労働者たちの『工人戦報』第４期。

「反革命修正主義的」だと攻撃した［楊　2018a］。このような自治区の造反派に対し、首都北京の「紅代会」と「天津大学八・一三」、「天津工学院毛沢東思想紅衛兵」らが声援を送っていた。

民族間の憎悪を煽る周恩来

四月二五日に農牧学院「紅旗」と師範学院の「東縦」のメンバー七九人が保守派に拉致される事件が発生した。『工人戦報』第一〇期は五月四日に保守派「紅衛軍」と「工農兵革命委員会」、それに「紅色工人総部」の拉致行為を「反革命」だと批判した。こうした「反革命的な行動」を指揮しているのは、保守派組織の指導者樊俊智と張三林、漢南と常秉権らだという。保守派は北京から進駐してきた人民解放軍の司令官滕海清も造反派側に立っていると見て、その秘書官を襲撃した。『工人戦報』は第一一期で保守派が起こしたとされる数々の「反革命的罪行」を列挙してから、「反革命的保守派が投降しないなら、彼らを滅亡させよう」との挑発的な論評を載せた［楊　2018a］。

造反派の労働者許克灯が保守派の「紅色工人」によって五月一二日に襲われて死去すると、『工人戦報』第一二期は五月二六日に長い追悼の文を掲載した［楊　2018a］。同紙の報道によると、シリーンゴル盟では保守派で、盟公署第二書記の張広前が自派の「大聯合」を指揮して五月二〇日に造反派の「一・二六」を襲い、三〇〇人余りを負傷させたという。造反派を応援しようとして自治区首府からシリーンゴル盟入りした「内モンゴル東方紅工人革命造反総司令部」（工総司）と内モンゴル大学井崗山、魯迅兵団らメンバー二十数人もアバガ旗内で阻止されたという。保守派は簡単に造反派の正統性を認めようとしないので、『工人戦報』は五月二八日に増刊号を発行し、去る四月二七日午後四時五〇分に周恩来が保守派を諭した際の講話を全文公開した〔楊 2018a〕。周恩来はその際に、「内モンゴル軍区の一部の指導者たちが二月五日以来、左派を支持する運動の中で過ちを犯した。ウラーンフーとその代理人が今般の事件を操作している」、と話していた。

「二月五日の過ち」とは、人民解放軍の将校柳青が師範学院の造反派学生韓桐を射殺した事件である。造反派はこの一件を自派の悲劇だと見ているし、保守派も学生に非があるとして譲らない。そこで、一国の総理が群衆同士の対立の矛先を転換させようとして、モンゴル人の政治家が裏で事件を操作した、と無責任の発言をしている。周恩来は繰り返しウラーンフーを批判するよう保守派を説得しており、情報機関のトップ康生もこれに同調している。中国政府の指導者は中国人とモンゴル人との対立を解決しようとするのではなく、逆に民族間の憎しみを意図的に煽動していた。こうした証拠は、本書前半の学生たちの新聞にも出ていたのは、既述した通りである。

敵はモンゴル人のウラーンフー

党中央に支持された造反派は六月二五日の午前中に、フフホト市内の新華広場で三万人からなる集会を開いた〔楊 2018a〕。学生韓桐を射殺した人民解放軍の将校、柳青が軍内の造反派によって会場に護送されて来ると、「こいつを銃殺せよ」とのシュプレヒコールが沸き起こった、と『工人戦報』第一八期は報道している。「党内にいて、資本主義の道を歩む実権派」の梁一鳴と胡常倫、寧雲程とポンスク、蘇雷とウラーン、ウユンナーら、保守派の樊俊智と張三林らも「反革命分子」として吊し上げられた。集会は最後に「造反派が勝利し、敵の保守派の威勢を圧倒した」と宣言した。

七月一一日、『工人戦報』第一九期は保守派陣営から造反派に寝返った（殺回馬槍）兵士の文章を載せ、解放軍上層部がいかに「革命的群衆を騙し、弾圧してきたか」を暴露している。「騙された同志を恨まないで、革命的大聯合を実現させよう」、と『工人戦報』は七月二五日に第二〇と二一期の合期を発刊した［楊　2018a］。同紙によると、北京の造反派組織は党中央に手紙を出し、ウラーンフーを直接闘争したい、と要請したという。

『工人戦報』は八月九日にその第二二と二三合期を内モンゴル大学井崗山兵団の機関紙『井崗山』と合同で発行した［楊　2018a］。「造反派は猛烈に突撃するだけで、文質彬彬《ぶんしつひんぴん》として座って議論するのが苦手だとの見方はあるが、それは正しくない」、と反論している。そして、具体的な議論の第一弾として、「中国のフルシチョフたる劉少奇が、現代の殿様であるウラーンフーを庇った罪行」を批判している。ウラーンフーの民族政策と経済政策は劉少奇と一脈通じていた。そのため、華北局前門飯店会議が開かれていた一九六六年七月二日に、劉少奇が党中央を代表してウラーンフーを呼びつけて面談した際も、その対応は「生ぬるかった」。劉少奇は、「あなたが反大漢族主義だけを強調して、地方民族主義に反対しようとしなかったのは、社会主義ではない」、と軽く注意した。しかし、「ウラーンフーの民族分裂主義は簡単なものではなく、根が深い」、と造反派は論じている。

八月二三日の午後、造反派はフフホト市内の灯光球場というグラウンドで「反革命修正主義分子、民族分裂主義分子のウラーンフー集団の中心メンバーの李貴と陳炳宇」を吊し上げた。『工人戦報』は八月三〇日付の第二四と二五、それに二六の合期で引き続きウラーンフーを劉少奇の家来だとして批判し、群衆の行動を礼賛した［楊 2018a］。

反モンゴル人で一致する中国人と共産党

「奪権とは、党内にいる一握りの資本主義の道を歩む実権派の権力を奪い取ることだ」、との周恩来が一九六七年八月一一日夜に発表した講話を『工人戦報』第二七期は九月二日に全文掲載し、造反派の奪権行動の正統性を示した。九月八日の第二八期では、「落水狗のウラーンフーを痛打せよ」との社説が巻頭を飾った。社説は次のようにモンゴル人政治家に致命的な一撃を加えている［楊 2018a］。

現代の殿様たるウラーンフーは、我が党内に潜り込んだ封建的な王公貴族と牧主、地主とブルジョアジーの代表で、中国のフルシチョフたる劉少奇の内モンゴルにおける代理人だ。彼は、反党にして反社会主義、反毛沢東思想の反革命分子であるだけでなく、民族分裂主義者でもある。彼は、祖国北方の反修正主義の前哨基地に埋め込まれた時限爆弾である。

罵声は、どれもモンゴル人の政治家がそれまでに進めてきた自治政策と民族政策を完全に否定する内容である。ここから分かるのは、中国人は、共産党の少数民族政策そのものに不満で、他民族を「優遇」するのは、不公平だと思っていたことである。党の民族政策そのものも実際は他民族を「優遇」したものでも何でもなく、単にモンゴル人の固有の領土を占拠して自国に併合し、モンゴル人を完全に支配して同化させるためだったに過ぎない。この点では、党と政府は「優遇」の看板を振りかざして漸進的だったのに対し、一般の中国人の方が急進的だったくらいで、両者に本質的な違いはなかったのである。

周恩来は九月一日に北京市革命委員会常務委員会拡大会議でスピーチをし、経験交流と称して全国各地を動き回っている紅衛兵は地元に戻って革命をするよう呼びかけた。内モンゴル自治区革命委員会準備組も九月三日に緊急会議を招集して、党中央に呼応した。紅衛兵は北京に行かずに、地元でウラーンフー批判に専念するようとの決定が会議で採択された［楊 2018a］。

では、地元の自治区で具体的に誰を、どのように批判すればいいのか。『工人戦報』第三〇と三一の合期は九月二二日に「内モンゴルの最大の叛徒、ウラーンフーを打倒せよ」との文を掲載して、実例を示した［楊 2018a］。批判文によると、ウラーンフーは一九二九年に留学先のソ連から南モンゴルに帰ると、すぐさま国民党の駐綏遠《すいえん》軍の傅作義《ふさくぎ》に「帰順」して、新編第三師団の中校科長になった。その後、同軍を離れて一九四一年に共産党の割拠地延安に入り、「民族学院に潜り込んで、教育長となった」。ここから、彼は故郷のトゥメト出身のモンゴル人雲北峰と浩帆らを「糾合」して、「反革命集団」を作ったという。ウラーンフーが自治区の権力を独占してからは、彼の出身地の西部トゥメトだけでなく、東部出身のモンゴル人をも重用し、自身の「決死隊員」を増やしていった。その典型的な人物の一人が、オルドスのボインバトだ、とフフホトの造反派たちは主張している。

2　工人の風雷

群衆組織と党、軍隊の三者が大聯合をし、「三結合」しなければならない、と北京は命じてきた。党中央の「三結合」政策に併せるような形で、労働者団体は離合集散を経て、一九六七年一〇月二四日に創刊されたのが、『工人風雷』である［楊　2018a］。

記念碑的煽動文章

同紙の「創刊の詞」は以下のようになっている。

国内外の素晴らしい情勢の下で、内モンゴルのフフホト市の工業と交通、それに財貿戦線において、もう一つの毛沢東思想の大学校、工人代表大会（工代会）が誕生した。工人代表大会が主催する、フフホト市の労働者たち自身の新聞、『工人風雷』がここに誕生した。

同紙によると、一〇月一日までに市内の各労働者団体を集めた会議が招集され、組織の「三結合」が政府から強く求められた。「三結合」の結果、『工人風雷』が現れたのである（写真34）。同紙は第一面に「敬愛する毛主席に忠誠を尽くす電報」を載せ、「三結合政策に忠実に従う」と恭順な態度を示している。新たに大勢力となった「フフホト市工人代表大会（工代会）」は主としてフフホト市鉄路局と交通系統、それに軍事企業の河西公司内の造反派からなっていた。

『工人風雷』は一一月一七日付の第三期で劉少奇と鄧小平を批判し、二七日付の第四と五の合期では「工業戦線におけるウラーンフーの罪行を徹底的に清算しよう」と気炎を上げる［楊 2018a］。そして、去る二四日にモンゴル人のトグスが「揪みだされた」のを出発点に、内モンゴル自治区の文藝戦線への攻撃は始まった、と認識している。というのも、「文藝界は、現代の殿様たるウラーンフーが祖国の統一を破壊し、二〇世紀における大モンゴル帝国を建立しようとした、狼の陣地だから」である。

工人風雷
呼和浩特工代会主办
第八期 (共六版) 一九六七年十二月廿六日
祝毛主席万寿无疆
·本报编辑部·

写真34　『工人風雷』第8期。

自治区革命委員会の委員の中で、ごく少数となっていたモンゴル人高官のトグスが失脚した衝撃は大きかった。「専らブラック・ハンドを揪みだすフフホト市革命造反派」と「叛徒を揪みだす内モンゴル聯絡站」が連名で書いた「反革命修正主義分子にして、民族分裂主義者のトグスの罪行」との文が『工人風雷』第七期に載ったのは一二月一五日のことである［楊　2018a］。この著名な批判文の主旨は以下の通りである。

ジェリム盟ホルチン右翼中旗の「地主階級の家庭」に生まれたトグスは、若い頃から「貧しいモンゴル人と漢人人民を抑圧した」。「日本の鬼ども」が侵略してくると、一九四三年に満洲国建国大学に入った。日本が投降すると、彼はウラーンフーとハーフンガらと「結託」して「モンゴル復興、モンゴル統一という反動路線を歩んだ」。南モンゴルとモンゴル人民共和国との統一合併を求める署名運動を進め、失敗した後にはさらに逃亡を図った。中華人民共和国が成立すると、彼はウラーンフーに守られて党の宣伝関係の仕事に携わった。彼は何と、「強大たる内モンゴル人民は漢人の植民地支配下に置かれている」と書かれたモンゴル人民共和国の本を出版し、「祖国を分裂させ、内外モンゴルの統一合併を企てた」。『工人風雷』はトグスの「罪行」を列挙しただけでなく、同時に「内モンゴル人民革命党醜史」との文も載せて、同党党員を討伐する世論を作りだした。自治区革命委員会政府が「内モンゴル人民革命党に関する処理意見」を公文書として出すのは一九六八年七月二〇日である［楊　2010a:126-133］が、中国人造反派組織の同党に対する攻撃はその半年も前から行われていた事実が、『工人風雷』から読み取れる。「反革命修正主義分子にして、民族分裂主義者のトグスの罪行」と「内モンゴル人民革命党醜史」との二つの文章は、モンゴル人大虐殺運動を研究する上で、欠かすことのできない、重要な史料である。

全モンゴル人を粛清するための煽動

「毛主席は天才的に、創造的に、全面的にマルクス・レーニン主義を発展させた」と毛沢東の誕生日にあたる一二月二六日に『工人風雷』第八期は「偉大な領袖」を称賛した［楊 2018a］。一九六八年一月一五日になると、『工人風雷』第九期は毛沢東の著作を学ぶよう呼びかけながら、再びモンゴル人のトグスの「罪」を詳しく並べた。トグスがウラーンフーの政策を忠実に実施し、モンゴル語教育を重視し、ソ連やモンゴル人民共和国との交流にも熱心だったという。モンゴル人民共和国との間でまずは「言語の面で統一」をし、それから「大モンゴル共和国を作ろうとした」、と判断している。労働者の新聞はモンゴル人政治家を批判すると同時に、「旧工会」（組合）の機能をすべて停止させて、代わりに「フフホト市工代会」が全権力を掌握した、と『工人風雷』第一〇期は一月一七日に伝えている［楊 2018a］。

一九六八年一月六日から一八日にかけて、自治区革命委員会は第二回全体拡大会議を開き、正式に「ウラーンフーの黒いラインに属す者を抉りだして、その毒害を一掃する運動」を開始した［楊 2009a］。政府の決定を受けて、『工人風雷』は三月二二日に「副刊第二期」を発行し、「ウラーンフーの黒いラインに属す者を抉りだして、その毒害を一掃する人民の戦争を始めよう」との論評を巻頭に載せた［楊 2018a］。論評では、東部出身で、日本統治時代を経験したために、「日本刀を吊るした奴ら」と呼ばれていたトグスだけでなく、西部トゥメト出身で、「根本から紅い延安派」の雲照光も批判されている。モンゴル人のエリート層が「人民の戦争」の対象になってきたことを意味する評論である。

北京から派遣され、自治区革命委員会主任になっていた滕海清将軍は精力的に各地を回っては、暴力の推進を煽動した［楊　2009a］。一九六八年三月四日、彼は包頭市を訪れ、群衆組織を前にして以下のように話した、と『工人風雷』第一五期は三月二七日に報道している［楊　2018a］。

包頭市は我が国の重要な工業基地の一つであるために、国内外の敵どもからも注目されている。ここにはアメリカと蔣介石、日本とソ連、それにモンゴル修正主義国家のスパイどもが大勢いる。歴史的なスパイもいれば、現行犯もいる。

滕海清将軍の悪質な煽動もあって、後に包頭市はモンゴル人大虐殺の「模範地域」になり、モンゴル人知識人も「日本のスパイ」として粛清された［楊　2009a;2016d; ハスチムガ　2016］。

組織対「社会的基盤」のジェノサイド

造反派の労働者は滕海清将軍に追随する姿勢を鮮明にし、四月二日にも彼が以前に三月二五日に行った講話を『工人風雷』第一六期に全文載せた［楊　2018a］。

滕海清はまず国際情勢について語る。もし、中国がアメリカと戦争したらどうなるのか。中国は一〇〇〇個師団を動員できるが、アメリカはせいぜい八九個師団しか動かせない。目下のベトナムでもアメリカは不利な立場に立たされている。対米の優位を示した上で、滕海清は「ウラーンフーの黒いラインに属す者を抉りだして、その毒害を一掃する人民の戦争」を徹底的に進めるよう、鼓舞している。自治区の最高指導者がモンゴル人に対して「人民戦争」の発動を煽ったことで、中国人がモンゴル人を殺害する行為は正当な「革命的な行動」として開始されたのである。滕海清将軍の講話と、それを大々的に伝える『工人風雷』の果たした役割から見ても、モンゴル人大虐殺運動は個々の中国人の幹部と労働者が暴走した結果ではなく、中国政府が命令し、中国人民解放軍と中国人労働者などが組織的に実施したジェノサイドであることは不動の事実である。

政府が強制的に「大聯合」と「三結合」政策を導入し、各種群衆組織が合流した結果、派閥間の対立は次第に消えていき、代わりに新たな「敵」が政府から示された。ウラーンフーとその「社会的基盤」を成すモンゴル人である。「社会的基盤」、と位置づけている以上、モンゴル人社会全体が中国政府と中国人から排除の対象とされたことになる。『工人風雷』第一八期は四月一〇日に「毛主席の最新の号令」を掲載し、「ウラーンフーを守ろうとする勢力」の粛清を呼びかけている［楊 2018a］。「敵が投降しないなら、滅亡させよう」との暴力を謳歌している。

内モンゴル自治区の造反派は常に北京の動静に敏感に反応していた。『工人風雷』第二〇と二一の合期は四月二五日に「敬愛する林彪副統帥」と「最も、最も敬愛する」（最最敬愛的）毛主席の講話と行動を伝えた。林彪は一カ月前の三月二四日の晩に、人民解放軍の総参謀長代理の楊成武の解任を発表し、代わりに自派の黄永勝を参謀長に任命していた。ここから、林彪系統の軍人が次第に党中央での発言を強めていくことになる。軍人の存在が大きくなるにつれ、文革運動中の位置づけが必要になってくる。「人民解放軍は一つの大きな学校であるべきだ」、と毛沢東が一九六六年五月七日に出した指示、いわゆる「五・七指示」が金科玉条となってくる。『工人風雷』第二三期は一九六八年五月一九日に「五・七指示」を巻頭に飾り、工人と農民、それに学生に学習運動の徹底を求めた［楊　2018a］。

七月一五日、『工人風雷』第二七期はフフホト市革命委員会から出された「ウラーンフーの黒いラインに属す者を抉りだして、その毒害を一掃する運動」の動員命令を一面に全文掲載した［楊　2018a］。動員令は、「古参の革命的な造反派も、新生の団体も一致団結して、人民の戦争を推進せよ」と命じている。いわゆる「新生の団体」とは、元の保守派で、今や造反派に帰順したグループを指している。

「人民の戦争」が作った「模範」

自治区革命委員会主任の滕海清将軍は七月一四日に政府の全体会議で講話を発表し、「ウラーンフーの黒いラインに属す者を抉りだして、その毒害を一掃する運動」に対する新しい見解を示した［楊　2018a］。滕海清は以前に乗り込んで群衆を激励した包頭市の情勢に満足していた。彼は、包頭市の包頭鉄鋼コンビナートと第二冶金工廠が作り上げた「人民の戦争の模範的な経験」を全自治区に広げるよう指示している。その「模範的な経験」とは、人民大衆による「犯人の暴露」すなわち密告である。包頭のような大都市部では「人民の戦争」は順調だが、盟や旗といった地方組織の末端レベルや、自治区の公安庁と文藝界はまだ「敵どもを発見していない」と分析している。このような暴力推進をあからさまに勧める講話を『工人風雷』が掲載すると、労働者は容易にその目標に向けて突進していったのである。何しろ、こうした講話は政府の政策として示されていたからである。

自治区政府革命委員会と内モンゴル軍区は包頭市を、「ウラーンフーの黒いラインに属す者を抉りだして、その毒害を一掃する運動の模範的な地域」だと定めた上で、何回も「包頭市の経験を学ぶ現場学習会」を開催した。『工人風雷』第二九期によると、フフホト市の革命委員会は三回も包頭市に入って、その「先進的な経験」を学んで持ち帰ったという［楊 2018a］。フフホト市革命委員会主任の高増貴は七月一五日に「動員大会」を開き、「市内に潜むウラーンフー一派の走資派とスパイ、妖怪変化どもの掃討」を命じた。党政府の呼び掛けに応じるかのように、「フフホト市文化指揮部」と称する団体は、「一〇〇日間でウラーンフーの決死隊員どもを粉砕する」と誓った。モンゴル人大虐殺運動は、自治区のトップの直々の指示の下で、各級革命委員会の積極的な協力を得て、中国人が「人民の戦争」を発動して組織的に実施したものである。

運動の激化と暴力の増大について行けなくなった人々もいた。『工人風雷』第三〇期は七月二八日にそうした人々は「右傾化の過ちを犯している」と批判した。それだけではない。同紙はまたフフホト市書記の李貴が漢人でありながら、ウラーンフーの民族分裂的活動に参加し、モンゴル人を優遇する政策を実施した、と批判する［楊 2018a］。

李貴を批判したのは、実に深慮遠謀に満ちたやり方である。中国人でも、李貴のように「ウラーンフーの民族分裂的活動に参加」する人がいる以上、モンゴル人は当然、例外はない。それから、共産党の少数民族政策がモンゴル人を「優遇」している以上、モンゴル人の自治も見直さなければならないし、モンゴル人から「奪権」する必要もある。というのも、ウラーンフーは党中央によって認定された走資派で、「奪権の対象」であるからだ。共産党中央から打倒を要求された対象が、内モンゴル自治区ではモンゴル人だったので、中国人対モンゴル人の構造は最初から形成されていたのである。

3　工人の政治任務はモンゴル人粛清

右傾化

工人の勢いは止まらない。毛沢東は一九六八年八月一三日に雲南省革命委員会が成立した際に、「我が国には七億人がおり、工人階級はその指導的な階級である」と話していた［内蒙古第一機械製造廠　1969］。『工人風雷』は八月一八日に『聯合戦報』と合刊を出して、毛のこの「最新指示」を「特大の喜ばしいニュース」として伝えた［楊　2018a:525］。そして、「工人階級は最も毛主席のおっしゃることを聞く」、「毛主席の指示通りに動く」と忠誠な態度を示した。毛はまた九月一七日に上海市革命委員会への公文書の中で、工人階級内で共産党員を増やすよう指示していた［楊　2018a］。当然、内モンゴル自治区の工人もまたそうした毛の言葉から自信を深めていくのである。

中国共産党は一九六八年一〇月一三日から第八期全国大会大一二回総会を北京で開催し、公報を三一日に採択して閉幕した。フフホト市では一一月二日にこの大会公報の発表を祝う集会が開かれた［楊　2018a］。自治区革命委員会副主任の高錦明は集まった一五万人もの群衆に対し、「自治区最大の走資派にして反党叛国、民族分裂集団のボス、偽物の共産党員のウラーンフーの罪を徹底的に暴露しよう」と叫んでいた。全国の文革がどういう方向へ進もうと、自治区では絶対にモンゴル人が敵でなければならなかったのである。

モンゴル人を粛清する運動に反対する「右傾化勢力」、すなわち「抵抗勢力」は「旧フフホト市共産党委員会」だ、と『工人風雷』は一一月六日の第四四期で明言する。モンゴル人高官のトグスと王再天を抉りだしただけでは不十分で、ウラーンフー反党叛国集団の全滅を目標としなければならない」と指摘している。「ウラーンフー反党叛国集団」の人員構成も複雑である。というのも、フフホト市はかつて一九四〇年代に日本の支配下にあり、共産党と国民党双方の勢力が角逐していたから、「日本と国民党の犬のような叛徒どもも解放後はその穴蔵から出て来て、革命者に変身した」という［楊　2018a］。

「右傾化勢力」の代表は他でもない高錦明だ、と『工人風雷』は一一月一八日付の第四六期でそう宣言した。一九六六年五月の前門飯店華北局工作会議では先頭に立ってウラーンフーを攻撃し、その後は革命委員会副主任のポストについた男である。その「高錦明こそ、右傾化路線の総代表で、ウラーンフー反党叛国分子の隠れた決死隊員だ」、と労働者の筆鋒は鋭い［楊　2018a］。労働者たちはフフホト市経済界の幹部李文昌を「反革命分子にして民族分裂主義者」として吊し上げて「打倒」したし、鉄路局もその内部の「叛徒とスパイどもを殲滅した」と報道している。高錦明のような党幹部たちは運動の深化につれ、早晩、自身も巻き込まれると見て「右傾化」したのに対し、文革以前から体制側に不満を抱いてきた労働者にはそうした憂慮も懸念もなかったのである。

モンゴル人社会を敵視する工人

一九六八年一一月三日から、自治区革命委員会第四回全体拡大会議が開かれ、滕海清将軍は一八日に再びモンゴル人大虐殺を力強く推進する内容の講話を行った。彼はまず、「ウラーンフーの黒いラインに属す者を抉りだして、その毒害を一掃する人民の戦争は大きな勝利を得つつある」、と情勢判断した上で、それまでの運動を四つの段階に分けて振り返っている［楊 2018a］。まず、第一段階では一九六七年一一月二四日にモンゴル人の高官トグスを「揪みだした」ことを特徴とする。続く第二段階では一九六八年一月中旬に「大蒙奸王再天」を逮捕した。そして、第三段階の一九六八年四月以降は「敵どもに対し、全面戦争を発動」し、第四段階の六月になると、包頭市の包頭鉄鋼コンビナートと第二冶金工廠がモンゴル人を粛清する「模範的な企業」として現れたという。

大虐殺運動は順調に進んでいたが、ここに至って、革命委員会副主任の高錦明が「右傾化」したので、滕海清は苛立ちを露わにしている。滕海清は、虐殺運動の推進に抵抗する人々を右傾化していると攻撃している。彼の講話を全文載せた『工人風雷』第四七期は、革命委員会を全面的に擁護する立場に立っている。

「高錦明と高増貴の右傾機会主義を清算せよ」、との大規模集会が一一月二六日午後にフフホト市で開催された、と『工人風雷』第五〇期は一二月四日に報道している［楊 2018a:547］。労働者たちは、「トグスと王再天だけを揪みだしてごみ箱に入れただけで満足してはいけない。その社会的基盤がまだ残っている」と強調している。社会的基盤はモンゴル人社会そのものを指す。労働者の新聞はモンゴル人社会を敵視し、破壊しようとする政治的な目標を掲げていたのである。

工人毛沢東思想宣伝隊の役割

滕海清将軍が人民解放軍と工人組織を指揮して大虐殺を各地で進めていることに対し、造反派内の学生の一部が疑問を抱くようになっていたことについては、前に述べた。そこで、彼は労働者から成る「工人毛沢東思想宣伝隊」を重視するように舵を切る。一九六八年一二月一〇日、「工人毛沢東思想宣伝隊学習班」の班員を前にして、滕海清は「ウラーンフーの黒いラインに属す者を抉りだして、その毒害を一掃する運動の実績」を示した。『工人風雷』は一二月一四日にその第五三期を呼三司の『紅衛兵』との合刊にして編集し、滕海清の話を載せた［楊 2018a］。滕海清によると、フルンボイル盟が一カ月余りの期間内で「抉りだした階級の敵は、過去一年間の総数の七八パーセントを占める」。包頭市でも二十数年間も潜伏していた「国民党の女スパイ」を発見した。今後は、工人毛沢東思想宣伝隊が各企業や大学に進駐し、運動を進める主役を担う、と滕海清は指示している。

滕海清の命令と工人毛沢東思想宣伝隊の進駐はたちまち効果を上げた。内モンゴル医学院は工人毛沢東思想宣伝隊の駐屯を受け入れると、すぐに「民族分裂主義者政党の内モンゴル人民革命党の党員たちを発見し、包囲して殲滅した」、と『工人風雷』は一九六八年一二月二八日にその第五五期で報告している。具体的にはモンゴル人を集めて毛沢東の文章「南京政府は何処へ向かうのか」を読ませる。その中には「自白すれば寛大に、抵抗すれば厳罰に処す」との文言があった。それを読まされた「内モンゴル人民革命党員」と「内モンゴル人民革命青年団の団員」たちは「震え上がって投降し、活動状況について白状した」という。中国政府の高官は毛沢東の文章を心理戦の武器として使ってモンゴル人を迫害していたのである。中国人は毛沢東の思想を実践に移すためにモンゴル人をジェノサイドの対象にしていたのである。『工人風雷』が掲載したこの文章が、モンゴル人大虐殺運動は中国政府と中国人が合同で推進したジェノサイドだとの事実を物語る証拠の一つである。

人民解放軍の存在感が大きかったので、フフホト市工代会は一九六九年一月二〇日に「毛主席のバッジを偉大な人民解放軍兵士に贈るよう」通知した。解放軍を称賛するイベントは続き、二月一一日の夜にはフフホト市内の紅色劇場で「工人が解放軍を擁護する大会」（擁軍）が開催された、と『工人風雷』は二月二〇日付の第六六期で伝えている［楊　2018a］。

二月二八日から三月七日にかけて、「内モンゴル工人毛沢東思想宣伝隊総指揮部」がフフホト市で工作会議を開き、来る四月に開催される中国共産党第九回全国代表大会に向けて実績を作ろう、との宣言が採択された。『工人風雷』第六九期が三月一〇日に載せた同会議の「開幕の言葉」には、工人毛沢東思想宣伝隊の戦果が例示されていた。「ウラーンフー反党叛国集団と、内モンゴルの最も危険な民族分裂主義集団の内モンゴル人民革命党を抉りだしたことが最大の戦果だ」と自慢している。同じ日に、「フフホト市工人代表」は「第二回毛沢東思想を学ぶ積極分子の大会」を開き、「一〇万もの工人が毛主席に忠誠を尽くすと宣誓した」、と『工人風雷』第七〇期は三月一五日に伝えている［楊　2018a］。

中国共産党第九回全国代表大会が一九六九年四月一日から始まると、『工人風雷』第七五期は四月一五日に「力を合わせて、内モンゴル人民革命党の主要なメンバーに打撃を加えよう」と暴力の徹底を主張した［楊　2018a］。「内モンゴル人民革命党の主要な幹部」でも、毛沢東思想や共産党の政策を教えてやれば、覚醒して自白し、他のメンバーや組織の活動状況を白状する、と医学院に進駐した工人毛沢東思想宣伝隊は嬉々として書いている。中国人工人のこのような「戦果」を自慢した文章から読みとれるのは、モンゴル人が巨大な「人民の戦争の海」に陥れられ、血腥い殺戮と恐怖の心理作戦に戦々恐々とした毎日を送っていたという事実である。

以上、筆者が集めて公刊した造反派労働者の新聞『工人風雷』は一九六九年四月一八日付の第七六期を最後とする。その後、同紙がどれくらい続いたか、筆者は知らない。手元の最後の号でも、「毛主席に忠誠を尽くし、党の第九回全国代表大会の開催に貢献しよう」、と内モンゴル人民革命党員を粛清する運動の中で、労働者たちは多大な功績を立てた、と自負している。

第10章
知識人の『魯迅』と『新文化』

内モンゴル自治区政府の教育と衛生、文藝と出版界の造反派は魯迅兵団を形成し、『魯迅』を機関紙としていた〔高樹華　程鉄軍　2007〕。彼らの中には知識人が相対的に多かったので、学生や労働者団体と異なった論陣を張っていた。

1　ぎこちない『魯迅』

ほとんどの群衆組織が中国共産党の歴史や毛沢東個人と縁のある「紅色」や「井崗山」を組織名に冠していたのに対し、魯迅の名を使っているところに、知識人や文藝関係者である特徴が現れている（写真35）。

魯迅精神の援用？

魯迅兵団は一九六七年三月一五日に公布された成立宣言の中で、「反革命分子の王逸倫たちと闘争し、毛主席が創成した人民解放軍を擁護する」との立場を強調している。また、一九六七年四月一六日に創刊された『魯迅』もその巻頭に毛沢東の文章、「論魯迅精神」を載せて、自派の主張の正統性を表明している［楊 2018a］。毛がいうところの「魯迅精神」とは、政治的な見識と闘争精神、それに自己

鲁迅

内蒙古直属机关宣教口鲁迅〈团编

第　一　期

1967年4月16日

抬头望見北斗星
心中想念毛泽东
迷路时想您有方向
黑夜里想您照路程
困难时想您有力量
胜利时想您心里明

論　魯　迅　精　神

毛泽东

同志們，今天我們的主要任务，是先鋒队的任务。当着这伟大的民族自卫战爭迅速地向前发展的时候，我們需要大批的积极分子来領导，需要大批的精炼的先鋒队来开辟道路。这种先鋒分子，是胸怀坦白的、忠誠的、积极的、正直的，他們是不謀私利的，唯一的为着民族与社会的解放，他們不怕困难，在困难面前总是坚定的，勇往直前，他們不是狂妄分子，不是风头主义者，而是脚踏实地富于实际精神的人們，他們在革命的道路上起着向导的作用。

目前的战局，如果只是单純的政府与軍队的抗战，沒有广大人民参加，这是絕对沒有最后胜利保证的。我們现在需要造就一批为民族解放而奋斗到底的先鋒队，要他們去領导群众、組織群众，来完成历史的任务。首先全国的广大的先鋒队要赶紧組織起来。我們共产党既是无产阶級的先鋒队，同时又是彻底的民族解放的先鋒队，我們要为完成这个任务而奋战到底。

我們今天紀念魯迅先生，首先要认識魯迅先生，要曉得他在中国革命中所占的地位。我們紀念他，不仅是因为他的文章写得好，成为了一个伟大的文学家，而且因为他是民族解放的急先鋒，給革命以很大的助力。他并不是共产党組織的党員，然而他的思想、行动、著作，都是馬克思主义化的。尤其在他晚年，表現了更年輕的力量，他一貫地，不屈不撓地与封建势力和帝国主义作坚决斗爭。在敌人压迫他摧残他的恶劣环境里，他挣扎着、反抗着，充滿了艰苦奋斗的精神。

魯迅是从正在潰败的封建社会中出来的，但他会杀回馬枪，朝着他所經历的社会进攻。他用他那枝又泼辣，又幽默，又有力的笔，画出了黑暗势力的鬼脸，画出了丑恶的帝国主义的鬼脸。他简直是一个高等的画家。他近年来更站在无产阶級与民族解放的立場，为真理与自由而斗爭。

魯迅先生的第一个特点是他的政治远見。他用显微鏡和望远鏡观察社会，所以看得远，看得真。他在一九三六年就大胆指出托派匪徒的危险倾向，现在的事实完全証明他的見解是那样的穩定，那样的清楚。托派成为汉奸的組織而直接拿日本特务机关的津贴，已是很明显的事情了。

魯迅的第二个特点是他的斗爭精神。剛才已經提到，他在黑暗与暴力的进袭中，是一枝独立支持的大树，不是向两旁倒的小草。他看清了政治的方向，就向着一个目标奋勇地斗爭下去，决不中途投降妥协的。有些不彻底的革命者，起初是斗爭的，后来就开小差了，比如外国的考茨基，普列汉諾夫，就是很好的例子。在中国这等人也不少，正如魯迅先生所說的最初大家都是左的，革命的；及到压迫来了，馬上有些人变节，并把同志拿出去給敌人做見面礼（我記得大意是如此）。魯迅痛恨这种人，同这种人做斗爭，随时教育着，訓練着他所領导下的文学青年，叫他們坚决斗爭，打先鋒，开辟自己的"路"。

魯迅先生的第三个特点是他的牺牲精神，他一点也不畏惧敌人对他的威胁利誘与残害，他一点也不避鋒芒，把鋼刀一样的笔，刺向他所憎恨的一切。他往往是站在战士的血迹中坚韧地反抗着，呼嘯着前进。魯迅是一个彻底的现实主义者，他絲毫不妥协，他具备了坚定信心。他在一篇文章里主张打落水狗，他說如果不打落水狗，他一旦跳起来不仅要咬你，而且最低限度要濺你一身汚泥。所以他主张打倒它。他一点也沒有慈悲的伪君子的色彩，我們要学习魯迅的这种精神，运用到全国去。

綜合上述这几个条件，形成一种伟大的"魯迅精神"，魯迅的一生就貫穿了这种精神，所以他在艺术上成功了一个了不起的作家，在革命队伍中是一个很优秀，很老練的先鋒分子，我們紀念魯迅就要学习魯迅的精神，把它带到全国各地的抗战队伍中去使用，为中华民族的解放而斗爭。

写真35　知識人の新聞『魯迅』。

犠牲の精神からなる。ある研究によると、毛沢東は一九三〇年代初期においては魯迅を崇拝し、その思想を高く評価していた。一九四九年に中華人民共和国を創設してからは魯迅の思想を歪曲し、悪用するように変わった、と分析している［葉徳浴 2015］。

毛はさらに「我々の民族は大勢の知識分子によるリードを必要としている」と書いていたのを、造反派の知識人たちが利用したかったのだろう。毛は別のところでは「工人階級が絶対にすべてをリードしなければならない」とも指示していたので、一貫性があったわけではない。そのため、知識人が魯迅精神にすがるのも、最初から限界があったと評せざるを得ない。

『魯迅』第二期は五月四日に魯迅の言葉を引用しながら劉少奇を批判する［楊　2018a］。魯迅兵団は王逸倫に批判的だったが、自治区書記処書記の高錦明がウラーンフー陣営のメンバーかどうかの態度を明確にしなかった。『魯迅』は、ウラーンフーと同じ発言をしてきた高錦明をぎこちなく弁護した。例えば、一九六六年春に、ウラーンフーは「社会主義教育運動は大漢族主義に反対しなければならない」と指摘したし、高錦明は「民族自治」を強調した。当時の高錦明は正面からウラーンフーの発言に逐一反論する勇気はなく、歩調を合わせていた。

自治区の造反派は一九六七年一月一一日に政府系の新聞『内モンゴル日報』に闖入して「奪権」し、新たに『内モンゴル日報東方紅電訊』を発行していた。保守派は造反派に反撃し、「再奪権」を断行し、双方が激しく衝突した［高樹華　程鉄軍　2007］。その後、人民解放軍は五月四日に新聞社を接収し、軍事管制を敷いた。『魯迅』第三期は五月一五日に解放軍による軍事管制を支持する、との論評を載せた［楊　2018a］。そして、「無産者」と「紅衛軍」、それに「工農兵革命委員会」などの保守派の言論は党中央の文革運動の主旨と逆行している、と批判した。

文藝界の造反組織

上で紹介してきた労働者からなる造反派は単刀直入で政敵、それもウラーンフーをはじめとするモンゴル人の自治政策を誹謗中傷しているのに対し、知識人の多い魯迅兵団は文藝作品に注視する戦術を取っている。『魯迅』第四期は五月二三日に林彪が以前一九六六年三月二三日に書いたとされる、「解放軍部隊の文藝工作座談会紀要」を載せた［楊　2018a］。林彪はここで「建国して一六年間、文藝戦線には激しい階級間の闘争が存在し、未だに解決されていない」と唱えていた。この文は林彪のものとされているが、実際は毛沢東が何回も添削したものであることが、後日に明らかになる。『魯迅』紙が、林彪の意思に沿って文藝作品を批判することは、やがては作品の作者たちを攻撃するための前哨戦の意義を持つ。

『魯迅』紙は、自治区文藝界の造反派各団体が「ウラーンフーを批判する聯絡站」を結成した、と極めて重要な情報を伝えている。具体的には以下のような団体である。

呼三司

内モンゴル軍区「紅色造反団」

魯迅兵団文化総部

藝術学校「星火燎原」戦闘隊

文化藝術聯合会「翻江倒海」

群衆文化館「３１８」戦闘縦隊

歌舞団「紅旗」造反団

ウラーンムチル「東方紅」

「魯迅兵団を毛沢東思想の大学校にしよう」、と『魯迅』第六期は六月一〇日に社説の中で主張する［楊 2018a］。具体的には林彪の進めていた毛語録を学習するだけでなく、まもなく出版される『林彪語録』をも学ばなければならないという。このような文質彬彬《ひんぴん》とした記事に続いて、同紙は「保守派が蟠踞する反革命の堡塁、工人大楼は解放された」とのニュースを伝え、解放軍の「左派を支持する部隊」と造反派が五月三〇日に「保守派を殲滅した戦闘」を描いている。

モンゴル人を攻撃する「魯迅」

中国全国では走資派を打倒し、修正主義分子を追放しようとする文革であるが、自治区ではそうした走資派も修正主義分子もモンゴル人からなる。というのも、ウラーンフーが一九六六年五月に粛清されるまでは、モンゴル人にもそれなりの自治権が下賜されていたからである。そのため、運動の深化に伴い、中国人は至極当然のように、モンゴル人に対する攻撃を強めて来る。中国人は長城の南から侵略してきたばかりの植民者であっても、先住民のモンゴル人以上の権利を独占したかったからである。モンゴル人政治家がモンゴル人を優遇する政策を実施してきた、と見た中国人は造反して立ち上がり、文革の潮流を利用して先住民を追放しようとしたのである。

こうした目的から、七月二八日付の『魯迅』第一〇期は「魯迅兵団は何処へ向かうのか」、という有名な論文を掲載した。論文はまず自治区の衛生庁がモンゴル人高官を優遇し、労働人民を無視してきたので、「民族分裂的な活動」にあたる、と批判する［楊　2018a］。衛生庁の庁長ホルチンビリクは「殿様たるウラーンフーとその后の雲麗雯のために医療活動を行った」という。そして、魯迅兵団総部の一部の幹部はモンゴル人に厳しい態度を取っていない、と問題視している。

ホルチンビリクは一九一六年にウラーンチャブ盟に生まれ、一九三七年に日本に留学して医学を学んだ人物である。日本が内モンゴルから撤退した一九四五年以降は同胞の国、モンゴル人民共和国との統一合併運動を進めたこともあり、後にウラーンフーに重用され、自治区の医療衛生の近代化に尽力した［楊　2015b;2016b; ハスチムガ　2016］。

ホルチンビリクだけではない。魯迅兵団はまたモンゴル人のチョルモン（潮洛蒙）を攻撃している。チョルモンはウラーンフーと同じトゥメト地域の出身で、自治区党宣伝部の責任者だった。この「魯迅兵団は何処へ向かうのか」との名文が掲載されたことによって、同兵団はまもなく内部崩壊し、解散するのである。

2　揺れ動く「知識分子」

毛沢東は知識人に強い不信感を抱いていた。その理由は複雑だが、「動揺しやすい」、と毛はそのように知識階級を理解していた。内モンゴル自治区の知識人造反派もまた毛の認識を越えることはできなかった。魯迅兵団の興亡がその証左である。

槍と刀を手にした『新文化』

『魯迅』はわずか一〇期で命運が尽きたが、魯迅兵団の一部はその後、一九六八年八月一八日に「革命教師聯合会」（革教聯）と小学教師委員会、「體育戦線」と「文革評論」、それに「紅教兵団」等と合流した。彼らは従前の新聞『魯迅』と『文革評論』、『體育戦線』と『教育戦報』、『紅色風暴』と『革命教師』などの新聞を統合して、二五日に新たに『新文化』を創刊した［楊 2018a］。

『新文化』第一期「発刊の詞」には以下のような言葉がある（写真36）。

> 彼女は手榴弾と槍、それに刀を手にして殺していく。現代の殿様たるウラーンフーとその代理人の王逸倫、王鐸に向かって殺していく。

新文化

内蒙古自治区宣教口
新文化編輯部
第一期
一九六七年八月二十五日

社论 造反到底就是胜利
——纪念毛主席第一次接见红卫兵和革命群众

写真36　『新文化』第1期。

擬人化された「彼女」は当然、『新文化』を指す。『新文化』はまた「徹底的な造反こそが勝利だ」との社説を載せ、自らを「造反派の真の代表紙だ」と宣言した。

魯迅兵団は九月七日午後に大会を開き、「毛主席が指す方向に向かって突き進む」と決心した。『新文化』は九月一九日の第三期でそうした動向を伝えながら、「ウラーンフーを内モンゴルに連れ戻して、不名誉になるまで闘争しよう（批倒批臭）」との社説を掲載した［楊　2018a］。また、同兵団に属す内モンゴル語言委員会の「東方紅」と「革命暴力戦闘隊」は、「奴隷主のウラーンフー」とその「奴隷のエルデニトクトホ」がいかに「叛国の民族分裂的活動」を進めてきたかを列挙している。

批判者たちによると、ウラーンフーは一九五六年に「独立王国」を創るために、言語学者のエルデニトクトホを語言研究所の責任者に抜擢した。エルデニトクトホはその時から「一に発掘、二に創造、三に借用」との原則で新しいモンゴル語の語彙を増やし、「頑として中国語からの借用に抵抗した」。ウラーンフーとエルデニトクトホはまたモンゴル人民共和国で使われているキリル文字を自治区にも導入して広げようとしたが、一九五七年に青島で開かれた民族工作会議で周恩来に停止を命じられた。モンゴル人政治家と言語学者が協力して進めた「言語の面でのモンゴル人民共和国との統一は、祖国を裏切る民族分裂主義的路線だ」と結論づけている。

「ウラーンフーは共産党の権力を奪おうとした叛国の野心家だ」、と『新文化』第四期は九月二〇日に批判する［楊　2018a］。「ウラーンフーはそもそも最初から共産主義者でも何でもなく、一九三〇年代からパン・モンゴリズムを信奉する民族分裂主義者だった」、と語言委員会の「東方紅」は歴史に遡って断罪している。各種の団体が離合集散を繰り返してから結成された「新文化」は、最初からモンゴル人をターゲットに定めて攻撃しているのが特徴的である。

異端によるモンゴル人批判

「紅色政権の建立を歓呼しよう」

と『新文化』は九月二九日の第五期の社説で論じた［楊 2018a］。「紅色政権」とは、全国各地に相次いで誕生した革命委員会を指している。一見、文革の最新の動きを謳歌しているかのような言い方だが、共産党にとっては、諸刃の剣となる現象と言説だ。下手をすると、それまでの一七年間の政権は「紅色」ではなかったと見なされる危険性があり、造反派の思想は常に異端性を孕んでいた。

「危険性」を帯びた社説を載せてから、モンゴル人の政治家と知識人の「罪」を暴露することも『新文化』は忘れなかった。「ウラーンフーの反革命の世論の道具である『モンゴル語文』誌をぶち壊そう」、と例の「革命暴力戦闘隊」は呼びかけている。というのは、『モンゴル語文』誌はモンゴル人民共和国の著名な学者チェ・ダムディンスレンの「悪意に満ちた文」を掲載したことがあるからだ。チェ・ダムディンスレンが、「モンゴル人はバイカル湖と万里の長城の間に住んでいる」とか、「モンゴル人は文字を統一するだけでなく、話し言葉をも統一しなければならない」とか、反中国的な文を書いていた。ウラーンフーとエルデニトクトホはそうした文章を『モンゴル語文』に載せただけでなく、中国語から語彙を借用するのにも反対していたという。中国人はとにかく「統一」との言葉に常に過敏に反応する。中国人は、自分たちと台湾との統一を正義だと見なすが、他の民族の統一には無理解である。

モンゴル人は「毛主席万歳」を口にしなかった、と一〇月二〇日付の『新文化』第八期は批判する。内モンゴルにかつて一九四六年に『雲澤行進曲』という歌があって、ウラーンフーの革命活動を讃えていた。一九四七年五月に内モンゴル自治政府が成立した際に、人々は「雲澤主席万歳」と叫んでいた。雲澤《ユンゼ》とは、ウラーンフーの以前の名前である。こうした過去も「罪」となり、そして、内モンゴル自治区文藝界のモンゴル人たちが建国後に創作した作品も「民族分裂的な内容」からなる、と問題視している［楊　2018a］。

政府の急先鋒たる「新文化」

一九六七年一〇月一八日、フフホト市が自治区最初の革命委員会政権を作ると、『新文化』は二三日に専刊を出して祝意を表した［楊　2018a］。「フフホト市革命委員会の成立は、中国のフルシチョフ劉少奇の内モンゴルの代理人ウラーンフー等に対する死刑判決が下されたことを意味し、偉大な祖国の辺境を堅牢にし、祖国の統一を強固にするのに大きな意義を有する」、と礼賛した。こうした批判文は、ウラーンフーとモンゴル人の存在が「祖国の辺境の弊害で、祖国の統一を脅かす勢力だ」との認識と一致する。

既述のように、魯迅兵団の顧問トグスは一九六七年一一月二四日に「揪みだされた」ことで、モンゴル人高官層に対する粛清が一段と進んだ。トグスが失脚し、『魯迅』の誌名を『新文化』に変えた後の一二月一九日に、同紙はトグスを批判する特集号を出した［楊　2018a］。トグスは内モンゴル人民革命党の下位組織である内モンゴル革命青年同盟の書記で、「内モンゴル人民革命青年同盟の歌」の歌詞を創作した。その歌詞に「モンゴル民族の団結と統一、そして独立のために戦おう」とあった。「この歌詞ほど民族分裂主義の思想がぷんぷんとするものはない」、と中国人は激憤している。トグスに続いて宣伝教育関係の高官チョルモンと瀋湘漢、石琳とブヘ（ウラーンフーの息子）、ナンルブと宝祥、荘坤とマーニジャブ、韓明と朱明輝なども名指しで批判されている。これらの人たちが、「無産階級対ブルジョアジーの階級闘争を強引に民族間の闘争だと歪曲した」点が攻撃の対象となっている。トグスと彼の指導下の内モンゴル自治区の出版界は「まるでウランバートルの出版社の支社のように、修正主義の作品ばかり公刊してきた」、と断罪された。

トグスが書記を担当していた内モンゴル人民革命青年同盟だけではない。「反動的な内モンゴル人民革命党をひっぱりだして、さらしものにしよう」、との殺意に満ちた文を『新文化』第一三期は一二月三一日に発表した［楊 2018a］。この著名な文章はそれ以降にますます影響が大きくなり、モンゴル人ジェノサイドを推進する中国人の鋭利な武器となっていった。

「叛国集団を揪みだす内モンゴル聯絡站」との名で書かれたこの文はまず一九二五年一〇月に成立した「旧内モンゴル人民革命党」に対して分析を加えている。同党の指導者たちがほぼ全員搾取階級の出身で、国民党シンパだったという。一九三二年に満洲国が現れると、同党の党員たちはまた「日本のスパイ」に変身した。一九四五年八月に日本の支配が崩壊すると、彼らはモンゴル人民共和国との統一合併を求め、国民党政権にすり寄る態度を取った。旧内モンゴル人民革命党は共産党の圧力で一九四六年二月末に解散したものの、すぐに三月一日に新内モンゴル人民革命党が誕生した。同党は「偉大な共産党の指導を受けようとせずに」、まず内モンゴルを統一し、それからモンゴル人民共和国との統一を進めようとした。そのため、「新内モンゴル人民革命党」は旧党よりも「悪質」だと断じている。自治区政府が内モンゴル人民革命党と内モンゴル人民革命青年同盟に対する公的な処理意見を出すのは一九六八年七月二〇日になるが、造反派の『新文化』は半年も前から政府のモンゴル人粛清の急先鋒を担っていたことが分かる。

3 文化が創出する暴力

突撃して殺そう!

モンゴル人トグスが粛清された衝撃は大きかった。そのため、「魯迅兵団は何処に向かうのか」との一年前の古い文を『新文化』は一九六八年一月八日にその第一四期の一面に掲載して、自陣の見解を示した[楊 2018a]。同文の見解によると、トグスは「革命の外套をまとって造反派に潜り込み、顧問の地位に就いていたが、実際は民族分裂主義者だった」という。同紙は「トグスの反動的な生涯」を詳しく並べてから、さらに内モンゴル人民革命党の指導者だったハーフンガに批判の矛先を向けた。「ハーフンガは民族分裂主義政党の内モンゴル人民革命党をリードし、日本帝国主義と結託しただけでなく、祖国を分裂させる叛国活動を実施してきた」と断罪している。トグスとハーフンガを批判することで、粛清の対象がそれまでの西部トゥメト出身者から徐々に東部の旧満洲国出身者へと拡大していくのである。

文藝界だけではない。衛生関係者も実際は、「民族分裂の黒い路線を歩んできた」と『新文化』第一七期は一九六八年二月一七日に論じた〔楊　2018a〕。衛生界の代表的な「民族分裂主義者」は前出の衛生庁長のホルチンビリクをはじめ、ジョーウダ盟出身のイダガスレン副庁長とムレン（木倫）らからなる。彼らの中には「ウラーンフーの部下」もいれば、「ハーフンガの家来」もいるし、「国民党と日本の特務」もいる、という。

一九六八年二月二四日付の第一八期から、『新文化』の反モンゴル人の政治的色彩は以前よりも強くなった。同紙は「反党叛国集団の地下の黒い司令部を徹底的にぶち壊そう」との長い論評を載せ、以下のように主張した〔楊　2018a〕。

どうして、トグスと王再天らを揪みだして闘争しようとする革命的群衆の運動は一時、下火となったのか。何故、ウラーンフーとハーフンガをボスとする反党叛国集団に向けた革命的群衆組織と中堅たちの闘争が抑圧されたのだろうか。

論評は、「ウラーンフーの反党叛国集団」に内モンゴル人民革命党の指導者ハーフンガを加えている点で、それ以前の中国政府や中国人の闘争方針と異なる。「反党叛国集団の地下の黒い司令部は実質上、モンゴル民族の党である」、と断言している。同じ号において、内モンゴル大学井崗山兵団の「仙人洞」は、「ブルジョアの民族主義を打倒せよ」と力説している〔楊　2018a〕。

今日、紅い太陽が内モンゴルの草原を照らし、各民族の革命的な人民が毛沢東思想の如意金《によいきん》箍棒《こぼう》を持ち上げて新生の紅色政権の革命委員会の指導の下で、ウラーンフーの反党叛国集団に向けて猛烈に突撃して殺そうとした時に、暗い隅に隠れていた一握りの民族反動派は次のように話す。「文革はモンゴル人ばかりをやっつけている。先に西部出身者を打倒し、次に東部出身者を粛清する。先にウラーンフーと奎璧（ウルトナスト）、それにジャヤータイを、次にハーフンガとトグスを打倒している」、という。

「ブルジョアの民族主義者」は全員がモンゴル人である、と井崗山兵団は明言している。文革運動の推進のプロセスから見ても、まず西部のウラーンフー一派が失脚したのに続き、しばらくしてから東部のハーフンガとトグス、それに王再天らが打倒されている。中国政府の動きと、中国人自身の論評とがモンゴル人大虐殺の性質を表しているのである。中国人は非常に「素直」にモンゴル人虐殺の戦略と方法を吐露したのである。

毛沢東の神話化でモンゴル人を粛清する

「反党叛国集団の黒い司令部」は党委員会にあるだけでなく、各界にもその支部がある、と『新文化』第一九期は三月九日に指摘する［楊　2018a］。具体的には映画製作界を指している。「映画製作界におけるウラーンフーの毒害は深くて広い。長年にわたってジョランチチクと錫水、牧人と滔濤らはウラーンフーの反革命修正主義と民族分裂主義の路線に沿った作品ばかりを作ってきた」、と批判する。ジョランチチクはウラーンフーの長男ブへの夫人で、映画制作廠の副廠長だった。このような「民族分裂主義の黒い拠点」を庇い続けて来たのは他でもないトグスが顧問を務めていた「魯迅兵団」だとも論じている。

「今や全世界が毛沢東思想を旗印とする時代に入った」

と三月二二日付の『新文化』第二〇期は「毛主席に忠誠を尽くす文」で新聞全体を飾ると同時に、ウラーンフーと王再天を批判した。具体的にはモンゴル人の政治家がいかに「革命的な各民族人民の毛主席への愛を禁止した」かを列挙している［楊 2018a］。毛主席の著作よりも、モンゴル語の学習を強制したし、毛沢東思想も内モンゴル自治区の実情と結合しなければならない、とウラーンフーは話していた。毛沢東思想は世界のどこにおいても、絶対的な真理で、マルクス思想の新段階に到達した理論なので、実情と関係ない、と中国人は唱えている。中国人は毛沢東思想を神話化すると同時に、モンゴル人政治家や知識人が民族自治の理論と道を模索してきた歴史を全面的に否定している。

毛の夫人江青と情報機関のトップ康生、それに周恩来と陳伯達らは一九六八年二月二一日の夜に天津市の革命委員会と革命的群衆組織の代表たちと面会していた。その際、江青と康生のような党中央の指導者たちは河北省や天津市が管轄する地方組織内の具体的な人名を挙げて、単刀直入に「彼らはスパイだ、悪人だ」と発言していた。『新文化』第二一期は三月二六日に党中央指導者たちの講話を全文掲載すると同時に、自治区においては、トグスと彼の指導下にあった文藝界の「スパイと悪人」を特定している［楊 2018a］。自治区の中国人造反派は常に党中央の動向に併せて、モンゴル人を臨機応変に粛清していたのである。

全モンゴル人社会の殲滅

自治区において大虐殺を進めていた滕海清将軍は三月二五日に重要な講話を発表してモンゴル人粛清の意義を強調した［楊　2018a］。

目下の闘争の矛先を走資派に向けよう。内モンゴル自治区党内最大の走資派であるウラーンフーらは揪みだされた。各盟と市においても走資派を揪みだし、彼らの社会的基礎を粉砕した。……彼らの社会的基礎はウラーンフー反革命修正主義の翼の下に隠れている叛徒とスパイ、民族分裂主義者と未だに改造されていない地主と富農、反革命分子と悪徳分子、それに右派と妖怪変化からなる。

滕海清の講話を『新文化』第二三期は四月二日に載せてから、さらに政府系の『内モンゴル日報』と『呼三司』紙との合同社説「文藝界の階級の敵人に向けて総攻撃を発動しよう」、と呼びかけた。自治区における「階級の敵人」は「ウラーンフーの勢力とハーフンガの勢力、それに国民党軍閥の勢力という三つのグループからなる」、と断じた。この「三つの勢力がウラーンフーの社会的基礎を成している」、と滕海清の見解を一段と具体化した。かくして、自治区のモンゴル人は西部だろうと、東部だろうと、「三つの勢力」と無関係の者は一人もいないので、全員、

「総攻撃」の対象とされたのである。

「私は一介の共産党員で、毛主席の小学生に過ぎない」、と江青夫人のパフォーマンスに満ちた文を『新文化』第二四期は四月六日に発表した。江青がいくら自分を「謙虚」に「小学生」だと呼んでも、彼女は「偉大な領袖の夫人」であるという身分を全国人民は忘れていない。毛沢東もそのような彼女を利用したし、江青も夫君のために「犬として政敵に嚙み付いた」[闇長貴 2014]。江青は文藝界の敵への暴力を呼びかけていたので、『新文化』も四月一〇日に再度、内モンゴル文藝界の一つ、「歌舞団をぶち壊そう」と呼応している[楊 2018a]。そして、出版界と学界も、一九四五年からモンゴル人民共和国との統一合併を目的とした文藝作品を生産し、研究を続けて来たと断罪している。内モンゴルの歌舞団が三回もウランバートルを訪問し、同国の歌や劇を披露したのも、まずは文藝と言語の面で統一するためだったと解釈している。

反人種差別とモンゴル人ジェノサイド

文革中の一九六八年四月一六日に、毛沢東は「『アメリカの黒人の闘争を支持する』との声明」を出した。「アメリカの人種差別は、殖民主義と帝国主義制度の産物だ」、との毛沢東の文を『新文化』第二七期は四月三〇日に掲載した[楊 2018a]。中国政府と中国人は他国の「人種差別」に反対しながら、自国においては、モンゴル人を差別し、大虐殺していた行為を「革命的行動」だと確信していた。自らには非がなく、正義の化身だとの信念の下で、少数民族を差別し、アメリカ以上に抑圧し、殺害していたのである。

同紙はまた「魯迅兵団が崩壊した教訓」を以下のように総括した［楊　2018a］。宣伝教育口の最大の造反派組織「魯迅兵団」が崩壊したのは、その内部に「ウラーンフー反党叛国集団の重要なメンバーにして、反動的な内モンゴル人民革命党のボスの一人」、トグスがいたからだ。トグスだけでなく、他にも複数の「ウラーンフーの家来」がいた。トグスと「ウラーンフーの家来ども」が多くの同志たちを「右傾化」させた。敵が革命の隊列に潜り込むのはよくあることだが、「右傾化の過ちを犯した同志」たちは革命的な造反派の意見に耳を傾けなければならない、という。

「革命的な大批判の矛先を常にウラーンフー反党叛国集団に向けなければならない」、と『新文化』第二八期は五月一〇日に社説で論じた［楊　2018a］。そして、「反党叛国集団」内のメンバーは各界に分布するとして、作曲家のトンプー（通福）と作家のオドセル、博物館長の文浩、ウラーンフーの息子ブへらを名指しで批判した。こうした批判と同時に、「一九六七年一一月から文藝界だけでも、二〇〇名余りの走資派と叛徒、スパイと民族分裂主義者を揪みだした」との「輝かしい戦果が得られた」という。モンゴル人粛清運動は着実に進んでいることの証拠である。

続く五月二二日の『新文化』第二九期は「抉りだした走資派と叛徒、スパイと民族分裂主義者は二八二人に達す」ともっと詳細な数字を示した［楊　2018a］。同紙はまた長大な論評を発表し、「一九六八年四月一三日に内モンゴル自治区革命委員会が第二号通知を出したことで、ウラーンフー反党叛国集団を代表とする反革命勢力に対する全面攻撃が始まった」、とモンゴル人大虐殺運動は政府の命令で開始された事実を認めている。理論だけでなく、具体的な「叛国の罪行」として、言語学者のエルデニトクトホとテムールダシらが内モンゴル自治区に伝わるモンゴル語の古典をモンゴル人民共和国の研究者に渡したことを挙げている。

『新文化』は五月二八日の第三〇期からその編集部の名を「『新文化』編集部」から「『文化戦線』新文化編集部」に変えた［楊 2018a］。編集部の刷新は、「ウラーンフーの決死隊員であるトグスを蹴飛ばして、正しい編集方針」で三月五日に成立した「文化戦線」が主導権を握ったからだ、という。この「文化戦線」は内モンゴル京劇団と内モンゴル歌舞団、東風京劇団と藝術学校、それに工人代表会からなる造反派組織だった。彼らは歌舞団がいかにその内部のモンゴル人藝術家たちを追放したかを詳しく述べて、「民族分裂主義者を粉砕した経験と実績」を自慢している。それまでにモンゴル人に愛されていた歌と舞踊は禁止され、代わりに中国人の模範劇の『紅灯記』と『威虎山を智慧で取る』などが上映されるようになり、モンゴル文化も完全に否定された。大虐殺と文化的ジェノサイドは同時進行していたのである。

地方の抵抗と虐殺の徹底

政府が進めるモンゴル人粛清運動に対し、抵抗がなかったわけではない。既述のように、三月二六日、ウラーンチャブ盟の造反派は地元紙『ウラーンチャブ日報』で滕海清将軍は北京と異なる文革を進めている、との文を公開して、過激な政治闘争に付いて行けない姿勢を示した［楊 2009a］。激怒した滕海清将軍は五月二八日に自らウラーンチャブ盟政府所在地の集寧市に乗り込み、「階級の敵人に向かって猛烈に突撃しよう」と題する演説を行った。『新文化』第三二期は六月四日にこの演説を全文掲載し［楊　2018a］、滕海清を支持する態度を取り、地方の造反派と対立した。滕海清はウラーンチャブ盟の幹部、それも特に公安と警察関係者が自治区のモンゴル人高官の王再天とテンへと「結託」していた、と疑っていた。ウラーンチャブ盟では数多くの「反党叛国の事件」が発生しているにもかかわらず、解決されていないのは、モンゴル人高官たちが「抵抗」していたからだと解釈している。そして、今後は「敵どもに果敢に攻撃し、銃剣に血を浴びせよう」と呼びかけた。自治区革命委員会主任から直接、暴力の行使が命じられた演説である。

一九六八年六月一〇日、『新文化』第三三期は北京市革命委員会が採択した「革命の隊列を清理する工作意見」を転載した。具体的には革命の隊列内に潜り込んだとされるスパイと叛徒、悪人どもを粛清する方法が、詳しく整理されている［楊　2018a］。自治区の造反派は首都北京の経験を学び、早速、文藝界はウラーンフーの息子ブへを、教育界は教育庁副庁長のガワーをそれぞれ打倒した。有名な馬頭琴演奏家のセ・ラシも「かつて日本人のために演奏したし、解放後はウラーンフーの前で『チンギス・ハーン遠征歌』を弾いた」ことが「罪」となった。「革命的群衆こそがウラーンフーの黒いラインに属す者を抉りだして、その毒害を一掃する運動の担い手だ」、と『新文化』第三四期は六月二〇日に煽った［楊　2018a］。群衆を動員すると、モンゴル人の罪もさらに多数、発見できた。例えば、ウラーンフーは一九五四年にオルドス高原にあるチンギス・ハーン祭殿を天幕風のものから、固定建築に改築した。それは、彼自身が「第二のチンギス・ハーン」になりたかったからだ。

「ウラーンフーの掌には三つの宝石があった」、と『新文化』は表現する。その「三つの宝石」は、「叛徒とスパイ、それに民族分裂主義者」だ。かくして、自治区文化局副局長の席宣政と金啓先、中ソ友好協会副秘書長の安自治らが「三つの宝石」として打倒された。席宣政は日本軍憲兵隊に投降した前科があり、金啓先は日本の協和会に入っていたし、安自治は興安軍官学校を卒業してからハーフンガの内モンゴル人民革命党の中堅となっていた、という。ちなみに、満洲国で創設されたモンゴル人の興安軍官学校については、筆者が上梓した『日本陸軍とモンゴル――興安軍官学校の知られざる戦い』[楊 2015c] に詳しい記述がある。

4 民族全体の潰滅を狙った「文化」

戦役の発動

ウラーンフーの家族は誰一人として暴力から逃れることができなかった。六月二二日付の『新文化』第三五期は「白骨精であるジョランチチチクの罪は万死に値する」、と批判した [楊 2018a]。長男ブへの夫人ジョランチチチクが作家のマルチンフー、劇作家のチョクトナランらと「結託」し合って、「モンゴルの封建貴族とモンゴル修正主義国家を称賛する映画ばかり製作してきた」、と断罪する。

文化と宣伝関係の造反派が積極的に政府に協力していたが、それでも、滕海清将軍は不満だった。彼は自治区の高級ホテル、新城賓館で造反派のリーダーたちを招集して、「第二の戦役の勝利を勝ち取れ」と命じた［楊 2018a］。第一の戦役は一九六七年一一月にトグスを「揪みだし、二〇〇人以上の叛徒とスパイ、それに民族分裂主義者を打倒した」ことを指す。それだけでは満足せず、「さらに群衆を発動して大物を狙い」、「人民戦争の第二戦役」を進めようと指示している。この「人民戦争の第二戦役」とは、中国人を動員して人海戦術を取り、モンゴル人社会を完全に壊滅することを意味する。民族の絶滅を企図したジェノサイドを軍人滕海清が軍事用語で分かりやすく説明している。この演説は、中国政府が命令し、中国人が組織的にモンゴル人を虐殺した確固たる証拠である。

既に述べたように、滕海清将軍に忠誠を尽くし、モンゴル人粛清運動の模範となったのが、包頭鉄鋼コンビナートと包頭市にある第二冶金工廠だった。自治区宣伝と教育、それに衛生関係の造反派も一九六八年六月二五日に「模範機関」に代表を派遣して、その経験を学んだ、と『新文化』第三八期は七月一〇日に伝えている。「模範の経験を学び、ブへのブラック・グループを殲滅せよ」、と主張する同紙は、文化藝術聯合会と作家協会、映画と演劇協会、美術協会、音楽と舞踊協会、民族文化研究室、『内モンゴル画報』誌編集室、『草原』誌編集室、『花の原野』誌編集室を「反党叛国集団」として並べた。中でも特に「詩人のナ・サインチョクトは狂犬のように、ウランバートルはモンゴル民族の首都だ、と書いて修正主義国家を謳歌し、修正主義者の懐に飛び込んだ」という。七月一九日になると、さらに作家の「マルチンフーは内モンゴルのショーロホフだ」と批判された。マルチンフーの代表作『茫々たる草原』はショーロホフの『静かなるドン』の丸写しで、モンゴル人の民族分裂主義と反漢の思想を称賛した「毒草」だと断罪された［楊　2018a］。自治区の「反党叛国の文藝作品はすべて民族分裂のために創られたものだ」、と『新文化』第四〇期は七月二一日にそう解釈した。

ジェノサイドが可能となった政治的構造

少し遡るが、自治区革命委員会は一九六八年四月二六日に毛沢東と林彪、中共中央と国務院、それに中央軍事委員会に秘密の電報を打ち、内モンゴル人民革命党の「叛国事件」を報告し、その主要な党員のリストを添付していた［楊　2010a］。七月一二日、滕海清将軍は自治区革命委員会第三次全体委員会拡大会議で演説し、「ウラーンフーには表裏二つのグループがある」と断定し、内モンゴル人民革命党はその「基盤」であると分析した。『新文化』第四一期は七月二二日に滕海清の演説を全文、掲載した［楊　2018a］。そして、この間の二〇日に、内モンゴル人民革命党に関する政府からの処理意見も正式に採択され、同党は「一九四五年以降に民族分裂主義政党になった」と認定されたのである［楊　2010a］。

滕海清は演説の中で、内モンゴル人民革命党に対し、包囲網を狭め、大規模の掃討と殲滅作戦を決行した結果、大きな勝利が得られた、と軍事用語で語っている。彼の演説は基本的に軍事用語と毛語録を並べた文章からなる。軍事用語を使うことで、暴力性が強まるし、毛語録の引用はまたその暴力の行使に正統性が付されるとの構造である。このような文を読んだ中国人は、自らの行為が毛主席のいうところの「敵を殲滅する革命的行動だ」と信じるようになる。これが、モンゴル人ジェノサイドが可能だった原因の一つである。

滕海清はまた「今年中に牧業地域も階級の区分を実施するよう」指示している。これは、都市部から草原地帯へとモンゴル人虐殺運動を広げることを意味している。七月二〇日、自治区文化局はウラーンフーの息子ブヘを吊し上げ、モンゴル人の「罪」を示した展示会を開いた。それでも、「一部の同志たちにはどうしても敵に対する憎しみの感情が湧いてこなかった」。そこで、内モンゴル歌舞団は、「過去の解放前はいかに苦しみ、現在の社会主義時代がどんなに良いかを考える会議」を開いて、闘争心を強化した、と『新文化』第四五期は経験談を紹介している［楊 2018a］。

八月二三日、『新文化』第四六期は滕海清将軍が八月一五日の晩に『内モンゴル日報』社の職員に向けて行ったスピーチの全文を載せた［楊 2018a］。彼は、モンゴル人粛清運動の推進に対し、「楽観的な見方をしてはいけない」と強調していた。「より深く、より広く抉りだして粛清しなければならない」、と命じている。「より深く、より広く抉る」ことで、モンゴル人であるならば、誰でも容易に「民族分裂主義者」として疑われ、殺害されたのである。

中国では父親が打倒されれば、息子も絶対に受難する。八月一七日午後と二一日の午後、群衆団体は二度にわたって大規模な集会を開き、「ウラーンフーの長男ブヘをボスとする内モンゴル文藝界に対する総攻撃」を実施した［楊 2018a］。九月五日、自治区の文藝界は再び大規模な集会を開いて、ブヘを吊し上げた。『新文化』第四八期によると、「ブヘは怖くなって、顔が土色になり、震えが止まらなかった」そうである。大会を主催したのは自治区革命員会常務委員の王金宝で、多数の労働者たちも加わったという。モンゴル人は自らの故郷において、後から来た侵略者の中国人に凌辱されている実態が如実に報道されている。

以上、内モンゴル自治区宣伝と教育口の造反派の興亡をその機関紙『魯迅』と『新文化』の記事で分析してきた。彼らは「革命的な幹部」と知識人からなり、猛烈な勢いで自治区文藝界のモンゴル人とその作品群を批判し、大量殺戮の世論を形成しただけでなく、実際に虐殺にも加担してきた。それでも、毛沢東と共産党はそもそも知識人を信頼していなかったので、労働者の「工人毛沢東思想宣伝隊」の出現によって、簡単に捨てられた。『新文化』紙もこの時期から退潮していくのである。

第11章
暴力の総結集

内モンゴル自治区の農村における文革の実態は、まだ解明されていない。首府フフホト市近郊に広がるトゥメト農村地帯は深刻な被害を受けた［楊　2013a］。トゥメトはウラーンフーの故郷だ。そのため、中国人は同地域を「反党叛国の巣窟」だと見なして、暴力を総動員して現地のモンゴル人を打倒していった。

1　農村の『農民運動』

筆者は以前に『農民運動』という農民造反派の新聞を公開したことがある。これは、「フフホト東方紅農民革命造反司令部」と「フフホト郊区東方紅革命造反総部」が合同で編集し、発行していたものである。農村地帯における造反運動とモンゴル人との関係を把握するうえで貴重な資料である。

農民造反派とウラーンフー

『農民運動』の創刊時期について、筆者は情報を持っていない。この雑誌の第四期は一九六七年五月一七日に「工農兵」と「革命農民総部」を保守派だと批判しているし、フフホト市近郊の桃花人民公社では五月一〇日に造反派の「農民東方紅聯合総部」が形成された、と報道している［楊 2018a］。

五月二一日、農民造反派の各グループは工人や学生と共に医学院のグラウンドに集まって大会を開いた。内モンゴル軍区の副司令の劉華香も参会し、造反派支持の演説を行った［楊 2018a］。『農民運動』第五期によると、当時、フフホト市周辺の農村に既に以下のような造反派の農民団体があったという。

フフホト革命農民造反総司令部：任懐璧代表
フフホト市郊区黄合少公社革命農民造反総部：秦明代表
巧報公社革命農民造反総部：王忠民代表

このような各種団体からなる「フフホト農民東方紅革命造反司令部」は五月二三日に「厳正なる声明」を出し、自派こそが真の造反派で、「革命農民総部」と「内モンゴル東方紅革命造反聯社」は「民族分裂活動」を進める保守派だ、と攻撃した。『農民運動』は七月二〇日付の第八期で「フフホト地区無産階級文化大革命大事記」を整理しているが、そこから読み取れるのは、市内の激しい派閥闘争が瞬時に郊外に伝わり、農民もまた積極的に武装闘争に参加していたということである〔楊　2018a〕。

フフホト市同様に、郊外の土默特旗《トゥメト》（略して土旗）の小中学生たちも造反し、「トゥメト中小学革命造反総司令部」の名で『土旗紅衛兵』を発行していた。一九六七年八月四日、『土旗紅衛兵』第二期は「大批判運動を引き起こそう」と題する文章を公開し、「ウラーンフーとトゥメト旗におけるその一味を打倒せよ」と呼びかけた。トゥメト旗はウラーンフーの出身地であるので、誰よりも先に批判の立場を表明している〔楊　2018a〕。具体的にはトゥメト旗の雲雨林という人物が一九六一年に「我々の生活のレベルはアメリカ人に及ばない」と発言したことなどが問題視されている。

八月一八日は毛沢東が紅衛兵を接見した一周年にあたる記念日である。『土旗紅衛兵』第四期は「ウラーンフーの醜悪の歴史」と「ウラーンフーの醜態録」などからなる特集を組んだ〔楊　2018a〕。他の紅衛兵新聞よりも早く、積極的にウラーンフーを批判するのも、トゥメト旗の農民と紅衛兵の特徴である。批判文によると、ウラーンフーはトゥメト地域の「搾取階級の大地主の出身」だという。「王公貴族の子弟」として、トゥメト旗の総管のロンシャン（栄祥）らに選ばれて、北京にある蒙藏《モンゴル・チベット》学校に入学した。在学中は勉強せずに売春宿に通い、「一部の人間の狭隘な民族主義の情緒」を利用して、一九二五年にモスクワに留学に出かけた。ソ連から帰郷後は前の妻の雲亭を捨てて、若い雲麗雯と同棲するなど、「腐敗しきった生活」を送っていたという。

中国の少数民族政策に不満を抱き、困難な自治を進めてきたウラーンフーは、一九六六年二月一〇日に生まれ故郷のトゥメト旗で長い演説を披露した。『土旗紅衛兵』第五期は八月二八日にこの演説の中の以下の点を抜粋して、ウラーンフーの「罪状」を列挙した［楊 2018a］。

ウラーンフーは演説の中で、過去の土地改革時の政策を振り返っていた。モンゴル人にとって、草原は歴史的に共有されてきたものだ、と強調した。中国人が内モンゴルに侵略してきて、その草原を土地として分配しようとした際に、モンゴル人側に不満が高まる。そこで、ウラーンフーは先住民の「モンゴル人に少し多めに」土地を与え、外来の中国人に「やや少なめに」分譲した。かくして、トゥメト旗のモンゴル人は二五万畝～三〇万畝もの土地を外来の中国人にただで分け与えた。それでも、入植者の中国人は不満で、「モンゴル人が優遇されている」と主張していた。ウラーンフーはこのような歴史的経緯を中国人農民と幹部に説明し、「大漢族主義」にならないよう警鐘を鳴らしていた。これが、「反革命言論」とされたのである。

秋の九月五日、『農民運動』第一〇期は「中国のフルシチョフ、劉少奇」を批判する文章を掲載した。これは、ウラーンフーの農村政策は劉少奇と連動していたことを示すためだ。文革の時代となり、造反しても、農民としての本務を忘れないよう、と『農民運動』第二四期は一九六八年二月二九日にそう呼びかけている。「毛沢東思想で春耕を進めるよう」との社説は、逆に農村地帯も政治的混乱によって、荒廃が進んでいた実態を示している［楊 2018a］。

北京に追随する農民運動

秋の九月二二日、編集部の名を「フフホト『農民運動』編輯部」に変えた『農民運動』第四七期は、「内モンゴルを祖国の北部辺境の反修正主義の鋼鉄の長城にしよう」との文を載せて、北京への忠誠を誓った。そして、「農民たちは忠誠の食糧を喜んで祖国に供出した」、と報道している［楊　2018a］。ウラーンフーの時代は、収穫した穀物をなるべく農民が自分の意思で自家消費するか、国家に売るかを決定していた。そうした政策は、国家に不利益をもたらした、と批判している（写真37）。

冬、滕海清将軍が自治区革命委員会第四回全体会議で内モンゴル人民革命党員の粛清を徹底するよう指示した時も、『農民運動』紙は政府の政策を擁護した。「ウラーンフー反党叛国集団」と内モンゴル人民革命党員の粛清は、人民解放軍が各地に進駐し、工人と群衆専政と協力する形で推進された。暴力を進めた人民解放軍に対する恐怖と不満が各地に蔓延していたので、一九六九年二月一四日付の『農民運動』第七四期は「人民解放軍を擁護し、兵士たちについて学ぼう」との記事を多く組んだ［楊　2018a］。

中国政府と中国人がモンゴル人を大虐殺していた頃一九六九年春、三月二日に「ソ連修正主義集団」が中国の自国領とする黒龍江省のダマンスキー島（珍宝島）に侵入する事件が発生した。『農民運動』第七八と七九合期は三月一四日にソ連を非難する文を多数掲載し、「新しいツァー政権を打倒し、毛主席を守ろう」と気勢を上げた［楊　2018a］。

写真37　文革期の農村生活を描いた『農民運動』紙。

四月一日、中国共産党第九回全国代表大会が北京で開催され、大規模なジェノサイド運動を少しずつ見直す方向が決まりつつあった。『農民運動』は四月二一日になっても、まだその第八九期で「フフホト市郊外における抉りだして粛清する運動は多くの反動的な国民党の軍官やスパイを見つけ、党組織の純潔を守り通した」、と「戦果」を自慢している［楊　2018a］。

中国共産党第九回全国代表大会では、林彪を「毛主席の親密な戦友にして、その後継者である」と位置づけた。五月二二日、毛沢東は「階級の隊列を清理する運動の中で、内モンゴルは拡大化してしまった」、とつぶやき、大虐殺も大都市部では一時的に停止することになった。『農民運動』はそのような毛の「最新指示」を伝えていない。全国的にカオスの状態が続いていたことから、『農民運動』第九八期も北京の指令を伝え、「毛主席は団結を呼びかけている」と五月二八日に報道している。六月七日になると、今度は第九九期で「工人毛沢東思想宣伝隊」が清華大学に進駐した時の経験を紹介している。続く六月一三日の同紙第一〇〇期は北京の新華印刷廠がいかに「階級の隊列を清理する運動中に発生した過ちを是正したかの経験」を紹介し、自治区もそれを見習う必要がある、との態度を表明した。翌一四日、『農民運動』第一〇一期は重い腰を上げて、「自治区の一部の指導者たちの左傾思想」を批判した。「左傾主義者」たちは、「内モンゴルは二〇年間にわたってウラーンフーに支配されたので、その黒いラインは太くて長い。内モンゴル人民革命党員は何人いるか分からないが、いるだけ粛清しよう」と発言していた。このような「左傾思想」が文革の混乱を招いた、と『農民運動』は軽く、タッチしただけである［楊 2018a］。

筆者が集めた郊外の農村地帯で発行していた群衆組織の新聞の中で、『農民運動』は遅くまで維持できた方になる。その後、同紙がいつ、廃刊となったかは不明である。

2　暴力を総結集した『聯合戦報』

文革中の内モンゴルで最も暴力を行使した組織の一つが、「フフホト市群衆専政指揮部」（略して「群衆専政」）だ。何万人ものモンゴル人を殺害し、十数万人に障碍を残した勢力である［啓之 2010］。『聯合戦報』は「フフホト市群衆専政指揮部」の機関紙だ。数々の暴力を謳歌し、モンゴル人大虐殺運動を推進するのに大きな役割を果たした新聞である。

政府直属の暴力行使の機関

啓之の研究によると、一九六七年七月から九月にかけて、毛沢東は華北と中南、それに華南地域を視察して回った。その途中で、毛は「専政は群衆による専政でなければならない。政府が人を捕まえるのは良くない。革命的な群衆を動員し、彼ら自身に処理してもらう」と話した。それ以降、各種の「群衆専政」は雨後の筍のような勢いで誕生し、革命の名の下で人間の財産と命を奪い、法律を踏みにじり、殺人と放火を繰り返すなど、暴力の急先鋒を演じた［啓之 2010］。内モンゴル自治区も例外ではない。群衆組織に暴力を働かせたのは、最初から政府の責任を転嫁させるためだったと見てよかろう。

造反派のリーダーだった高樹華らによると、「フフホト市群衆専政指揮部」（呼市群専）は一九六八年一月一五日に成立したという。この時期、モンゴル人高官のトグスと王再天（ナムジャルスレン）が相次いで「揪みだされ」、「ウラーンフーの黒いラインに属す者を抉《えぐ》りだして粛清し、その毒害を一掃する運動」が「より深く潜っている敵の摘発」へと進んでいた。「フフホト市群衆専政指揮部」の指導者は師範学院の幹部、戈志盛だった。重要なのは、「フフホト市群衆専政指揮部」は自治区革命委員会とフフホト市革命委員会に直属していたことと、その暴力嗜好の行動が一九六八年一月と二月に共産党中央委員会から称賛され、肯定されていたことである［高樹華　程鉄軍 2007］。換言すれば、モンゴル人大虐殺運動は中国政府に直属する「フフホト市群衆専政指揮部」が、党中央と自治区革命委員会の意思で行動し、その「功績」が党中央と政府に公認されていたのである〔啓之　2010〕。フフホト市だけでなく、自治区一〇〇以上の旗と県、一四〇〇もの人民公社に一万以上もの「群衆専政」が存在し、人民解放軍と公安機関と協同してモンゴル人を殺害していたのである。こうした事実から指摘しなければならないのは、モンゴル人ジェノサイドは完全に中国政府の主導で、中国人が組織的に実施したという性質である。

突撃！　突撃！　突撃！

「フフホト市群衆専政指揮部」は最初、「フフホト革命造反聯絡総部」の名でその機関紙『聯合戦報』を発行していた。一九六八年一月二七日の創刊号の一面を、満面の笑みをたたえて列車に乗っている毛沢東の写真が飾った（写真38）。その「発刊の詞」は以下のようになっている〔楊　2018a〕。

写真38　『聯合戦報』の創刊号。

突撃！　突撃！　突撃！

『聯合戦報』は進軍のラッパである。

……

殺せ！　殺せ！　殺せ！

『聯合戦報』を投槍のように中国のフルシチョフ（である劉少奇）と、現代の殿様である（ウラーンフー）と、それにハーフンガ（に刺し、彼ら）を粉々になるまで粉砕しよう。

暴力の行使を呼びかけた『聯合戦報』は早速、「ウラーンフーの決死隊員の一人、雲志厚を反革命分子として鎮圧しよう」と書いている。

二月六日、「フフホト市革命造反聯絡総部群衆専政総指揮部」は呼三司の医学院東方紅など五〇いくつもの団体と共同で大規模の批判闘争会を開き、「民族分裂主義者」の王再天とトグス、医学院のムレンと張暉、イダガスレンらを吊し上げた［楊　2018a］。『聯合戦報』は王再天を批判する特集を組み、「ウラーンフーの黒いラインに属す者を抉りだして粛清し、その毒害を一掃する人民の戦争を発動しよう」と主張している。王再天とモンゴル人民共和国の指導者ツェデンバルが一緒に撮った写真を掲載し、いかに「祖国の領土を修正主義国家に売り渡したか」を詳述している。王再天は自治区の東部出身者でありながらも、西部出身の奎璧《クイピイ》やジヤータイらと親しかったため、彼をターゲットにすれば、全自治区のモンゴル人を「反革命分子」として網羅できるので、中国人の戦術は奏効している。同紙はまた仰々しく「内モンゴル人民に告げる書」を掲載し、モンゴル人幹部たちが「大漢族主義に反対する名目で、ウラーンフーの反党叛国集団のメンバーとして、民族分裂主義の路線を歩んだ」、と痛烈に批判する［楊　2018a］。漢族に反対すれば、殺される対象になる、とこの宣言はモンゴル人に死刑判決を言い渡す役割を果たしていると言えよう。

政府と協同した反革命分子狩り

暴力をどれだけモンゴル人に対して行使しても、中国人は満足を知らない。二月一三日付の『聯合戦報』第三期は「群衆専政が絶対に必要だ」という長い社説を一面全体に掲げて、モンゴル人ジェノサイドを称賛した［楊 2018a］。社説はいう。

偉大な統帥毛主席は我々に対し、「専政は群衆による専政でなければならない」と教えてくれた。だから、群衆専政が絶対に必要だ。ウラーンフー反党叛国集団及びその残党に対し、絶対に群衆専政が必要だ。アメリカと蔣介石のスパイ、日本のスパイ、ソ連とモンゴル修正主義国家のスパイに対しても、群衆専政が絶対に必要だ。

社説は続いて、「ウラーンフーは二十数年間にわたって毛主席に反対してきた」と断罪する。そして、自治区直属機関が発動した「ウラーンフーとハーフンガの決死隊員たちを殲滅する作戦が成功したニュース」を伝えている。具体的には「民族分裂主義者のウリジーナランと匪賊のボスであるガンガームレン、内モンゴル人民革命党員の浩路、佛鼎（アルタンドルジ）」らを「殲滅」したという。群衆専政の権力は大きく、人民解放軍の協力を得て、至るところで「反革命分子狩り」を実施し、暴力を働いていた実態を『聯合戦報』第四期は二月一八日に記している［楊 2018a］。

暴力を働きながら、中国人たちは常に経験を交流し合い、一層の勝利を得ようとした。二月一三日、「フフホト市革命造反聯絡総部群衆専政総指揮部」は「毛沢東思想学習会」を開き、リーダーの戈志盛が演説した。フフホト市革命委員会副主任でもあった戈志盛は、「群衆専政はいくつもの素晴らしい殲滅戦を実施し、大きな成果を得ることができた」、と中国人たちを鼓舞した［楊 2018a］。「戦果」の一つに、自治区畜牧庁の庁長ドグルジャブが「抉りだされた」ことがある。同紙によると、ドグルジャブは「大蒙奸にして大物スパイだ」という。

早くも一九三〇年代に、ドグルジャブは日本帝国主義に投降し、日本の駐王爺廟特務機関長金川耕作《かながわこうさく》の腹心となった。抗日戦争中はまたハーフンガと結託して内モンゴル人民革命党を積極的に創り、同党の執行委員会候補となった。日本が投降した八月一五日以降はハーフンガと共にレイプと殺人、放火を繰り返す匪賊組織の民警大隊を創り、自ら大隊長となった。その間に民族分裂活動を進め、「内外モンゴルの合併は時間の問題だ」とか、「内外モンゴルの合併後に大モンゴル帝国を創ろう」とか話していた。

ドグルジャブは、筆者の著書『チベットに舞う日本刀』の主人公の一人で、『日本陸軍とモンゴル』にも登場するので、ここでは彼の経歴については、詳述しない。客観的に見て、以上のような批判文の中で、「レイプと殺人、放火を繰り返す」こと以外は、ほとんどが事実である。これは、群衆専政の中国人たちが自治区公安庁の保管していた公文書を閲覧し、ドグルジャブに関する人事情報（檔案）を入手していたことと、本人からも自白を得ていたことを意味している。人事情報は党と政府の許可がない限り、一般の人々は閲覧できない。従って、群衆専政は常に政府と一体化し、協同してモンゴル人を粛清していたと断定していい。

3　「モンゴル帝国の復活」

「侵略者」チンギス・ハーン

「ウラーンフーとその決死隊員王再天、それに自治区外事弁公室副主任のガルブーセンゲら」は最終的に何を「民族分裂の目的」としていたのだろうか。中国人の群衆専政に言わせると、彼らは「大モンゴル帝国の復活を目論んだ」という。一九六八年二月二八日付の『聯合戦報』第六期において、自治区人民委員会の「紅旗」は以下のように書いている［楊　2018a］。

チンギス・ハーンはモンゴルの封建的な皇帝で、ユーラシア大陸を蹂躙し、無数の労働人民を殺した大侵略者にして大魔王だ。近代に入り、封建的な支配者と日本帝国主義者、国民党反動派はみなチンギス・ハーンという大魔王を利用して、モンゴル人民を愚弄しようとした。チンギス・ハーンの幽霊を使って、労働人民を支配する道具に変えた。彼に供物を捧げ、焼香して、彼を「武功蓋世の民族英雄」や「世界の主宰者」に仕立て上げた。

モンゴル人の民族の開祖を侮辱してから、自治区が出版した年代記『蒙古源流』や叙事詩『チンギス・ハーンの二頭の駿馬』も「毒草」だと批判している。今日、中国人はまた掌を返して、「チンギス・ハーンは中華民族の英雄だ」と鼓吹している［楊 2017b］。無原則に、何とでも言えるのが、中国人の人生哲学であろう。ちなみに、叙事詩「チンギス・ハーンの二頭の駿馬」については、私の著書『草原と馬とモンゴル人』に詳しい記述と分析がある［楊 2001］。

三月二日、フフホト市群衆専政はモンゴル人の組織、「聯社」を批判闘争する大会を開いた。群衆専政の指導者戈志盛の命令により、「聯社のボス雲善祥とデリゲルをその場で逮捕し、黒幕の李永年を揪みだして公安機関に引き渡した」、と『聯合戦報』は三月八日に伝えた［楊 2018a］。これは、従来の研究者たちが指摘してきたように、群衆専政は国家の権力機関と協同して暴力を実施した実例である。既に述べたように、「聯社」はウラーンフーの名誉回復を求めていた。「ウラーンフーの名誉回復を求める奴は、打倒する」と『聯合戦報』は宣言し、「紅い嵐が内モンゴルの大地を席巻している」と自らの行為を称賛した。同紙はまた大勢のモンゴル人からなる「反革命の民族分裂主義者」のリストを呈示している。具体的には以下の通りである。

王再天、ポンスク、ハーフンガ、魯志浩、ガルブーセンゲ、サインブへ、金墨言、アルスラン、フクバートル、トンラガ、サガラジャブ、エルデニトクトフなどである。この中、サインブへは自治区ゲストハウス（賓館）の責任者で、内モンゴル人民革命党員兼ソ連とモンゴル人民共和国のスパイだという。金墨言は財政庁の責任者で、「日本の奴隷」にして内モンゴル人民革命党党員だった。アルスランは「偽満洲国」の政府動員科長で、「中国人は恩知らずだ」と話したことがある。フクバートルは上校団長で、昭和天皇から三回にわたって表彰されたことのある内モンゴル人民革命党員である。自治区の各界に勤めていたモンゴル人たちが軒並み粛清されていた実態が明らかになったのである。

民族自決史の再清算

モンゴル人を待っていたのは、終わりのない暴力だった。『聯合戦報』第九期によると、三月一〇日午後、王再天と奎璧（ウルトナスト）、ハーフンガとブヘ、トグスとポンスク、ウルジーオチルとビリクバートル、陳炳宇とチョルモン、雲世英らが群衆専政の主催する大会で吊し上げられた［楊　2018a］。この時、中国人の王逸倫と王鐸、李貴と劉景平らも「付き添わされた」。中国人でありながら、モンゴル人に協力すれば、打倒される運命にあると見せしめるためである。

同紙はまた「内モンゴル人民革命党の醜悪の歴史」を紹介している。一九二五年に成立した内モンゴル人民革命党は最初から王公貴族と地主、スパイからなる「反動的な団体」で、「モンゴル民族の復興」を目指していた。一九三一年の満洲事変以降は日本の侵略者と協力して「内モンゴル自治軍」を創り、通遼を攻めて、「蒙漢人民を虐殺した」。日本帝国主義の投降後には内外モンゴルの合併をめざし、「祖国を分裂させようとした」。一九四七年五月一日に内モンゴル自治政府が成立した際に、同党はすぐさまウラーンフーと結託した。その後、一九六一年に「秘密大会」を開き、「一九六三年七月一日に内外モンゴルを合併させようと画策した」、という。そして、このような同党党員からなる「民族分裂主義者」は内モンゴルだけでなく、北京と上海、東北のハルビンにも潜伏していると主張する。実際、この時期に、「外調」すなわち外地に調査に行くという名目で、中国人はモンゴル人を自治区外から連れ戻して暴力を加えていたのである［楊 2009c］。

こうした情勢の下で、『聯合戦報』第一〇期はモンゴル人たちを凌辱したニュースを伝えている［楊 2018a］。三月八日、すなわち「国際婦人デー」には「ウラーンと陳介平、周潔と李謹励等一五名の各界の女の走資派とウラーンフー・ハーフンガの決死隊員たちを見せしめにした」という。一三日の午後には、「師範学院東方紅縦隊」に属する「ウラーンフーを揪みだす聯隊」と「リーシャークを揪みだす聯隊」、それに第二毛紡織廠の群衆組織が合同でウラーンフーの「犬のような三太子リーシャーク」を闘争した。また、一五日には、王再天とトグス、ハーフンガとポンスク、ビリクバートルとウルジーオチル、テムールバガナとゴビ、韓是今等が群衆専政主催の暴力的な批判大会で吊し上げられた。自治区のモンゴル人高官と知識人は男女を問わず、ほぼ全員暴力の対象となっている事実が記されている。

それでも、中国人は満足していない。『聯合戦報』は三月三〇日に増刊号で周恩来と江青夫人らが四川省からの革命委員会準備委員会のメンバーに出した指示を掲載した。周と江青は「階級間の闘争は複雑だ」、と話して、引き続き暴力の徹底を奨励していた。四月五日の同紙第一三期もまた党中央の指導者たちの講話を伝え［楊 2018a］、北京の動向と歩調を合わせる姿勢を示していた。

『聯合戦報』は第13期までは「フフホト革命造反総部」の名で発行していたが、第一六期から編集部が「フフホト市群衆専政総指揮部」に変わった［楊 2018a］。同紙は早速、「ウラーンフーをボスとする反革命勢力に対し、総攻撃を発動せよ」との論評を載せ、暴力に付いていけなくなりつつある「右傾化の人物」たちに警鐘を鳴らした。そして、文藝界には二つの「叛国文学の陣地」があり、それは雑誌『花の原野』（*Önür Chichig*）と『草原』だ、と分析している。この二つの雑誌で作品を発表してきた詩人のナ・サインチョクトと劇作家のチョクトナラン、作家のオドセルとゴンボ、マラチンフなどは「文学作品を利用して反党叛国の民族分裂主義を謳歌した」という。こうした「叛国文学の陣地」を作ったのは他でもないウラーンフーとハーフンガ、それにトグスと王再天で、ウラーンフーの長男ブヘと妻のジョランチチク夫人はそれを具体的に実施した。かくして、モンゴル人が近代に入ってから創作した文学は完全に否定され、知識人もほぼ全員打倒された事実を群衆専政は宣言している。

ウラーンフーの決死隊員（死党分子）

「無産階級の革命政権を守るために戦おう」

と五月一日に『聯合戦報』第一七期はこのような社説を掲載し、「ウラーンフーの反革命クーデターの陰謀」を批判した。内モンゴル大学「井崗山鷲雷」が書いたこの文章によると、ウラーンフーが各界でモンゴル人を抜擢し、任命してきたのは、クーデターを発動する目的があったからだという。五月一〇日、同紙はまた「フフホト市に潜む階級の敵どもに対し、全線から攻撃せよ」と発令し、「ウラーンフー王朝の粉砕」を呼びかけた［楊　2018a］。群衆専政側の新聞『聯合戦報』はあらゆる面で暴力行使を煽動していたのが、特徴的である。
「革命的な大批判を続けよう」、と『聯合戦報』第一九期は五月一七日に主張し、文革の発動を伝えた「五・一六通知」が発表されて二周年になることに祝意を表した。そして、具体的には王再天を例に出し、一九五四年にチベットに行った際に、彼がダライ・ラマ法王に叩頭した行為は、「封建的な地主階級の子孫としての現れだ」と指摘する［楊　2018a］。
では、「どういう人物がウラーンフーの決死隊員か」。「誰が民族分裂主義者か」。こうした問題に対し、『聯合戦報』第二〇期は一九六八年五月二四日に基準を明示した［楊　2018a］。

ウラーンフーの決死隊員とは、直接、ウラーンフーの反党叛国の罪悪に満ちた活動に参加ないしは参画した主要な成員と、プロレタリアート文化大革命運動の初期においてはウラーンフーを守ろうとする決死隊員と、党中央がウラーンフーの問題の性質を決定した後も、その名誉回復を頑迷に目論み、悔い改めない奴を指す。

上の基準は極めて恣意的である。特に「民族分裂主義者」の場合、何が「反動的な集団」で、どういう行為が「修正主義に投降しようとした叛国行動」かについては、実に曖昧で、無責任である。こうした「基準」は、中国人の群衆専政には何ら政策もなく、ただ、相手がモンゴル人であれば無原則に打倒し、殺戮していた実態を表している。

4　都市から草原、農村への拡大

行き過ぎへの懸念？

『聯合戦報』は五月三一日に増刊号を出して、フフホト市革命委員会主任の高増貴のスピーチを全文、載せた［楊 2018a］。高は、ウラーンフーが二十数年にわたって組織的に反党叛国の活動を行ってきたので、多面的に分析しなければならない、との新しい見方を示した。高によると、「上から見ると」、ウラーンフーたちは「民族の旗印」を掲げて、政府機関の民族化を進めた。政府機関に幹部として採用された者はソ連とモンゴル修正主義国家のスパイ、日本のスパイ、アメリカと蔣介石のスパイ、民族分裂主義者と封建的な王公貴族ばかりである。「下から見ると」、牧畜地帯と農村部においても、搾取階級は打倒されないで残った、という。高増貴はここで、明らかに「上から下へと」、モンゴル人虐殺運動を社会全体へと広げるよう指示している。

早速、同じ日の『聯合戦報』第二一期はフフホト市郊外のモンゴル人の抵抗組織「聯社」と、フフホト市第一五中学を中心に成立した「衛東兵団」を殲滅しようと呼びかけている［楊 2018a］。既に述べたように、「聯社」は、文革は漢人がモンゴル人を粛清する運動だと認識していた。「衛東兵団」はウラーンフーの名誉回復が必要だと唱えていた。まもなく、呼三司の師範学院「東方紅縦隊」は自治区党委員会監査委員会常務委員兼党委員会文化大革命弁公室主任の王洪烈を「揪みだし」、「彼こそが聯社の黒幕だ」と断罪した。王洪烈が「聯社」の指導者呉国棟と雲建華、ナスンらを動かして、「ウラーンフーの名誉回復を図ろうとした」、と『聯合戦報』第二二期は伝えている〔楊　2018a〕。

暴力の嵐が吹きすさぶ中、『聯合戦報』第二四期は一九六八年六月一四日に突然、「フフホト市群衆専政総指揮部声明」を出し、「専ら黒い手先を揪みだすフフホト市革命造反派聯絡站」と「内モンゴル反党叛国集団を揪みだす聯絡站」、それに「ハーフンガを揪みだす聯絡站」を解散すると発表した。声明は、「三つの団体は革命組織で、これ以降、いかなる人物も彼らに対し誹謗中傷してはいけない」と強調している〔楊　2018a〕。

突然の解散は何故であろうか。

第一に、上記の三団体があまりにも露骨に、モンゴル人を殺戮してきた結果、政府も危機感を抱くようになったのではないか。第二に、個々のモンゴル人に群衆専政が暴力を加えるよりも、「モンゴル人の組織」そのものを政策に沿って壊滅する方が合理的かつ「合法的」だ、と政府が判断した可能性もある。というのは、解散日からほどなくして一九六八年七月二〇日に「内モンゴル人民革命党に対する処理意見」が政府から出される。この「処理意見」という「法律」に依拠して、「内モンゴル人民革命党員粛清運動」がスタートし、モンゴル人ジェノサイドも一層、効率的に推進されることになるのである。

「敵どもの脳みそを爆発させよう」

フフホト市内だけでなく、郊外のトゥメト地域にもウラーンフーの名誉回復を目論む「聯社」の勢力がいる、と『聯合戦報』は六月二一日に第二五期で批判する［楊　2018a］。具体的には以下のような人物たちの「罪」を列挙している。例えば、「郊区の副区長の雲子文は、漢人がモンゴル人を虐待していると主張していた」し、もう一人の副区長の李雲発は一九四〇年代にモンゴル軍の教官で、彼も「漢人がモンゴル人を抑圧している」と認識していた。他に李文秀と卜天祥、趙連璧と松茂山、劉振山と雲志昇、坤茂然なども「ウラーンフーが倒れると、モンゴル人全体が打倒される」と主張し、抗争していたことが、批判文から浮かび上がってくる。

「火力を集中して、殲滅の戦争を発動しよう」、と『聯合戦報』第二六期は六月二八日に以下のように命令している［楊　2018a］。

我々はまず、各部門のトップを孤立させ、包囲網を狭め、弾薬をしっかりと充塡し、銃剣をピカピカに磨こう。命令一下、砲撃を開始し、敵どもの脳みそを爆発させよう。

「各部門」とは、具体的に公安庁と衛生庁を指す。そして、公安庁の初代庁長のポンスクは「日本とソ連のスパイ」で、二代目の王再天は「機会主義者」で、三代目のビリクバートルは「民族分裂主義者兼モンゴル人民共和国のスパイ」だという。そして、ウラーンフーの息子のウービン

（武斌）はその父親の復権を企み、「聯社」のボスたちと「結託」している、と断じている。『聯合戦報』の文章は机上の空論ではなく、中国人の実績に依拠して書かれたものである。

中国共産党結党四七周年に当たる一九六八年七月一日に、『聯合戦報』第二七期は「毛沢東思想で武装し、ウラーンフーの反革命修正主義、民族分裂主義の路線を徹底的に粉砕せよ」との文を発表した［楊　2018a］。「ウラーンフーは口を開けば、モンゴル人、モンゴル人、と話す」。彼は搾取階級の封建貴族やラマ僧などをむりやり共産党に入れて自分の勢力を拡大し、「独立の王国」を創ろうとした、と呼三司系統の内モンゴル大学の中国人は批判している。

人民には見えていた虐殺の本質

群衆専政の暴力は止まらない。七月六日の『聯合戦報』第二八期はフフホト市内で群衆専政と人民解放軍が合同で大規模の夜間捜査を実施し、住民らを対象に徹底的に戸籍を調べた「戦果」を紹介している。「作戦の結果、二十数年間も潜伏していた国民党と日本のスパイを摘発した」、という。そして、当時から社会全体に広がっていた「謬論」に反論している。それは、「文革は漢人がモンゴル人をやっつける運動だ」とか、「モンゴル人ばかりが粛清されている」とかのような「根拠のない謬論だ」、と同紙は否定し、そうした「デマ」に反論している［楊　2018a］。これは逆に、人民の眼には文革の真の目的が鮮明に見えていたことの証左である。

「ウラーンフーは現代の殿様で、その夫人の雲麗雯は第二の西太后だ」、と七月一二日付の『聯合戦報』第二九期は論じている［楊　2018a］。同紙はここでもまた「自治区公安庁を粉砕せよ」

と呼びかけている。王再天とビリクバートルのような「プロの民族分裂主義者」がいたからこそ、ウラーンフーの徒党たちは守られたという。続く第三〇期の『聯合戦報』は「解放後に自治区で多くの民族分裂的な事件が発生しているにもかかわらず、王再天とビリクバートルはそうした事件の首謀者たちを庇ってきた」、と批判する〔楊 2018a〕。例えば、フルンボイル盟では、「民族分裂主義者のエルデニビリクがモンゴル人の国と中国は長城を国境とすべきだと主張していた」。シリーンゴル盟のチムドという副旗長は一九六三年にモンゴル人民共和国へ逃亡しようとしていた。こうした「案件」はどれも王再天とビリクバートルによって守られ、不問に付されたという。また、オルドスにはウラーンという転生活佛《かつぶつ》がいて、一九五八年に青海省のチベット人の「反乱」に参加していた。そのような「叛乱分子」を公安庁保衛処処長のテンへが「庇い続けた」という。

中国人に批判されたテンへ（騰和）処長はどうなったのだろうか。アルタンデレヘイによると、彼は一九六八年八月二一日に逮捕されて監獄に入れられた。中国人たちと人民解放軍の兵士たちは彼に対し、連続して一〇日間にわたって殴る蹴るの暴力を加え、ついに一九七〇年五月一九日に死亡した。殺害された際、頭蓋骨はすっかり陥没していた。人民解放軍は一切、証拠を残さなかったという〔阿拉騰徳力海 1999〕。

公安庁だけではない。交通庁も「民族分裂の巣窟だ」、と『聯合戦報』第三二期は八月一日に分析している〔楊 2018a〕。初代交通庁長のポンスクは「内モンゴル人民革命党のボス」で、その次の庁長のウルジーオチルは「修正主義分子にして民族分裂主義者」だという。そして、フフホト市長の陳炳宇もまた「ウラーンフーの決死隊員」で、政府の膝元でクーデターを起こそうとしていた、と分析している。

モンゴル人の「罪状」は枚挙にいとまがない、と『聯合戦報』第三三期は八月九日に詳しい実例を出している〔楊　2018a〕。例えば、自治区の高官佛鼎（アルタンドルジ）と内モンゴル大学講師のブレンサインは駐中国のモンゴル人民共和国の大使館の官員たちと親交していたが、ビリクバートルとテンへらに守られ、「その反革命的活動は不問にされた」。フルンボイル盟の公安局のダシニマはモンゴル人民共和国のために情報収集していたが、それも追及されなかった。

5　大虐殺の「革命的功績」

草原の赤い嵐

造反派にとって、八月一八日は記念すべき日である。一九六六年のこの日に、「偉大な領袖が緑色の軍服を着て、紅衛兵の腕章を付けて、一〇〇万人もの文革の大軍と紅衛兵を接見したからである」。『聯合戦報』は一九六八年八月一六日に「八・一八専刊」を出し、「毛主席をトップとするプロレタリアートの司令部の号令に随って前進せよ」と誓った（写真39）。八月二五日になると、同紙第三六期は多くの「大会戦のニュース」を伝えている〔楊　2018a〕。自治区農牧口は

「賊ウラーンフーの決死隊員で、農業委員会主任の雲北峰」を、計画口は劉景平を、文藝界はブへとマルチンフー、衛生系統は衛生庁副庁長のホルチンビリクとイダカスレン、包正を、それぞれ暴力的に闘争した。自治区の建設局とフフホト市製糖工廠も例外ではない。そして「草原にも紅い嵐」が発生した。シリーンゴル盟アバガ旗バヤンチャガン公社では「何千年にもわたって牛と馬のように働かされてきた貧しい牧民が牧主のナチュクを鎮圧した」という。「鎮圧」とは、殺害を指す言葉である。こうした「紅い嵐は共産党と毛主席の呼び掛けに応じた」ものだった。

　労働者が大学や政府機関に進駐して来ると、革命委員会主任の滕海清将軍は八月二七日に「工人毛沢東思想宣伝隊宣誓大会」で演説し、闘争という暴力をさらに徹底的に進めるよう指示した［楊　2018a］。『聯合戦報』第三七期はこの講話を政府の公文書として伝えると同時に、「一切の代価を惜しまずに、ウラーンフーの黒いラインに属す者を抉りだして粛清する運動を推進せよ」、と政府が主導する虐殺運動を擁護し、協力する姿勢を鮮明にした。

写真39　『聯合戦報』紙の「八・一八専刊」。

　群衆専政側がどんなに政府に忠誠を尽くしても、彼らが創出した混乱を党中央は工人毛沢東思想宣伝隊の力で収集し、より組織的に「革命の隊列を清理」しようとしていた。政府の圧力を受けて、「フフホト市革命造反聯絡総部」は一九六八年八月三〇日に解散を宣言せざるを得なかった。九月九日付の『聯合戦報』第三八期はこの解散宣言を掲載しながら、「無産階級の革命造反精神万歳」との社説を出して、モンゴル人大虐殺運動の中で果たしてきた「革命的功績」を称賛した。そして、「一握りの階級の敵が将来、フフホト市革命造反聯絡総部を誹謗中傷し、報復するのは断じて許さない」と主張した。これは、将来に自派が犯した大虐殺の責任が問われることを事前に封じ込むための予防策である。九月一六日、同紙第三九期は「知識階級は絶対に工人階級の指導を受けなければならない」と社説で論じているが、既に論鋒もかつての勢いを無くしている［楊 2018a］。

『聯合戦報』の退場

一九六八年九月二五日、『聯合戦報』は第四〇期をもって幕を閉じた。同紙の「読者に告げる」は以下のようになっている［楊 2018a］。

読者の同志たち、無産階級革命派の戦友たちへ：

革命の風雷は天まで響き、全国の山河は真っ赤に染まった。文革も既に闘私・批修・改造の新しい歴史的段階に入った。『聯合戦報』は八カ月にわたって戦い続け、勝利裏にその使命を果たした。本期をもって休刊する。この八カ月の中で、『聯合戦報』は内モンゴル自治区革命委員会とフフホト市革命委員会、フフホト市群衆専政総指揮部の直接の指導の下で、二つの階級間と二つの道路、そして二つの路線間の激しい闘争の中で、偉大な領袖毛主席と無敵の毛沢東思想、毛主席の革命路線に無限の忠誠を尽くしてきた。

群衆専政の機関紙は「内モンゴル自治区革命委員会とフフホト市革命委員会、フフホト市群衆専政総指揮部の直接の指導」を受けていた事実を自ら公表している。闘私批修とは、私心と闘い、修正主義を批判しなければならないことの略称である。「闘私」は個人の私心だけでなく、派閥の私利私益をも指す。

『聯合戦報』は、群衆専政が推進したモンゴル人大虐殺運動も「内モンゴル自治区革命委員会とフフホト市革命委員会」の直々の指令で行われてきた事実を雄弁に物語っている。モンゴル人ジェノサイドは滕海清や高錦明など何人かが「暴走した結果」ではない。「偉大な領袖」毛沢東と共産党中央の指示を自治区革命委員会政府と各級の革命委員会政府が忠実に守り、人民解放軍と群衆専政、それに工人階級が組織的に、モンゴル人を「人民の戦争」の対象として、長期間にわたって殺戮したのである。

無数の暴力を働いてきた群衆専政とその機関紙『聯合戦報』は「後日の報復」を恐れている。同紙は「フフホト市群衆専政総指揮部声明」を停刊号（廃刊号）の一面に掲載し、「もし階級の敵どもが本紙の休刊を利用して白黒を逆転させて誹謗中傷するならば、我が総指揮部と革命的群衆にはプロレタリアートによる専制を実施する権利がある」、と最後まで暴力を愛好する姿勢を放棄しなかった。

保守派は「保守」だったか

以上、本書が取り上げた紅衛兵新聞の数は、現在の内モンゴル自治区にある新聞と雑誌の総数よりも多い。人民解放軍と労働者、文化教育界と農民など、およそすべての業界と団体が造反して群衆組織を結成し、機関紙（誌）を発行していた。こうした現象は一見、一部の研究者がいうところの「言論の自由」のようにも見えるが、実際は「自由」はなく、終始、政府と共産党の管理下にあり、革命委員会政府の「喉と舌」の役割を果たしていた。むしろ、文革中の革命委員会政府の宣伝紙（誌）と位置づけた方が真実に近い。

本書後半部分で紹介した群衆組織の新聞を分析した結果、以下のような特徴を抽出できよう。

一、工人と称する労働者は最初から最後まで、フフホト市のような大都市部における造反の主力を成していた。学生の造反は主としてそのキャンパスを拠点としていたのに対し、労働者は市内全体をコントロールしていた。学生の造反は政府機関を占拠し、大学生の一部とも連携して、一大勢力に発展していた。学生の造反が政府と毛沢東の意図と乖離していくような趨勢を見せると、党中央は労働者を「工人毛沢東思想宣伝隊」に組織して大学と政府機関に進駐させた。政府から支持された労働者は過激化し、人民解放軍と共に暴力を駆使し、モンゴル人大虐殺を主導した。

二、文藝界や教育、それに体育界は文革の潮流に乗じて、古い「民族分裂の思想に満ちた文藝」を破壊して「新しい文化」を創造しようと「魯迅精神」を模倣した。彼らの文章は鋭く、煽動力も強く、労働者階級と学生らのモンゴル人に対する憎しみを喚起するのに大きな役割を果たした。彼らの中には自治区と中華人民共和国が成立して以来に創出された文藝作品の誕生に関わった者も多かったことと、毛沢東をはじめとする中国共産党が知識人に対して強い不信感を抱いていたことなどから、「無産階級の新文化」は一度たりとも形成されることはなかったのである。

三、中国政府と中国人は、モンゴル人大虐殺運動を効率よく推進するために、群衆組織を統合して「群衆専政」を実現させた。従来の公安と警察、それに検察などは、限られた自治権を有していたモンゴル人の手中にあったために、暴力的な「群衆専政」によって奪われた。政府に支持され、政府の命令で「聯合」してできあがった「群衆専政」は組織的に、論理的にモンゴル人の「反党叛国集団」と内モンゴル人民革命党員を「殲滅」した。その暴力の過程を『聯合戦報』から読み取ることができる。

四、政府主導の暴力は自治区の津々浦々の末端組織にまで到達し、農村と牧畜地帯のモンゴル人たちもまた打倒された。本書が収集した『農民運動』などはウラーンフーの膝元であるトゥメト旗における群衆専政の実態を表したものである。『農民運動』という紙名もまた毛沢東の論文「湖南農民運動考察報告」をもじったものである。毛は論文の中で、ごろつきなどを動員して暴力を駆使して「搾取階級の打倒」を呼びかけていた。内モンゴル自治区でも、中国本土からの中国人農民は毛沢東が謳歌する暴力をそのまま先住民のモンゴル人に向けた。かくして、モンゴル人は自らの故郷において、自治政府のトップから末端組織に至るまで、すべての権利を奪われ、大虐殺されたのである。

第12章
モンゴル語の中国的変容

二〇二〇年夏、中国は内モンゴルにおけるモンゴル語教育を廃止するとの政策を公開した。実は、そうした前例は文革期にもあった。文革期の言語政策について研究する際に、当時の人々が用いていた言葉と文字の問題が浮上する。言葉と文字は民族のシンボルだ。

中国の政治言語について研究した吉越弘泰は、文革期の人々は深刻な言語経験を経たと指摘する。最初は「革命言語」だったものの、次第に堕落して「流氓《ごろつき》言語」化し、やがては人々を戦慄させる「暴力言語」に変質していったのが、文革言語の特徴である［吉越 2005］。

では、文革期の内モンゴル自治区のモンゴル語の状況はどうだったのか。モンゴル人大虐殺に関し、モンゴル語資料はどんな政治経験を語っているのか。モンゴル語資料は中国文革という政治運動をどのように表現しているのか。大虐殺を促進し、原動力の役割を発揮した独特な中国流文革言語をモンゴル語で何と言うのか。中国文明に淵源する文革言語はどのように遊牧民の言語たるモンゴル語に翻訳されたのか。異文異種のモンゴル人は文革中にいかなる言語を操って中国の政治運動に関わっていたのか。これらはすべて、重要な問題である。

1　言語の問題は祖国の問題

モンゴル語で文革を語る意義

内モンゴルにおける文革期の言語表現について、イギリスのケリー・ブラウンの研究がある。彼は、モンゴル人大虐殺関連の中国語公文書について分析している。ブラウンによると、共産党中央の指導者は独特な政治言語を駆使して大衆を煽動したし、大衆もまたその政治言語から運動推進の正当性と原動力を獲得した。党と政府の指導者と人民大衆は言語を通して独特な、相互依存の関係を構築していたという［Brown 2006］。この指摘は部分的に正しい。内モンゴル自治区の場合は中国人が中国政府の指示に従ってモンゴル人を虐殺していたので、中国人と中国政府が言葉と文字を媒介にして共存関係にあった、と厳密に指摘しなければならない。

筆者は二〇二〇年春に文革資料シリーズの第一二巻として、モンゴル語資料を収めた。それ以前の資料は中国語だったのに対し、第一二巻は純粋にモンゴル語資料からなる。文革中に発行された各種の紅衛兵新聞やビラ類を収集し研究する鄭光路によると、紅衛兵新聞は一九六七年五月から一九六八年六月までにその編集印刷がピークに達していたが、ほとんどが中国語だった。チベット自治区で印刷されていたチベット語の『紅色造反報』と四川省の四川大学の『八二六砲声』（チベット語）だけは希少価値が高く、コレクターの間で注目されていたという［鄭　2006］。中国語以外の言語で書かれた文革資料は少ないようである。

　文革中は政府系の新聞、例えば『内モンゴル日報』や各盟の新聞のモンゴル語版はほぼ刊行し続けた（写真40）。文革言語は一種の上からの、強制された政治言語であるので、政府系新聞を用いればそれなりの研究も可能であろう。

写真40　1966年8月28日の『シリーンゴル日報』。毛沢東がほぼ毎日のようにモンゴル語新聞の巻頭を飾る時代が始まった。

　モンゴル人は自治区において、最初は自らの母国語を駆使しながら、ぎこちなく文革に関わっていった［楊　2011b,2018a］。文革はそもそもモンゴル人を民族ごとに抹消する目的で発動されたために、モンゴル人は最初から肩身が狭く、モンゴル語も次第に使われなくなった。文革が終息した後も、文革特有の政治言語はモンゴル社会に残り続けた。モンゴル人もその政治言語を用いて文革を記憶し、語り、著述を試みた。トゥメンの著書『康生と内モンゴル人民革命党冤罪事件』が中国語で出版されてからは二種類のモンゴル語に翻訳された事実はそうした現象の代表例といえよう［Tümen and Ju Düng Li 1996a,1996b］。

　それでも、モンゴル語による語り・著述・研究は圧倒的に少ない。少ない原因は、中国人が実権を握り、有名無実な自治区において、モンゴル語が圧倒的に不利な立場に置かれているからである。実際、モンゴル人研究者のボルジギン・ラムジャブ（Borjigin Lhamujab）がモンゴル語で文革に関する著作『紅色革命』［*Ulayan Qubisqal*, 2012］を出版すると、政府はただちに彼を逮捕し、二〇一九年夏に懲役二年の実刑判決を言い渡しているのもそうした厳しい現実を反映している。ジェノサイドの犠牲者であるモンゴル人が、母国語のモンゴル語で過酷な体験を語り、著述できない事実は、文化的ジェノサイドが自治区において現在進行形で実施されていることを雄弁に物語っている。

文化的ジェノサイドが続く内モンゴル自治区において、記憶の喪失が顕著だ。若い人たちは文革に関する知識がなく、モンゴル人が虐殺されていた運動についても、情報を持たない。中国語から翻訳された、暴力を行使した言葉についても無知だ。政府によって受身的に政治運動に巻き込まれていったモンゴル人の政治言語を知るためには、政府系新聞以外のモンゴル語資料を発掘し、研究しなければならない。そうすれば、運動の全体像が見えてくる。本章はそうした現代史の言語学的状況を解明しようとする目的を帯びている。

モンゴル人の祖国はどこ？

言語の問題は祖国の問題である。

実は内モンゴル教育出版社は文革が発動される三年前の一九六三年三月九日から自治区党委員会の指示を受けて、モンゴル語の出版物の内容について点検していた。その結果、以下の問題が発覚した、という。

まず、祖国（eke orun, eke ulus）の概念を「混同」させる問題がある、と中国人は批判している。祖国をエへ・オルン（eke orun）というか、それともエへ・ウルス（eke ulus）と表現するか。これは、モンゴル人にとって、中国とモンゴル人民共和国のどちらを祖国と見なすかの大問題である。そもそも、国民国家と同義の祖国という言い方は近代の発明である。モンゴル人は古くからモンゴリアをエへ・オルンと呼んできた。エへは「母」で、オルンは故郷、故土の意である。ウルスは一応、「国」と置き換えることが多いが、遊牧民の「国」は領土よりも、人間集団に重点を置き、属人性を重視する。内モンゴルの知識人もモンゴル人民共和国の同胞もみなエへ・オルンを使用してきたが、ウルスを使うよう中国政府から強く求められるようになった。ウルスを使うことで、中国への帰属意識を強化しようとしたかったのである。ここから、ウルスも中国語の中の国家観になっていったのである。

次に、中華人民共和国の建国直後に自治区で用いていた小学校のモンゴル語の教科書ではモンゴル人民共和国の指導者チョイバルサンの文章や、同国の国歌を取り入れていたのが問題だという。モンゴル人民共和国の「修正主義思想や民族主義思想を持つ」作家、ツェベクミドやダ・センゲの作品を採用していた。こうした作品内には例えば、「鳩は平和のシンボルだ」といった「平和主義」の内容があり、不適切だという。このような「修正主義・平和主義の教科書」を使った結果、子どもたちに「モンゴルを崇拝する思想が芽生えた」、と好戦的な中国人たちは論じている。

中国人は以上のように、文革が始まる三年も前から「内部調査」でモンゴル語・文字の「問題点」を集めていたことが分かる。そして、文革中には再びその報告書を持ちだして、モンゴル語とモンゴル文字の否定に活用したのである。実に用意周到にモンゴル人を一網打尽にしようとしたのである。

同化政策と「一に発掘、二に創成、三に借用」

文革以前から、モンゴル語とモンゴル文字は中国政府と中国人から排除され、否定されてきた。言葉と文字は民族文化の象徴である、という事実を中国人は知っていたからだ（写真41）。そのため、中国政府と中国人はモンゴル人だけでなく、モンゴル語とモンゴル文字を目の敵としてきた。特に自治区のモンゴル人が同胞の国、モンゴル人民共和国との言語・文字の面での統一を図ろうとする当然の意志には建国後ずっと神経を尖らせていた。そして、文革が勃発すると、中国への強制的な同化を促し、民族文化を完全に抹消するための文化的ジェノサイドも一気に発動された。したがって、二〇二〇年夏のモンゴル語廃止政策にも、前例はあったのである。

実例を挙げよう。一九六八年春に内モンゴル教育出版社の東縦『教育黒線』批判組は自派が編集した雑誌、『教育批判』第四号を配布した。雑誌は自治区のモンゴル人知識人がいかに民族分裂的な活動をしてきたかを翻訳と出版の面から攻撃している［楊　2020］。中国人はまず、自治区の最高責任者のウラーンフーを批判する。ウラーンフーはモンゴル人知識人を支持していただけでなく、中国人幹部にもモンゴル語を学ぶよう「強制」した、という。中国人が挙げる「罪状」は、自治区党委員会宣伝部が一九六三年冬から一九六五年一二月にかけて印刷し販売した『モンゴル語ラジオ会話テキスト』だ。「何と、二九万冊もモンゴル語の会話本を印刷する大罪を犯した」という。

　モンゴル人知識人はまた「頑なに中国語から単語の借用を拒否し、一に発掘、二に創成、三に借用という政策を創って、修正主義のソ連とモンゴル人民共和国の外来語を使った」、と中国人は不満である。ラジオ会話のテキストにはまたチンギス・ハーンの軍旗を称賛する内容がある、とも断じている。モンゴル人の言葉と文字、そして文化が否定されるようになったのである。具体的には内モンゴル人民出版社の責任者だったガワー、自治区衛生庁のホルチンビリクとイタガスレン、作家のオドセルとゴンブ、それにチョクらが自治区党宣伝部副部長のトグスの指導の下で、「民族分裂的活動」を進めてきたと批判している。このガワーとイダガスレン、それにホルチンビリクら知識人がどのように中国政府の同化政策に抵抗し、そして粛清されたかについては、拙著『モンゴル人の民族自決と「対日協力」』［楊　2016b］に詳しい論考がある。

写真41　1950年代初頭に進められていたモンゴル語の言語学的統一を批判した中国の漫画（『当代王爺烏蘭夫』より）。

2 国家主導の翻訳

「戦争と革命の時代」の二〇世紀には二つの大きな政治言語があった。共産党言語とナチス言語である［吉越 2005］。モンゴル人は異なる国家に暮らしながらも、均しく二つの政治言語をすべて経験した。まず、そのうちの共産党言語を経験した。内モンゴル自治区のモンゴル人も「中国的特色のある共産党言語」を翻訳し、消化しなければならないのは、避けられなかった。中国に占領される以前に、既にロシアに編入されたブリヤート・モンゴル人やモンゴル人民共和国の同胞たちを介して、共産党言語の洗礼を受けていたのである。その後、現在に至るまで、中国が進める文化的ジェノサイドで、中国流のナチス言語を体験してきたのである。

モンゴル語になる毛沢東の言葉

中国流政治言語には鋭利な破壊作用がある。中国社会の暴虐性とマルクス・レーニン主義の暴力が結合していたからだ。中国政府と中国人はその鋭利な言語の武器をモンゴル人に向けて、翻訳というルートで攻撃した。その結果、モンゴル社会は中国流政治言語の打撃を受けて、破滅的な結末を迎えた。具体的には毛沢東言語の翻訳である。

毛の指示やそれに関連する新聞の社説類は瞬時にモンゴル語に翻訳されて、自治区に広げられた。中国語の公文書を諸民族の言語に翻訳していたのは、北京にある国家翻訳局と国家民族事務委員会、それに各出版社と各地の政府翻訳局である。

中国人の毛沢東崇拝の習慣はモンゴル人社会にも持ち込まれた。異民族の人物、それも暴虐を極めた独裁者にして、歴史上モンゴルと敵対してきた中国人を神として崇める現象がモンゴル人社会で起こったのは、有史以来、初めてだろう。モンゴル人が異民族によって支配されている実態の現れである。

一九六六年五月、内モンゴル人民出版社は「毛沢東思想の偉大な紅旗を高く掲げて、社会主義文化大革命に積極的に参加しよう」（Mao Zedüng-ün üjel sanaγan-u aγ-u yeke ulaγan tuγ-i ündür manduγulju neyigem jirum-un soyul-un yeke qubisqal-du idebkitei orulčiy-a）とのパンフレットを出版した［楊　2020］。このパンフレットの名は、『解放軍報』が同年四月一八日に掲載した社説から採ったものである。パンフレットには同紙五月四日付の「階級闘争を絶対に忘れるな」（anggi-yin temečeel-i yaγaysan ču martaju bolqu ügüi）という社説も収録されている［楊　2020］。文革発動への世論を中国政府は、少数民族地域を含めた津々浦々まで広げたのである。

六月になると、北京の民族出版社も「妖怪変化を一掃せよ」（aliba čidkör šolmu-i darun šügürdey-e）とのパンフレットを公刊した［楊　2020］。これは、中国人の陳伯達が一九六六年六月一日に『人民日報』に執筆した社説である。「妖怪変化《シュトヘル》」（čidkör šolmu）に代表されるような文革特有の粗暴な政治言語はここから氾濫していき、諸民族の言語にも入ってくる。同パンフレットにはまた以下のような文革中に広く読まれた論文が収められている。

一　「人々の魂に触れる大革命」（kümüs-ün amin sönüs-yi köndekü yeke qubisqal）。

二　「ブルジョアジーが占拠している歴史思想の隊伍と陣地を奪い返そう」（körünggeten anggi-yin ejirkelejü bayiɣ-a teüken uqaɣan-u jiɣsaɣal-un ɣajar-i buliɣan abuɣ-a）。

三　「毛沢東思想の新勝利」（Mao Zedüng-ün üjel sanaɣan-u sin-e ilalta）。

四　「ブルジョアジーの『自由・平等・博愛』の楯を破り捨てよ」（körünggeten anggi-yin "erke čilüge, adali tegsi, tügemel qayir-a" kedeg qalqabči-yi qaɣu tatan qaɣay-a）。

五　「無産階級の革命家になるのか、それともブルジョアジーの保守派になるのか」（ügeyiküü anggi-yin qubisqalčid bolun-a uu? Esegül-e körünggeten anggi-yin qaɣan-i qamaɣalaɣčid bolun-a uu?）

六　「我々は古い世界の批判者だ」（bidan bol qaɣučin yirtinčü-yin sigümjilegči mön）

右で並べた「妖怪変化」と「ブルジョアジー」、それに「革命」など、どれもモンゴル語にならなかった言葉ばかりである。北京にある民族出版社はまた、「革命的な壁新聞はあらゆる妖怪変化を暴露する照妖鏡だ」（qubisqal-un dazibau bol aliba čidkör šolmu-i ileregülkü qubilɣan toil mön）とのタイトルのパンフレットも出現した［楊　2020］。ここでは、壁新聞を意味する中国語の「大字報」をそのまま「ダーズィーボー」（dazibau）と用いている。中国語の文革用語は借用語の形でモンゴル社会に入ってくる。モンゴル人はその実態を理解していなくても、日常生活の中で使用しなければならなくなる。特殊な文革言語が洪水のように現代モンゴル語に入ってきて、言語空間に定着していく。

モンゴル語によるモンゴル人攻撃の重要性

内モンゴル自治区に軍事管制を導入してから、中国政府は体系的にモンゴル人指導者ウラーンフーに対する批判を一層強めていった。反ウラーンフーの急進的勢力は呼三司だった。呼三司はほとんど中国人からなり、極少数のモンゴル人大学生が加わっていたが、次第に追放された。モンゴル人学生も、文革はモンゴル民族全体の抹殺を目的としているのに気づき、次第に離脱していった［楊　2018a:241-311］。

ウラーンフー本人のみならず、その夫人や家族も攻撃された。「現代の〈西太后〉——ウラーンフーの妾にして総参謀長である雲麗雯の滔天の罪行」（odo üy-e-yin "Tsi si tayikü"：Ulaɣanküü-yin baɣ-a ekener büged yerüngkei Tsanmujang Yün Li Ven-ü tngri Tulum-a yal-a）はウラーンフーの夫人雲麗雯に批判の矛先を向けている［楊　2020］。ここでも、「総参謀長」という言葉は yerüngkei Tsanmujang と翻訳されている。「総」（yerüngkei）はモンゴル語で、参謀長（Tsanmujang）は中国語のままとなっており、一種のハイブリット形式を取っている。ハイブリット語の方が、音声学的に響きが良く、最新の流行だったのであろう。そして、中国語の単語を翻訳せずにそのまま使った方が革命的で、進歩的という認識も広がっていった。今日においても、モンゴル語に固有の語彙があるにもかかわらず、外来語の中国語が強制されている現象は、文革期からの悪影響の一つである、と理解できよう。

中国政府と中国人からの攻撃を受けて、モンゴル人は自らの文字と言語を使用することができなくなった。モンゴル人はぎこちない中国語を用いながら、理解できていない政治のセンテンスを暗記させられて、文革に巻き込まれたのである。フフホト市鉄道局と教育庁では、モンゴル人同士でモンゴル語を用いて会話するのを禁止していた。ジェリム盟の最高責任者で、軍分区司令官の趙玉温は「モンゴル語はロバの言葉だ」と公言していた。中国人はロバを最も愚かな動物だと見なし、モンゴル人をロバだ、と侮辱していた。ジョーウダ盟バーリン右旗でもモンゴル語の使用を禁止されていた。モンゴル人は全員、「民族分裂主義政党の内モンゴル人民革命党か、あるいは統一党党員」とされた。モンゴル人は中国語の「内モンゴル人民革命党」とか、「統一党」といった言葉の意味すら分からなかったのである［阿拉騰徳力海　1999］。中国政府と中国人から擦り付けられた罪の意味も分からないままに殺害されたのである。

3　中国の政治言語に中毒したモンゴル人

ソ連の民族とナショナリズムについて研究したテリー・マーチンによると、「新しい現象は、新しい言葉を生みだす」。ソ連の民族政策は、それを実現する過程の中で、多くのアファーマティヴ・アクション的な言語を創成した［マーチン　2011］。こうした見解に即して中国の言語創成と多民族言語への翻訳過程について観察し、文革期の内モンゴルの言語学的状況を現代史と結びつけてみると、モンゴル人側の特徴が顕著になってくる。

第一、「偉大な中華民族」で、「文明人」を自称する中国人の言葉に比較して、モンゴル語には元々悪罵用語や他人を攻撃する苛烈な、攻撃的な言葉は少ないか、ない。文革期には中国語特有の他者を罵倒し、否定する用語が多数、翻訳され、導入された。例えば、「妖怪変化」（čidkör šolmu）であるが、モンゴル語には言葉自体に否定的な色彩は一切、なかった。しかし、この言葉が打倒された政敵を意味するようになると、モンゴル語の意味にも同じような否定的な意味合いが持ち込まれて定着した。また、「牧主」（mal-un ejen）を指す「マルン・エジン」は単に「家畜の持主」を意味していたが、文革期になると、搾取階級に対して用いられるようになった。中国語から政治的な言葉を翻訳して導入するようになるにつれ、モンゴル語にも攻撃的な要素が増えた。このような政治言語の量はあまりにも多過ぎたので、翻訳が不可能となると、そのまま使うように変わる。そうした中国語語彙の増加で、母国語は変質し、中国への同化が一気に進んだのである。

ついでにいうと、筆者の文革研究の著作もここ数年、モンゴル国のモンゴル語に翻訳されている。その際、最も翻訳しにくいのが、中国語から内モンゴル語に導入された政治言語である。「こんな汚い表現を文章に入れていいいか」、と編集者に指摘されたこともある。

第二、中国語の政治言語には攻撃力があり、それがモンゴルの民族文化を破壊するのに大きな影響力を発揮した。中国語由来の語彙は毒素のようにモンゴル人の脳裏にしみ込み、文革が終了した後も、モンゴル人の精神世界を支配し続けた［楊 2011b］。モンゴル人に対する肉体的な虐殺よりも、文化的ジェノサイドの方がさらに長く続いたと言えよう。

第三、文革期の内モンゴル自治区において、モンゴル人ジェノサイドを推進するのに、モンゴル語は威力を発揮した。それは、将来に大虐殺が発覚しても、「モンゴル人同士の内紛」にすり替えるための策略でもあったからである。何万人ものモンゴル人が殺害されても、その虐殺を進めた中国人たちは無罪放免され、モンゴル人作家が一人だけ、実刑判決を受けるという形で中国は事態の収拾にあたった［楊 2018b］。モンゴル人がモンゴル人を打倒し、モンゴル人の「罪」を断じるのに、その母国語が最も有効であるのを中国政府と中国人は知っていたからである。

モンゴル語は中国語以上に、自治区の最高指導者とその部下たちを徹底的に批判するのに大きな影響力を発揮した。モンゴル語の場合は中国語よりも威力があるからだ。中国語だと、それを完全に理解できないモンゴル人も多数いた。暴力的な政治用語であっても、その具体性と神髄については、理解できなかった。暴力的な政治言語がモンゴル語に翻訳され、具体的な人物の歴史と連動してくると、威力も増してきた。モンゴル人は、モンゴル語に翻訳された暴力的な政治言語に接することで、ジェノサイドの環境に包囲されるようになったのである。

第四、中国の政治用語を自民族の社会に導入した結果、モンゴル人は古くから維持してきた文化と歴史の独自性を失っていった。モンゴル人は外国語、それも中国語でもって中国人の毛沢東や林彪をまるで神のように崇め、中国の政治言語で思考するように変節し、堕落した。変節と堕落は暴力によって強制されたとはいえ、近現代史に対する無反省が大きかったのではないか。モンゴル語が生来的に有する遊牧と自然、生命を尊ぶ独自の精神が否定され、中国的暴力が正統化され、モンゴル人らしさが抹消された。肉体が殺害されても、言葉だけが残っていれば民族の復興も可能性があっただろう。内モンゴルの場合は、中国の政治言語の氾濫により、肉体的にも文化的にもジェノサイドの効果が現れ、深刻な打撃を受けて、二度と恢復できなくなったのである。

第五、粗野な中国語をモンゴル語に訳して定着させた結果、同胞の国のモンゴル国との間で大きな溝が生じてしまった。モンゴル国のモンゴル人は、乱暴な、生硬な翻訳語を操る内モンゴル人を漢化したと見なすようになった。

何万人もの犠牲者を出したにもかかわらず、ジェノサイドの原因はたったの数人、いわゆる「四人組」にある、と考える思考停止のモンゴル人も少なくない。犠牲者が出ても、真の原因を探究せずに、中国の美しい嘘に酔いしれていれば、それこそ犠牲者に対する最大の冒瀆である。中国語に占領された、ハイブリット語を操っている限り、民族全体が消滅するのも時間の問題であろう。ハイブリット・モンゴル語でもって中国の政治用語で思考し続けている限り、モンゴル人はもはやチンギス・ハーンの子孫を名乗る資格はない。モンゴル人はこのような危機をいかに乗り越えるかについても、考えなければならないのではなかろうか。

第13章　加害行為が物語るジェノサイドの規模

一九七八年から、加害者とされた造反派に対する清算が中国で始まった。モンゴル人大虐殺に加担した加害者よりも、政治闘争に関わった造反派がまず対象とされた。このようなやり方には、民検問題の本質を隠そうとする政府の狙いが窺える。加害者は、モンゴル人を迫害したという罪ではなく、派閥を形成し、政府に対して造反したとの口実で審査の対象に選ばれたことから分かる。

1　「のし上がった幹部」たちの罪

内モンゴル自治区は一九七八年一二月一〇日に「運動弁公室」を設置し、各地の冤罪事件とその加害者に関する情報を調べだした。

造反派の罪

造反派の有名なリーダー、郝広徳は一九七七年一月一七日から審査を受けていた。二年後の一九七九年一〇月二一日、政府は郝広徳を「党中央の管理に属さない幹部」に分類した［楊2019a］。彼は自治区の有力者であっても、党中央の直接管理に属するほどの高官ではなかった、という扱い方だ。加害者の階級を過小評価するやり方は、意図的にモンゴル人大虐殺運動を矮小化するためだ。報告は次のように始まる。

郝広徳、男、三五歳。行政二二級の幹部で、貧農の出身で、本人の成分は学生。河北省景県生まれの漢族。文革以前は学生で、一九六七年に解放軍に入り、一九六八年に共産党に入党。文革中は内モンゴル自治区革命委員会常務委員、ウラーンチャブ盟党書記を務めた。

ここでいう「身分」を、文革当時は「成分」と表現していた。全人民の「身分」を檔案という「政治的な内申書」に記されていた。檔案は本人に公開されることはなく、生涯にわたって、所属先の党幹部によって記入され、昇進やその他の待遇の面で変化が生じる際の判断材料となる。

右の檔案によると、郝広徳は文革開始早々に造反し、中国全国にその名を轟かせていた造反派組織の呼三司の司令になり、一九六七年二月五日に軍区前でデモを組織し、「林彪と四人組」に追随したという（写真42）。そして、党と国家の極秘文書を秘匿し、現役軍人の婚約者をレイプしたとしている。「審査中も態度が悪く、罪を認めようとしないので、起訴に相当する」と提案している。

政府はその後、一九七九年一一月二九日に郝広徳をウラーンチャブ盟中級人民法院に起訴した。審査の結果、ウラーンチャブ盟中級人民法院は一九八二年六月一五日に「郝広徳が文革中に犯した重い罪と過ちに関する処理意見」を自治区政府に提出した［楊 2019a］。この処理意見では以下のような案件に郝広徳が関与したとしている。

一、一九六七年五月一一日、「群衆組織」の「紅衛軍」の責任者張三林と李忠学らを新城賓館に監禁して暴力を加えた。

写真42　江青夫人と林彪の結託を描いた風刺漫画（『掲批“四人幇”』天津日報社より）。

二、一九六八年二月一七日に、ジャータイに対し、スパイ行為を働いた。

三、一九六八年四月二五日、内モンゴル大学副学長のバトと師範学院のリュージンソー（留金鎖）を勾留した。

四、党と政府の極秘文書一五七八部を隠し持っていた。

郝広徳の「罪」はどれも加害行為から外れ、軽微な行動に変わっている。特に注目すべきは、政府は文革中に造反派と激しく対立していた保守派の「紅衛軍」を単なる「群衆組織」と呼んでいることだ。「紅衛軍」も造反と自称していたが、彼らは当時も共産党の高級幹部たちを守ろうとしていたので、文革後に復活した高官たちに贔屓《ひいき》されている。「処理意見」は以前の「起訴に相当する」という決定からトーンダウンし、「郝広徳の党籍を剝奪し、党内外のポストから外すが、公職を残し、行政の末端に下放して労働させせよう」と提案している。

この提案は通らなかった。一九八二年一二月二四日、中共ウラーンチャブ盟委員会は自治区党委員会に対し、「盟委員会で検討の結果、郝広徳に懲役七年の刑を言い渡すべきである」と伝えている。自治区党委員会の運動弁公室は一九八三年五月二六日に「懲役七年の刑を言い渡すべきだ」との提案を自治区党委員会に提出した［楊 2019a］。高樹華によると、その後、郝広徳には一〇年の刑が言い渡され、確定したという［高樹華 程鉄軍 2007］。

「ブルジョアの派閥の中堅分子」

呼三司の著名な指導者高樹華も、「中央に属さない、判決予定の幹部」として登録された［楊 2019a］。彼は一九七七年一二月に隔離審査され、翌年の一一月二日に逮捕され、一九八〇年五月二四日にフフホト市人民法院に起訴されていた。

高樹華、男、三八歳。行政二三級の幹部である。労働者出身で、本人の成分は学生。一九六〇年に共産党に入り、一九六一年に解放軍に入隊している。文革以前は内モンゴル師範学院教員で、文革中には内モンゴル革命委員会常務委員、政治部副主任を歴任し、現在はフフホト市書記兼革命委員会副主任。

高樹華の主な罪状は以下の通りだ。

第一、繰り返し派閥を結成したこと。一九六七年一月には造反派の「東方紅縦隊」を動かして師範学院党委員会の権力を奪い、自治区党委員会を攻撃した。

第二、人民解放軍を攻撃した。一九六七年一月二九日に「呼三司」と「河西公司八・一八」などの造反派組織を糾合して軍区前でデモを行った。

第三、幹部と群衆を虐待した。

以上三つの罪は「ブルジョアの派閥の中堅分子の性質」を成している、という。一九八二年六月一四日、高樹華を審査する委員会は政府に対し、「罪を認める本人の態度は良好で、悔い改める意志もあることから、刑事責任を問わずに、党籍を剥奪して労働改造を命じよう」と提案している［楊　2019a］。自治区党委員会運動弁公室も一九八三年六月一四日にほぼ同様な提案をし［楊　2019a］、最終的には起訴しなかった［高樹華　程鉄軍　2007:540］。ブルジョアは、造反派が毛沢東の呼びかけに応じて打破しようとした対象だった。文革を清算するようになると、その造反派がブルジョアにカウントされたのは、歴史の皮肉だろうか。

2　加害者陣営の様相

党の高級幹部の処分の方法

高級幹部の加害者をいかに処分するかについても、検討は始まった。自治区紀律検査委員会は、自治区革命委員会委員兼党委員会の核心小組の指導者だった高官、権星垣については、「重い過ち」を犯したとする報告を一九七九年八月一〇日に中共中央に提出した。報告は以下のように始まる［楊　2019a］。

文革がスタートした時から、権星垣同志は華北局書記の李雪峰と解学恭らに追随してウラーンフー同志を陥れた。一九六六年四月末に解学恭が内モンゴルに来てウラーンフー同志に関する情報を集めていた際に、権星垣と高錦明は解学恭にウラーンフー同志の「問題」を密告した。

権星垣は共産党中央と華北局の意志に沿ってウラーンフーを粛清し、ウルトナスト（奎璧）とジヤータイの二人を「ウラーンフーの左右両宰相」とし、雲麗雯と浩帆、陳炳宇と雲世英、それにチョルモンを「ウラーンフーの五人の猛将」と認定して、「ウラーンフー反党叛国集団」をでっちあげた、と政府報告はいう。報告から分かるのは、共産党中央は文革発動前の一九六六年四月からウラーンフーに関する情報を収集し、華北局工作会議で計画的にモンゴル人指導者たちを一掃したということである。

報告はつづいて権星垣が「自治区革命委員会の悪徳ボス」である高錦明と郝広徳、高樹華とナソンバヤル、それに王金保らと結託して武装闘争を繰り広げたという。革命委員会は文革期に「新生の革命政権」と謳歌されていたが、ここに至って、完全に否定されたことになる（写真43）。

写真43　自治区革命委員会の成立を祝うポスター（『呼三司』第38期、1967年11月4日）。

権星垣は一九六八年四月一四日に開かれた自治区党委員会核心小組の会議で内モンゴル人民革命党を「ウラーンフーの陰の親衛隊」だと批判し、七月には正式に同党のメンバーを抉りだして粛清する決定を制定した。権星垣は「内モンゴル人民革命党は国際的なスパイ組織だ」として粛清を進め、自治区直属機関だけでも数百人に怪我を負わせ、十数人を死亡させたという。

これだけの加害行為を働いた権星垣だが、自治区党委員会は党中央に対し、「自治区の人民は彼を憎んでおり、必要な紀律処分を下すよう」求めている。十数人も死亡させ、数百人に怪我を負わせた人物に対する共産党の対応である。
一九八三年五月二〇日、文革中に発生した問題を解決する「自治区運動弁公室」は自治区党委員会に「権星垣同志の文革中の問題に関する審査結果と処理意見」を提出した。権星垣については、上で示した報告にあるように、一九七九年から審査が継続されてきたのである。彼は一九七七年に一時的に甘粛省革命委員会副主任に転出していたが、一九七九年一一月から免職されていたという。処理意見は以下のようになっている［楊　2019a］。

権星垣、男、漢族、一九一六年に河北省完県の上層中農の家庭に生まれる。……自治区で階級の隊伍を清理する運動が拡大していくと、一九六八年一二月一一日に開かれた自治区革命委員会常務委員会の学習会の席上で、権星垣は「ウラーンフーは大モンゴル国を建立し、彼自身が第二のチンギス・ハーンになりたかった。日本も国民党もウラーンフーも皆、チンギス・ハーンの功績を吹聴している」と話していた。……権星垣は内モンゴル党委員会核心小組のメンバーで、同委員会指導下の自治区で内モンゴル人民革命党員を抉りだして粛清する運動の中で、合計三四万六〇〇〇人が粛清され、一万六二二二人が殺害された。重度の怪我を負わされた者は八万七一八八人である。

報告書はさらにその他の被害者と合わせると、死者数は二万二九四一人で、負傷者は一七万人に達するという。これほどの被害が出ているにもかかわらず、「権星垣同志を降格させる行政処分を求める」としている。中国において、モンゴル人の命がどれほど軽く見られているかを如実に示す史料である。

3　分割統治と強制移住

東北三省に割譲された三つの盟

自治区各盟《アイマク》においても、加害者に対する審査はスタートした。

一九八一年冬、フルンボイル盟党委員会は、自治区革命委員会委員兼フルンボイル盟革命委員会副主任の李楓を逮捕すべき人物の候補として登録した［楊 2019a］。報告によると、李楓は五一歳で、河北省遵華県出身の漢族で、一九四九年に人民解放軍に入隊していた。報告は以下のように記す。

李楓は直接フルンボイル盟において「新内モンゴル人民革命党員を粛清する運動」と「反党叛国集団」メンバーを抉りだして粛清する運動を指揮し、合計七万八六一八人を粛清し、そのうち死者は三八二一人で、負傷者は二万五四八八人で、重度の障碍者となった者は四〇二九人に上る。この惨事に李楓は直接、大きな責任を負う。

このような李楓だが、「罪を認めようとせず、態度が悪い」ので、逮捕すべきだとしている。慎重な審議を経て、一九八二年一二月三〇日になると、フルンボイル盟党委員会はさらに詳しい資料を備えて李楓に関する「意見報告」を「呼発1982第70号」公文書として自治区革命委員会に提出した。この公文書により、李楓の具体的な犯罪行為が明るみになった。李楓はフルンボイル盟のモンゴル人幹部奇俊山とジャラガル、それにブテーグチとゴンボジャブをはじめとする人たちを粛清し、虐待し続けた。精査した結果、犠牲者数も増えた。合計八万四四五三人を粛清し、そのうち死者は四一五七人で、負傷者は三万九一六人で、虐待されて重度の障碍者となった者は四一二九人となった。一九八三年五月一八日、自治区運動弁公室は李楓に対し、「党籍を剝奪し、刑事責任を追及し、懲役一〇年以上の刑を言い渡すべきである」と自治区党委員会に「意見報告」を出した［楊 2019a］。

ジョーウダ盟（現ウラーンハダ＝赤峰市）とジェリム盟、それにフルンボイル盟は一九六九年七月から東北三省に割譲され、分割統治を受けていた（巻頭の地図1参照）。毛沢東夫人の江青は一九六八年二月一〇日からそのように提案していた［楊 2009a］。一九七九年にこの三つの盟が再び内モンゴルに返還されると、自治区党委員会紀律検査委員会は一九八〇年一月七日にジョーウダ盟書記で、文革中は盟革命委員会副主任を務めていた周明に関する調査を開始した。周明は既に大連工学院党委員会書記に転出していた。ジョーウダ盟は周明に関する調査報告を一九八〇年九月一日にまとめた。調査報告によると、周明が進めたジョーウダ盟におけるモンゴル人大虐殺運動の被害者は計八一〇五人が負傷し、死者は三七八三人で、身体障碍者となったのは八六一六〇人だという。そのうち、盟管轄下のバーリン右旗では趙傑という革命委員会副主任の指導の下で、計四〇一一人が粛清され、三九〇五人が身体障碍者となり、一四五人が殺害された、と盟政府は一九八二年三月二六日に報告している［楊 2019a］。

ジェリム盟では盟弁公室副主任兼盟委員会委員の姚展選が「過ちを犯した」とされて、一九七九年一二月一八日に審査の対象となった。姚展選は漢族で、五八歳。一九六八年七月からジェリム盟ホルチン左翼中旗でモンゴル人虐殺運動に加担した。姚展選が支配するホルチン左翼中旗では計一万人あまりが「抉りだされ（粛清）」、二七〇〇人あまりに怪我を負わせ、八三二人が殺害されたという。そのうち太平人民公社だけでも、一二人が殺され、四六人が暴力を受けて身体障碍者になった。別の研究によると、ジェリム盟全体の死者数は三九〇〇人に達するという［阿拉騰徳力海 1999］。このような姚展選に対し、政府は一九八四年一一月一五日に「党から追放すべきだ」としている［楊 2019a］。

無罪放免された加害者

シリーンゴル盟では遼寧省丹東県出身の漢族で、一九三八年一〇月七日生まれの許名揚がモンゴル人大虐殺の急先鋒だった。許名揚は『シリーンゴル日報』の記者だったが、一九六七年一月に造反し、後に盟革命委員会副主任兼自治区革命委員会委員のポストに上りつめた［楊 2019a］。もう一人の加害者は河北省康保県出身の漢族、張礼だった。張礼はシリーンゴル盟食品公司の運転手だったが、造反して盟革命委員会副主任になった人物だ。張礼は自ら盟政府に勤めるモンゴル人幹部たちを虐待し、チゲドら五人を殺害し、五〇人あまりを身体障碍者にしたという。許名揚と張礼はモンゴル人民共和国に留学していたモンゴル人を「民族分裂主義者」として粛清し、人民解放軍内にいたモンゴル人を全員追放した。その結果、シリーンゴル盟全体で計三万六四〇〇人が逮捕監禁され、二三五二人が殺害され、四一〇〇人に怪我を負わせた、と自治区党委員会運動弁公室は一九八三年五月二八日に報告している［楊 2019a］。

一九八五年、ウラーンチャブ盟党委員会は「秦三暁が文革中に犯した過ちに関する審査結論」をまとめた［楊 2019a］。同「審査結論」によると、秦三暁は男で、四七歳、オルドスのジュンガル旗出身の漢族である。秦三暁は一九五六年に人民解放軍に入隊し、一九六八年五月に「四九四〇部隊」の中隊長（連長）としてウラーンチャブ盟チャハル右翼前旗に進駐し、内モンゴル人民革命党員を粛清する運動を指揮した。秦三暁は自らモンゴル人幹部四人、すなわちチャハル右翼前旗人民法院院長のバインドルジ、公安局の朱志文、韓忠秀、武俊文を内モンゴル人民革命党員として監禁し、長時間にわたって暴力を加え続けた。彼は「大胆にやれ。一人死ねば、置いておけ。二人死ねば、二つの遺体を重ねて積み上げげろ」と話して煽動し、一人を殺害し、二三人に大怪我を負わせたという。「審査結論」には以下のような記述がある。

一九六八年一一月一七日、朱志文同志が残酷な虐待を受けて体が不自由になり、命も重篤状態に陥った際も、秦三暁はバインドルジと高歩昇らを暴力的に吊し上げる大会を開いた。秦三暁は「反革命分子は死でもって我々を脅迫しようとしている。彼らの母親をやっつけろ」と話した。「死んでも運んで来い」、と命令し、瀕死になった朱志文を担いできた。朱志文は既に自分の力で坐れなくなっていたので、椅子に置き、李天喜と崔顔章の二人がその腕を持って支えた。……二日後、朱志文同志は虐待されて亡くなった。

このような秦三暁であるが、政府は軽い「党籍剝奪」の処分が妥当としている。

チャハル右翼前旗の中で、特に東風農大という幹部学校が内モンゴル人民革命党員を粛清する「主戦場」と化していたという。この東風農大では計七八名の幹部たちが監禁され、そのうち七一名が迫害を受けて身体障碍者となった、との調査報告が一九八五年九月九日に中共チャハル右翼前旗党委員会整党弁公室から出された。政府が東風農大で名誉回復の政策を進めようとした際に、被害者たちはあまりにも過酷な被害を長期間にわたって受けたため、辛い経験を語ろうとする勇気もなくなっていたという［楊　2019a］。また、地元の加害者は責任を取ろうとせず、既に他所へ移動していった人民解放軍のせいにしている、という。先に述べた「四九四〇部隊」など、内モンゴルに進駐していたのは北京軍区に属する部隊で、大虐殺の責任が追及されないように、事前に他の省へ移動していたのである。

ウラーンチャブ盟涼城県の漢族で、四四歳になる海濤は地元の土産公司の職員だったが、文革中に造反派組織「東方紅戦闘隊」を結成してリーダーとなった。海濤は一九六八年一一月にモンゴル人のラマジャブら一六名の幹部たちを「隔離反省室」に閉じ込めて虐待した。海濤は自ら鞭を使ってラマジャブとアグーラを殴り続けて昏睡状態に陥れた［楊　2019a］。このような海濤に対し、「党籍剝奪」を政府は提案している。

以上、ウラーンチャブ盟の一部の旗と県における加害者に対する処分例を示したが、彼らに関する審査結論に盟全体の被害状況は記されていない。別の研究によると、ウラーンチャブ盟は負傷者が八六二八人で、迫害されて障碍者となった者は四六五〇人で、死者は一六八六人だという［阿拉騰徳力海　1999］。

自治区西部の被害と強制移住

一九七九年、オルドスのイケジョー盟政府は姜永厚を文革の加害者の登記表に入れた［楊　2019a］。登記表によると、姜永厚は陝西省府谷県出身の漢族で、四四歳。一九五六年に人民解放軍に入隊し、文革前は盟の共産主義青年団の組織部長だった。文革が始まると、姜永厚は造反派組織「オルドス」を結成し、新聞『オルドス戦報』を編集し、「林彪の極左路線」を推し進めたという。姜永厚は古参幹部たちを「ウラーンフー反党叛国集団のメンバー」や、内モンゴル人民革命党員、あるいは「高崗残党」として打倒し、暴虐を尽くした。彼は「文革は大きな運動なので、一人や二人くらい死んでもいい」と話し、暴力を煽動した。その結果、イケジョー盟全体で被害者は一五万人に上り、死者は一六〇〇人で、負傷者は七〇〇〇人に達する惨状がもたらされたという。一九八三年五月一九日、自治区運動弁公室は自治区党委員会に対し、姜永厚は「党籍を剝奪し、懲役一〇年前後が妥当」とする報告を提出した［楊　2019a］。

中共バヤンノール盟委員会は一九八二年一〇月四日に自治区党委員会に「劉恒礼同志の文革中に犯した過ちに関する処理意見」を提出した［楊　2019a］。処理意見の趣旨は以下の通りである。劉恒礼、漢族、五一歳。遼寧省の貧農出身。文革が開始すると、劉恒礼は人民解放軍第「四九二七部隊」の副連隊長としてバヤンノール盟に進駐した。それ以来、彼はバヤンノール盟革命委員会主任を務め、「ウラーンフー反党叛国集団のメンバー」と内モンゴル人民革命党員を粛清する運動を指揮した。処理意見には以下のような文がある。

一九六八年五月三日、バヤンノール盟革命委員会第四九回常務委員会の席上で、劉恒礼は勝手に次のような決定を出した。「バトバガナは反革命修正主義分子で、民族分裂主義分子で、バヤンノール盟最大の走資派で、打倒すべきだ」と決めつけた。それ以降もバトバガナ同志に多くの罪を着せて暴力を働いた。バトバガナ同志は長期間にわたって虐待され、肋骨が二本も折れた。また、バトバガナ同志の家族七人も老若男女を問わず虐待された。劉恒礼はまた別の会議で、「元四九二七部隊の軍人青山は内モンゴル人民革命党の中堅分子で、その妻も監禁すべきだ」と話した。その後、青山の妻、ハスが隔離されて批判闘争を受けていたが、まもなく隔離室で焼き殺された。……

同じ一九八二年一〇月四日に中共バヤンノール盟委員会から出された「劉恒礼同志に関する審査結論」によると、彼はまたモンゴル人に対し、組織的な強制移住を行っていたことが判明した

［楊　2019a］。

劉恒礼は内モンゴル人民革命党とその変種組織を粛清する際に、農村より漢族農民からなる「貧農毛沢東思想宣伝隊」を牧畜地帯に派遣し、ファシズム的な、反人道的な刑罰を駆使して、牧畜民を虐待し、民族間の紛争を激化させた。そのうち、ウラト中後旗だけでも、叛国集団が九つも摘発され、二五二四人が内モンゴル人民革命党員として強制移住を命じられた。このうち、六九八人が怪我を負わされ、一一三人が殺害された。

文中の「ファシズム」や「反人道的な刑罰」といった表現は中国共産党バヤンノール盟委員会が使用していたオリジナルな言葉である。また、強制移住を命じられたのもモンゴル人のみで、動員された漢族農民が入ってきてモンゴル人を移住させたことも明記されている。

もう一人、バヤンノール盟革命委員会副主任の崔建雄は三九歳で、陝西省綏徳県出身の漢族である［楊　2019a:815-820］。崔建雄はバヤンノール盟の「東方紅造反聯絡総部」を結成し、大虐殺の世論を作っていた。彼は一九六八年一二月に以下のように演説した。

内モンゴル人民革命党員を抉りだして粛清するのは政治運動で、手を和らげてはいけない。彼らは内外モンゴルの合併をし、修正主義国家に投降し、祖国を裏切ろうとしている。彼らはクーデターを成功させ、フフホト市内の競馬場で漢族を大量に処刑する予定だ。

危機感を煽って虐殺を進めた結果、バヤンノール盟では四万三〇三〇人が粛清され、一万五五六人が負傷し、二七一九八人が殺害された。このような崔建雄は「懲役七年から一〇年の刑に服すべきだ」と自治区運動弁公室は提案している。また、別の造反派のリーダー、李志忠についても審議が行われ、公職を停止する処分が一九八二年一一月一六日に出された。李は一九二八年に河北省望都県出身の中国人だ［楊　2019a］。李は加害者だが、一時は自身も失脚していたので、素直に加害行為を認めようとしなかった。「自分は政府と党の決定に従っただけだ」、と弁明している。

4　社会に根を下ろした加害者たち

「真理党」案件の加害者

自治区政府は一九八五年春に各盟・市から出された「三種の人間の事例審査会」を開いた。早速、三月二日に内モンゴル大学生物学部の講師、楊持が「三種の人間」として認定され、党からの除名処分を受けた［楊　2019a］。「極秘資料」の案例によると、楊持は男で、四六歳。北京市出身の漢族で、一九六三年に同大を卒業してから助教になり、文革中は有名な造反派組織「内モンゴル大学井崗山兵団」と呼三司に入った。彼は呼三司の幹部として、「真理党事件」を審査していた。「真理党」とは、内モンゴル人民革命党と同じように、モンゴル人からなる「民族分裂主義者政党」とされた組織である。勿論、そのような政党はなく、完全にでっち上げられた冤罪事件である。真理党のメンバーとされたのは、吉林大学の学生ブレンバトたちだった。事件には次のような背景があった。

一九六二年初夏、師範学院附属中学校の学生ブレンバトとマンドクチら数人がモンゴル人民共和国に亡命しようとして、国境地帯で捕まった。ブレンバトは自治区最高法院の院長テムールバガナの息子である。青少年たちは父祖たちの自治運動、それもモンゴル人民共和国との統合よりも中国での自治を選んだことに不満を抱いていたので、同胞の国への亡命を図ったのである。「国外逃亡」は厳罰の対象となるが、自治区宣伝部が検討した結果、青少年たちの将来を考えて厳しい処分を下さなかった。ブレンバトもその後、吉林大学物理学部に進学していた［楊2009a］。

政府極秘資料によると、楊持は自ら報告書を書いて、ブレンバトを吉林大学から自治区に連行してきたという。資料は示す。

楊持はブレンバト同志を吉林大学から捕まえてきてフフホト市内で隔離し、審査を始めた。審査期間中は恫喝で強制的な自白を取り、真理党の党員リストと組織状況を把握しようとした。特にテムールバガナ同志（自治区最高法院院長で、ブレンバトの父親）との関係について尋問した。ブレンバトに心理的な圧力をかけるために、わざわざ彼をその自宅が見える、同じマンションに監禁した。当時、ブレンバトの父親と姉など家族は全員隔離され、自宅も家宅捜索を受けて悲惨な状態になっていたのが、ブレンバトに見えていた。一九六八年四月二六日、ブレンバトはイソニコチン酸ヒドラジドを大量に飲んで自殺した。

筆者は、ブレンバトは睾丸を中国人に破壊されて殺害されたという証言を得ている［楊 2009a］。ブレンバトの遺体を見たその母親も精神的におかしくなった。中国人の楊持はまた同僚で、内モンゴル大学生物学部の出納係フフテムールを虐待し、自殺に追い込んでいる。内モンゴル大学党委員会は楊持に対し、「党からの除名処分」を出しただけである。

モンゴル人「犯人」の発見

文革中のモンゴル人大虐殺事件は、中共中央の命令で実施されたものである。高度に組織化され、毛沢東と中央委員会に忠誠を尽くす中国共産党の幹部たちには個人で物事を判断し、推進する権利が与えられていない。その点は、「林彪と四人組」も同様である。上で紹介してきた資料が示すように、加害者を審査した際には責任を個人に擦り付けている。共産党そのものと、「偉大な領袖毛沢東」の責任には一向に触れようとしていない。

大虐殺は「林彪と四人組」が発動しただけでなく、モンゴル人でもその追随者はいた、と自治区政府は「犯人」を発見した。ナソンバヤルだ。既に触れたように、一九七四年四月一日、二人のモンゴル人学生が中国人警察官に「内モンゴル人民革命党員」だと罵倒され、暴力を加えられた事件について不満を表し、北京の国務院に陳情に行っていた人物である。一九七九年五月二二日、自治区政府はナソンバヤルを「ブルジョア的派閥の中堅で、新生の反革命分子」として審査を始めた［楊 2019a］。「審査報告」は以下のようになっている。

ナソンバヤル、男、四三歳、モンゴル族。小作人出身で、本人の身分は学生で、高等専門学校卒。元吉林省ホルチン右翼前旗出身で、一九五六年八月から内モンゴル師範学院に勤務し、同年一一月に中国共産党に入った。元内モンゴル自治区革命委員会常務委員で、シリーンゴル盟書記であった。一九七七年一月に隔離審査し、同年一一月二日に勾留審査し、一九七八年一一月二日に自治区党委員会の許可を得て党から追放し、公職を解き、法律に基づいて逮捕した。

ホルチン右翼前旗は内モンゴル自治区の旗であったが、大虐殺後にモンゴル人に対して分割統治をするために、一九六九年から吉林省に割譲された。

「犯人ナソンバヤル」の「罪状」は以下の通りだ。

第一、「林彪と四人組」の呼びかけに応えて造反し、造反派組織「魯迅兵団」のボスになった。彼は自らの責任を認めず、逆に、「内モンゴルの問題の根は北京軍区にあり、華北局にあり、李徳生にある」と話して党中央と指導者たちを攻撃したという。

第二、「敬愛する周恩来総理と華国鋒主席、鄧小平副主席など無産階級の指導者たちを悪意でもって攻撃した」。

ナソンバヤルには具体的な加害行為はなかった。彼はモンゴル人の被害者を守ろうとし、大虐殺の責任は北京軍区にある、と問題の本質について指摘したから、粛清されたのである。中国において、文革中に毛沢東と林彪について不満を表すと、「偉大な指導者たちを攻撃した」ことになるし、文革後でも鄧小平等新しい指導者層に対する批判は許されなかった。内モンゴル自治区全体を北京軍区の軍事管制下に敷いたのは党中央であり、大虐殺を指揮したのは北京軍区から派遣されてきた滕海清将軍であったので、ナソンバヤルの見解は完全に正しかったのである。

政府はナソンバヤルの文革中の行動を「党の権力を簒奪した」ことだと解釈した。こちらも責任逃れの詭弁である。そもそも造反行動を呼びかけたのはほかでもない毛沢東であり、「党内のブルジョア路線を歩む実権派」から権力を奪うよう指示したのは党中央であった。ナソンバヤルに対する清算は理屈が通らないので、自治区政府は特に彼が北京軍区を批判したことを問題視している。ナソンバヤルは確かに一時的に造反派に加わったが、それでも彼も「民族分裂主義者」として見られていた。というのも、彼はモンゴル人であったからである。一九八二年九月二七日、中共シリーンゴル盟委員会は自治区党委員会に「ナソンバヤルを党から除名し、末端に追放して働かせるよう」提案した。自治区党委員会運動弁公室はそれを受けて一九八三年五月二〇日に自治区党委員会に「シリーンゴル盟の提案に賛同する」旨の「処理意見」を自治区党委員会に報告した［楊　2019a］。高樹華によると、ナソンバヤルはその後、シリーンゴル盟正藍旗に追放されたという［高樹華　程鉄軍　2007］。

中国人密告者の放免

モンゴル人からなる「民族分裂主義者集団」がいる、と文革前から密告していた諜報員、中国人の郭以青も一九八〇年に「判決予定者」として登録された［楊　2019a］。郭以青に関する登録は以下のような情報を伝えている。

郭以青、男、六四歳、行政一〇級の幹部で、小地主出身で、本人の身分は学生。河南省南陽県出身で、漢族。一九三一年に軍隊に入り、一九三六年に共産党に入党。文革前は内モンゴル大学党委員会書記と自治区宣伝部部長を兼任。文革中は自治区革命委員会常務委員、政治部主任だった。郭以青は謀略を立てて冤罪事件とでっち上げた案件、それに誤った案件を作り、幹部と群衆たちを迫害し、民族間の団結を破壊した。彼は内モンゴルの情勢を攪乱し、党と国家、それに人民に対し重大な罪を犯した。

第一、郭以青は「ウラーンフー反党叛国集団」という冤罪事件の張本人で、ウラーンフー同志をはじめとする古参の幹部たちを迫害する陰謀を立てた。一九六六年初め、彼は密かに高錦明と李質と結託してウラーンフー同志を陥れる謀略を立てた。そして、彼は華北局書記の李雪峰に複数の密書を書いてウラーンフー同志を誣告《ぶこく》した。ウラーンフー同志に関する秘密の資料を集め、前門飯店会議では大会秘書長の職権を乱用して活動し、人々を煽動していわゆる「反党叛国の罪状」を列挙した。

第二、郭以青は、新内モンゴル人民革命党冤罪事件の立役者の一人だ。一九六五年から彼は「あらゆる現象から見て、自治区特に文教界には相当規模の民族分裂主義者組織がある。しかも、小さくはない組織で、反動的な派閥か政党だ」と密告していた。

郭以青は「ウラーンフー反党叛国集団」を内モンゴル人民革命党と結びつけ、両者を「明暗二つの闇組織」だと断じてモンゴル人たちを粛清していった、と政府は認めている。

郭以青が内モンゴル人民革命党に関する資料を集めようとした際に、モンゴル人の作家、ウラーンバガナを利用した。ウラーンバガナは郭以青のために資料を書き写した。エルデニやラシといった作家たちもまた協力させられた。一九八二年七月一三日、自治区党委員会弁公庁は「郭以青とウラーンバガナの案件に関する審理状況」をまとめた［楊　2019a］。郭以青には懲役一五年から二〇年の刑を言い渡すべきだという意見がある一方で、「古参の党員にして幹部であり、党のために有益な仕事をしてきたので、党籍剝奪だけで十分だ」とする見解もあったという。そして、郭以青に協力したウラーンバガナは死刑ないしは無期懲役が適切である、としている。主犯を無罪放免し、従犯を厳罰にしようとする中国共産党のやり方である。中国人の郭以青は「党のために有益な仕事をしてきた」ことで責任が免じられ、協力させられたモンゴル人作家が犠牲の羊《スケープ・ゴート》にされたのである。モンゴル人は中国政府と中国人によってジェノサイドの対象とされただけでなく、その凄惨な責任もまた負わされたのである。

一九八三年四月一六日、自治区党委員会は正式な処理意見を出した［楊　2019a］。処理意見ではさらに詳しい情報が多数、網羅されている。郭以青の諜報活動は以下のようになっている。彼は一九六六年一月から王修や李質、それに高錦明と連携して「ウラーンフーの進める反大漢族主義は反党行為である」、と華北局に密告した。一九六六年三月二〇日から、郭以青は華北局書記の李雪峰に三通の手紙を書いて密告した。「内モンゴル自治区の民族問題に注意する必要があり、援護の人員を増派するよう」と要請していた。文革が始まると、彼は自ら先頭に立って内モンゴル大学のバト副校長や教師のトブシンに暴力を加えて、内モンゴル人民革命党の活動について自白を強制した。郭以青は党中央から与えられた任務を忠実に実行してモンゴル人大虐殺を推し進めたが、「起訴せずに、党内に残して二年間その行動を観察する」処分が言い渡された。中国共産党は、「党のために有益な仕事をしてきた古参の幹部」を守り通したのである。

裁判の対象はモンゴル人作家

では、ウラーンバガナはどんな人物だったのだろうか。

自治区党委員会運動弁公室は一九八三年二月一〇日に「ウラーンバガナの文革中に犯した重大な罪行に関する処理意見」を書き上げた［楊 2019a］。この資料は、今日までに筆者が発見したモンゴル人大虐殺の加害者に対する非難としては、最大級のものになっている。上で示した中国人の郭以青に対しては「重大な過ち」と表現しているのに対し、モンゴル人の作家に対しては「重大な罪行」としている。これには、文革前からモンゴル人民族分裂主義者集団が存在すると密告していた郭以青の行為は軽く、郭以青の要求に応じたモンゴル人の「協力」は重い、という中国政府の意図が含蓄されている。処理意見は語る。

ウラーンバガナ、別名は呉鳳翔、ボインダライ、男、五二歳、モンゴル族。地主階級の出身で、本人の身分は学生。ジェリム盟ホルチン左中翼バヤンタラ人民公社に生まれ、学歴は大学卒相当。一九四五年一二月から革命活動に携わり、遼寧吉林軍政学校に入って学んだ。一九四六年から一九五五年まで共産党の軍内で参謀幹事を担当し、「内モンゴル画報」社や「内モンゴル日報社」で編集と党の組長（グループ・リーダー）を歴任した。

「処理意見」は触れていないが、ウラーンバガナは小説『草原の烽火』を一九五八年に出版したことで、一躍、中国の「著名な少数民族作家」の地位を手に入れた。中華人民共和国建国十周年にあたる一九四九年の記念行事と「諸民族の団結」の実績づくりが必要だったからである。彼は自治区の最高指導者ウラーンフーに抜擢されて、一九六四年に中国作家協会内モンゴル分会の副主席に任命された［楊　2009b］。

「処理意見」は以下のような「罪行」を列挙している。

ウラーンバガナは一九六七年一〇月に「内モンゴル日報」社や文化藝術聯合会などの造反派を糾合して、「叛国集団を摑《つか》みだす内モンゴル聯絡站」を組織し、自らがそのボスになった。この聯絡站はウラーンフーのグループだけでなく、ハーフンガ集団をもターゲットにし、両者を結び付けた。ウラーンバガナにリードされた「叛国集団を摑みだす内モンゴル聯絡站」は全自治区に分布する「反動団体」の情報を網羅しては自治区の党委員会と人民解放軍に報告していた。自治区のモンゴル人知識人や政治家たちを例外なく内モンゴル人民革命党党員にカウントし、その分布図と組織図まで作成した。「処理意見」は、ウラーンバガナが密告を体系的に行っていたために、モンゴル人大虐殺が生じた、と断罪している。ウラーンバガナは政府が保管する極秘の檔案類を閲覧したうえで密告の資料を書いていたが、彼に極秘資料を提供したのが誰なのかは不問にされた。中国において、極秘の檔案資料は政府関係者以外の者に閲覧権は与えられていない。ウラーンバガナは党員ではないので、そのような極秘資料に近づくことは不可能であった。

一九八七年年八月三一日、フフホト市中級人民法院はウラーンバガナを被告席に立たせた［楊 2019a］。一連の審議を経て、懲役一五年の刑が言い渡された［楊 2009b］。加害者の中国人は党籍剝奪と公職からの追放で済んでいるのに対し、中国人に協力させられたモンゴル人の作家の「罪行」だけが一番重く、一番長い刑が言い渡されている。

ウラーンバガナは二〇〇五年六月二三日に病死し、二七日に簡素な葬式が営まれた。彼の息子、スゥルは父親の一生を悔やみ、「『草原の烽火』は永遠に燃え続ける」との追悼文を発表した［楊 2019a］。自治区革命委員会主任で、北京から派遣されてきた滕海清将軍は山東省済南軍区副司令官に転出し、責任が問われることはなかった。

本章では第一次資料を例示し、モンゴル人大虐殺の進行とその加害者に対する政府主導の清算について、一つの輪郭を描いた。加害者側の資料から、自治区全体における犠牲者数についても、最小限の数字を示すことができた（表参照。巻頭地図参照）。

モンゴル人大虐殺運動は何年間も続き、組織的な殺戮に加わった加害者も大勢いた。あれだけの犠牲者が出たのは、人民解放軍が組織的な殺戮を発動したからであるが、軍人に対する政府からの清算は基本的になかった。滕海清将軍は他所に栄転していき、彼の忠実な部下たちもまた北京軍区に守られて、誰一人として罪を問われることはなかった。中国政府の善後政策には以下三つの特徴がある、と指摘できる。

盟・市	総粛清者数	死者	身体障碍者（重度の負傷者）	負傷者
フフホト市		292 + 331		
包頭市	20,000	525	7,000	
フルンボイル盟	84,453	4,157	30,916	
ジェリム盟	48,500	3,900	14,000	
ジョーウダ盟		3,783	8,660	81,005
シリーンゴル盟	36,400	2,352		4,100
ウラーンチャブ盟		1,686	4,650	8,628
イケジョー盟	150,000	1,600		7,000
バヤンノール盟	43,030	2,798		10,565
合計	382,383	21,424	65,226	111,298

筆者が集めた第一次資料が示す内モンゴル自治区各盟・各市の被害者数

第一、被害者を「ウラーンフー反党叛国集団」と「二月逆流事件の幹部たち」、それに内モンゴル人民革命党の三つに分類することで、中国人も被害者だった、と演出している。いわゆる「二月逆流事件」は存在するか否か。存在するとしても、王鐸や王逸倫らたった数人の中国人幹部の、ほんの一時的な失脚という些細な出来事を大げさに持ちだすことで、「ウラーンフー反党叛国集団」と内モンゴル人民革命党員の被害規模を矮小化しようとしている。しかも、最も甚大な被害が発生した内モンゴル人民革命党員粛清事件を最後に並べて、大虐殺を隠蔽しようとしているのが、特徴的である。

第二、加害者は北京軍区からの人民解放軍とそれに呼応した地元内モンゴル人地区の中国人幹部と農民、それに労働者だった。人民解放軍は虐殺後に他所へ移動したし、軍は神聖にして犯すべからずという特権意識から、その責任は追及されなかった。責任が問われたのは地元の造反派で、彼らの中にも加害行為に走った者は確かにいたが、大虐殺の主犯ではなかった。いわば、主犯を逃して、従犯を加害者として清算の対象とする善後政策であった。最終的に最も重い刑罰が下されたのは、大虐殺を進めた人民解放軍の指導者ではなく、単なる「協力者」に過ぎなかったモンゴル人作家である。

第三、中国人加害者を清算の対象とした際も、モンゴル人大虐殺の罪は問わず、共産党幹部、それも高官への加害行為の有無を優先した。こうしたやり方から、民族問題の存在を隠蔽していることと、一般人よりも幹部たちを優遇していること、この二点を読み取ることができよう。従って、中国政府が取った善後政策はジェノサイドの性質を否定し、モンゴル人それも一般のモンゴル人の被害に関心を示そうとしなかった性質を有している、と見なすことができよう。

筆者が公刊してきた第一次資料から分かるのは、ジェノサイドの真犯人が無罪放免されている、という事実である。一連の大虐殺に関する政策を出したのは共産党中央と内モンゴル自治区政府で、最大の犯人は毛沢東と周恩来である。造反派は従犯に過ぎない。これが、モンゴル人大虐殺の真相である。

エピローグ
「夷を以て夷を制す」現代中国

「一九六六年五月から一九七六年一〇月までの文革は党と国家、それに人民に建国以来、最も重大な挫折と損失をもたらした。文革は毛沢東同志が発動し、リードしたものだ」、と一九八一年六月二七日に中国共産党第一一期中央委員会第六回全体会議はこのような結論を出した。いわゆる「建国以来の党の若干の歴史問題に関する決議」である〔『関於若干歴史問題的決議』和「関於建国以来党的若干歴史問題的決議」』2010。以下、決議と略す〕。「決議」は「文革の歴史は、毛沢東同志がそれを発動した際の論点はマルクス・レーニン主義に合わないし、中国の実状にも合致しないことを証明した」、と断定し、一〇年間の歴史を否定した。同「決議」はさらに共産党の結党以来の歴史と毛の指導的な役割を回顧し、文革は避けられなかったという宿命論的な結論も出している。

長いこと専制主義体制に慣らされてきた中国人すなわち漢民族はこうした説明に納得するだろう。中国人と別の文明を築き、異なる政治体制を運営してきたモンゴルなど、異文異種の遊牧民はこうしたレトリックに首肯できない。特に、モンゴルは近代に入ってから古い帝国の中国からの独立を民族自決の目標に掲げ、その目的を達成するために西洋列強や新興の日本帝国主義との連携も模索してきた［楊　2018b,c］ので、文革時に大量虐殺された。モンゴル人の文革は、それを中国史の文脈とマルクス・レーニン主義との関係の中で清算しようとした共産党の「決議」の枠内には収まらない。モンゴル人の独立と民族自決もまたマルクス・レーニン主義の思想に触発された政治運動だったからである。

「民族問題の面において、かつて特に文革中に、我が党は階級闘争を拡大化するという深刻な過ちを犯し、多くの少数民族の幹部と群衆を傷つけた」、と「決議」は軽くタッチしている。大虐殺を進めてきた中国共産党と中国政府が、抽象的な表現で自らの「過ち」を弁明している姿勢に、真相究明をし、真の和解を構築しようという意志は確認できない。

中国は文革の暴力の根源を江青夫人ら「四人組」と毛の「親密な戦友にして後継者」林彪元帥に帰している（写真44）。毛沢東を守り、罪を「四人組」と林彪に負わせるように設定した張本人は誰で、何故、そのようにしたのか。中国現代史研究家の銭理群は「毛沢東主義派の鄧小平たちの存在」だと指摘する。文革中は追放されたものの、運動終息後に完全復活し、共産党の第二世代の最高指導者になった鄧小平とその同志らは、毛の過ちを誰よりも認識しながらも、彼を完全に切り捨てなかった。ソ連のフルシチョフがスターリンを全面的に否定した結果、ソ連邦の崩壊をもたらした、と中国共産党は理解していたからである。そのため、鄧小平は毛という旗を降ろさなかった［銭　2012］。「決議」も文革を全面的に否定するパフォーマンスを演じながらも、実際は文革について語ることも、研究することも、そして記憶することも現在まで禁じられてきたのである。

一九九五年に行われた「四人組」裁判に参加したことのあるトゥメンは『康生と内モンゴル人民革命党冤罪事件』という本を出版し、大虐殺を取り上げた［図們　祝東力 1995］。書名から分かるように、トゥメンはモンゴル人大虐殺の首謀者を個人、それも中国共産党の諜報機関のトップ、康生に帰している。実際は毛沢東をトップとする中共中央の政策によって進められたジェノサイドであっても、その事実については当然、指摘できないので、トゥメンは康生個人の「陰謀」として執筆するしかなかった。

中国は同書を否定するために、新しい分断政策を駆使した。それは、ウラーンフーの故郷トゥメト出身者からなる西部の「延安派」を利用して、東部の旧満洲国出身のモンゴル人を抑圧する陰謀である。延安派が不平不満をこぼしても、「所詮は地方民族主義に過ぎず、真の脅威は東部から発生する」という共産党中央の判断があった［楊　2014b］。共産党中央に煽動された延安派のチョルモンと雲照光、李存義と劉璧（中国人）、王徳義と寒峰、それに郝文広（中国人）らは一九九六年七月三〇日に政府に報告書を提出し、トゥメンの著書は「民族間の団結に不利である」とし、禁止するよう提案した［楊　2019a］。中国政府は一九六六年五月に北京で開かれた前門飯店華北局工作会議の際は東部満洲国出身のモンゴ

写真44　文革の罪人として描かれている江青夫人。彼女には女帝になる野望があったとしている。文革に対する清算もまた、文革的である（『掲批“四人幇”』天津日報社より）。

ル人を動員して西部のモンゴル人、「延安派のウラーンフー反党叛国集団」として粛清し、返す刀で東部の内モンゴル人民革命党員らを一掃した。文革が終息した後も、東西の地域間の対立を意図的に煽り、自らは調停者の役を演じ、夷を以て夷を制す政策で自治区を支配している。

中国政府が制限を設けても、真相を究明しようとした研究は体制内でもほそぼそと維持されてきた。それが、習近平体制になってから一変した。習が二〇一三年一月五日に「改革開放後の歴史でもって、改革開放以前の歴史を否定してはいけない」、と命じたからだ［習近平 2014］。それ以降、中国では二〇一七年秋から教科書の改訂が進み、中学の「歴史」にあった文革に関する記述は大幅に削除された。一九八一年の「決議」に沿った観点、すなわち文革は毛の過ちで、「動乱と災難」だったとする見解が消され、代わりに「苦難に満ちた模索と建設の成就」との文言が盛り込まれた［「教科書『文革』大幅削除――習氏の意向反映か」『讀賣新聞』二〇一八年三月二四日］。

内モンゴル自治区の場合、中国内地よりもさらに困難な民族問題に直面していた。中国共産党と中国政府は民族問題を解決しようとして、民族の肉体的な消滅を物理的に実現しようとしてモンゴル人を大虐殺したことで、深刻な結末がもたらされていた。民族問題は解決されたどころか、逆に文革以前よりもモンゴル人と中国人との対立が激しくなっていたからである。内モンゴルだけでなく、新疆ウイグル自治区やチベットにおいても同じだ。二〇二〇年現在、習近平体制による抑圧が強まり、モンゴル語教育も停止に追い込まれつつある。

謝辞

本書脱稿後の二〇二〇年六月末から、中国政府は突然、モンゴル語を禁止する政策を発表し、九月から実施に移された。モンゴル人は抗議の声を挙げたが、弾圧された。およそ一万人もの教育関係者が強制収容施設で洗脳教育を受け、九人が殺された。その際に用いられた手法と宣伝は文革期とまったく同じである。私はその歴史的背景については『モンゴル人の中国革命』の中で、その実態を最新の『内モンゴル紛争』（いずれも、ちくま新書）内で描いたが、本書はその政治的背景にもなる。そういう意味でも、文革は内モンゴルから消え去っていないのである。

『モンゴル人の中国革命』『内モンゴル紛争』と同様、今回の拙著もまた筑摩書房編集部の松田健さんのご尽力とご理解のもと、公刊できた。中国武漢市発の新型肺炎が世界中で猖獗を極め、二百数十万人もの死者をもたらしている現在、あらためて現代中国のあり方について、いろいろと考えなければならない日々が続いている。松田健さんと同編集部の関係者の皆さまに心から御礼申し上げる。

参考文献

中国語

阿拉騰徳力海『内蒙古挖粛災難実録』私家版、一九九九年。

卜偉華『「砸爛旧世界」――文化大革命的動乱與浩劫』香港：中文大学出版社、二〇〇八年。

陳東林、苗棣、李丹慧編『中国文化大革命事典』中国書店、一九九七年。

高樹華、程鉄軍『内蒙文革風雷―一位造反派領袖的口述史』香港：明鏡出版社、二〇〇七年。

『「関於若干歴史問題的決議」和「関於建国以来党的若干歴史問題的決議」』北京：中共党史出版社、二〇一〇年。

郝維民（主編）『内蒙古自治区史』呼和浩特：内蒙古大学出版社、一九九一年。

何蜀『為毛主席而戦』香港三聯書店、二〇一〇年。

呼和浩特市大中専院校紅衛兵革命造反司令部印『迎着革命的暴風雨戦闘成長――呼三司闘争簡史』（第一輯）、一九六七年四月。

――『迎着革命的暴風雨戦闘成長――呼三司闘争簡史』（第一輯）、一九六七年一二月。

呼和浩特革命造反聯絡総部印発・一『中央関於処理内蒙問題的有関文件和中央負責同志講話滙編』（第一集）、呼和浩特革命造反聯絡総部印発、一九六七年五月三〇日。

――・二『中央関与処理内蒙問題的決定和中央負責同志講話滙編』（第二集）、呼和浩特市革命造反聯絡総部印発、一九六七年六月五日。

呼和浩特市紅衛兵第三司令部『呼和浩特紅衛兵第三司令部工作報告』、一九六七年一〇月三日。

馬継森『外交部文革紀実』香港：中文大学出版社、二〇〇三年。

毛澤東『湖南農民運動考察報告』北京：人民出版社、一九五一年。

牟志京「似水流年」北島、曹一凡、維一主編『暴風雨的記憶』香港ＯＸＦＯＲＤ、二〇一一年。

内蒙古師範学院東方紅紅衛兵・内蒙古師範学院東方紅戦闘縦隊・燎原戦闘組『内モンゴル師範学院無産階級文化大革命紀実参考資料』（第一輯）一九六六年。

内蒙師院革命委員会・内蒙師院『東縦』『用鮮血和生命保衛毛主席』、一九六八年。

内蒙師院紅星聯絡站『東縦営塁里的烏蘭夫第五縦隊』、一九六八年六月一二日。

内蒙古第一機械製造廠・革命工人大聯合勤務組編印『革命委員会好』内蒙古第一機械製造廠、一九六九年。

聶元梓『聶元梓回憶録』香港：時代国際出版有限公司、二〇〇五年。

逢先知、金冲及『毛沢東伝（下）』北京：中央文献出版社、二〇〇三年。

孫月才『文革十年日記』香港：中文大学出版社、二〇一二年。

啓之『内蒙古文革実録――「民族分裂」與「挖粛」運動』香港：天行健出版社、二〇一〇年。

宋永毅主編『文革五十年――毛沢東遺産和当代中国』（上・下）香港：明鏡出版社、二〇一六年。

唐少傑『一葉知秋――清華大学一九六八年「百日大武闘」』香港：中文大学出版社、二〇〇三年。

図們、祝東力『康生與内人党冤案』北京：中共中央党校出版社、一九九五年。

呉錦蓀「共匪成立〈北京軍区内蒙古生産建設兵団〉」『匪情研究』第一二巻六期、一九六九年。

習近平『習近平談治国理政』外文出版社、二〇一四年。

亜衣『流亡者訪談録』香港夏菲爾出版有限公司、二〇〇五年。

楊小凱「楊小凱自述――我的一生」陳一諮主編『中国迎何処去――追思楊小凱』香港：明鏡出版社、二〇〇四年。

楊継縄『天地翻覆――中国文化大革命史（上・下）』香港：天地図書有限公司、二〇一六年。

閻長貴『中南海文革内幕――江青首任秘書親歴実録』香港：大山文化出版社、二〇一四年。

葉徳浴『毛澤東之於魯迅』台北：独立作家出版社、二〇一五年。

印紅標『失踪者的足跡』香港：中文大学出版社、二〇〇九年。

袁稼禾「共匪控制下的偽内蒙古自治区」『匪情研究』第一〇巻一一期、一九六七年。

鄭光路『文革文闘』香港：海馬図書出版公司、二〇〇六年。

周孜仁『一個紅衛兵小報主編的文革記憶』台北：新鋭文創、二〇一二年。

中共内蒙古自治区委党史研究室編『撥乱反正――内蒙古巻』北京：中共党史出版社、二〇〇八年。

日本語

愛知大学現代中国学会編『中国21』Vｏｌ．48（特集：いまさら文革、いまなお文革、いまこそ文革）東方書店、二〇一八年三月。

明治大学現代中国研究所、石井知章、鈴木賢編『文化大革命――〈造反有理〉の現代的地平』白水社。二〇一七年。

ターナー、ヴィクター『象徴と社会』（梶原景昭訳）紀伊國屋書店、一九八一年。

加々美光行『歴史のなかの中国文化大革命』岩波現代文庫、二〇〇一年。

――「中国文化大革命の歴史的意味を問う」岩波書店『思想』一月号、二〇一六年。

啓之「内モンゴル文化大革命における「えぐり出して粛清する（挖粛）」運動」（劉燕子訳）岩波書店『思想』一月号、二〇一六年。

国分良成「歴史以前としての文化大革命」岩波書店『思想』一月号、二〇一六年。

谷川真一「政治的アイデンティティとしての「造反派」」岩波書店『思想』一月号、二〇一六年。

オーセル・ツェリン「殺劫」――チベットの文化大革命における一連の事件を手がかりにして」（劉燕子訳）岩波書店『思想』一月号、二〇一六年。

土屋昌明・「中国六〇年代と世界」研究会編『文化大革命を問い直す』勉誠出版、二〇一六年。

ディケーター、フランク『文化大革命――人民の歴史　1962―1976（上・下）』（谷川真一監訳・今西康子訳）人文書院、二〇二〇年。

マーチン、テリー『アファーマティヴ・アクションの帝国――ソ連の民族政策とナショナリズム、1923年～1939年』（半谷史郎監修、荒井幸康他訳）明石書店、二〇一一年。

ハスチムガ「日本から医学知識を学んだモンゴル人医学者たちの文化大革命」楊海英編『フロンティアと国際社会の中国文化大革命』集広舎、二〇一六年。

馬場公彦『世界史のなかの文化大革命』平凡社新書、二〇一八年。

ボルジギン・フスレ『中国共産党・国民党の対内モンゴル政策　1945～49年』風響社、二〇一一年。

マクミラン、D・H「新疆における文化大革命」甲賀美智子訳・加々美光行監修『文化大革命と現代中国II――資料と解題』アジア経済研究所、一九八三年。

マックファーカー、R「文化大革命のトラウマ」岩波書店『思想』一月号、二〇一六年。

鱒澤彰夫編『紅衛兵新聞目録』不二出版、二〇〇五年。

――『紅衛兵印刷物の研究』文部科学省科研費補助金研究成果報告書、二〇〇七年。

楊海英『チンギス・ハーン祭祀——試みとしての歴史人類学的再構成』風響社、二〇〇五年。

——『モンゴル人ジェノサイドに関する基礎資料（1）——滕海清将軍の講話を中心に』（内モンゴル自治区の文化大革命1）風響社、二〇〇九年a。

——『墓標なき草原——内モンゴルにおける文化大革命・虐殺の記録』（上）岩波書店、二〇〇九年b。

——『墓標なき草原——内モンゴルにおける文化大革命・虐殺の記録』（下）岩波書店、二〇〇九年c。

——「中国文化大革命中に内モンゴルで発行された大衆新聞について——資料整理の中間報告」静岡大学人文学部・農学部『グローバル化の中でのアジアの環境と生活文化』、二〇〇九年d。

——『モンゴル人ジェノサイドに関する基礎資料（2）——内モンゴル人民革命党粛清事件』（内モンゴル自治区の文化大革命2）風響社、二〇一〇年a。

——「〈民族分裂主義者〉と〈中華民族〉——〈中国人〉とされたモンゴル人の現代史」塚田誠之編『中国国境地帯の移動と交流』有志舎、二〇一〇年b。

——『モンゴル人ジェノサイドに関する基礎資料（3）——打倒ウラーンフー（烏蘭夫）』（内モンゴル自治区の文化大革命3）風響社、二〇一一年a。

——『続　墓標なき草原——内モンゴルにおける文化大革命・虐殺の記録』岩波書店、二〇一一年b。

——『モンゴル人ジェノサイドに関する基礎資料（4）——毒草とされた民族自決の理論』風響社、二〇一二年a。

——「監訳者解説：強盗の論理を『奴隷』の視点からよむ——『チベットの文化大革命』の背景と性質」M・C・ゴールドスタイン、ベン・ジャオ、ダンゼン・ルンドゥプ著（山口周子訳）『チベットの文化大革命』風響社、二〇一二年b。

——『モンゴル人ジェノサイドに関する基礎資料（5）——被害者報告書（1）』風響社、二〇一三年a。

——『中国とモンゴルのはざまで——ウラーンフーの実らなかった民族自決の夢』岩波現代全書、二〇一三年b。

——『植民地としてのモンゴル——中国の官制ナショナリズムと革命思想』勉誠出版、二〇一三年c。

——『モンゴル人ジェノサイドに関する基礎資料（6）——被害者報告書（2）』風響社、二〇一四年a。

——『ジェノサイドと文化大革命——内モンゴルの民族問題』勉誠出版、二〇一四年b。

——『チベットに舞う日本刀——モンゴル騎兵の現代史』文藝春秋、二〇一四年c。

――「交感・コラボレーション・忘却・歴史――汝はアジアをどのように語るか」楊海英編『交感するアジアと日本』静岡大学人文社会科学部・アジア研究センター、二〇一五年a。

――『モンゴル人ジェノサイドに関する基礎資料(7)――民族自決と民族問題』風響社、二〇一五年b。

――『日本陸軍とモンゴル――興安軍官学校の知られざる戦い』中公新書、二〇一五年c。

――『モンゴル人ジェノサイドに関する基礎資料(8)――反右派闘争から文化大革命へ』風響社、二〇一六年a。

――『モンゴル人の民族自決と「対日協力」――いまなお続く中国文化大革命』集広舎、二〇一六年b。

――「解説〈手記 私の夫は中国人に殺された――ある日本人女性八重子が経験した文革〉」『歴史通』七月号、二〇一六年d。

――「ウイグル人の中国文化大革命―既往研究と批判資料からウイグル人の存在を抽出する」楊海英編『フロンティアと国際社会の中国文化大革命』集広舎、二〇一六年e。

――『モンゴル人ジェノサイドに関する基礎資料(9)――紅衛兵新聞(一)』風響社、二〇一七年a。

――「中国が政治利用するチンギス・ハーン――〈中華民族の英雄〉と資源化するモンゴルの歴史と文化」塚田誠之・河合洋尚編『中国における歴史の資源化の現状と課題』国立民族学博物館調査報告142、二〇一七年b。

――『モンゴル人ジェノサイドに関する基礎資料(10)――紅衛兵新聞(二)』風響社、二〇一八年a。

――『最後の馬賊――「帝国」の将軍・李守信』講談社、二〇一八年b。

――『モンゴル人の中国革命』ちくま新書、二〇一八年c。

――『「知識青年」の1968年――中国の辺境と文化大革命』岩波書店、二〇一八年d。

――『モンゴル人ジェノサイドに関する基礎資料(11)――加害者に対する清算』風響社、二〇一九年a。

――「我が宗主国・日本の『1968年』と世界――植民地出身者の視点」楊海英編『中国が世界を動かした「1968」』藤原書店、二〇一九年b。

――『独裁の中国現代史――毛沢東から習近平まで』文春新書、二〇一九年c。

――『モンゴル人ジェノサイドに関する基礎資料(12)――モンゴル語政治資料』風響社、二〇二〇年a。

――『内モンゴル紛争――危機の民族地政学』筑摩書房、二〇二一年。

楊海英・谷川真一・金野純共編『中国文化大革命研究の新資料・新方法・新知見』静岡大学人文社会科学部アジア研究センター『アジア研究』別冊五号、二〇一七年。

『讀賣新聞』朝刊、「教科書〈文革〉大幅削除―習氏の意向反映か」二〇一八年三月二四日。

吉越弘泰『威風と頽唐――中国文化大革命の政治言語』太田出版、二〇〇五年。

欧文・モンゴル語文献

Borjigin A. Lhamujab, 2012 *Ulaɣan Qubisqal*, a Private edition.
Borjigin Jangčub, *Maltaju Arilɣaqu Ködülkegen-ü Siluɣun Köke Qosiɣun daki Dorɣun Temdeglel*, a Private edition.
Brown, Kerry, 2006 *The Purge of the Inner Mongolian People's party in the Chinese Cultural revolution, 1967-69*. Global Oriental. Center for Chinese Research Materials, 1975 *Red Guard Publications*, Washington, D. C.
Čoyidar, 1998 *Tuɣ Somun-u TobÐi Teüke*, a Private edition.
Dikötter, Frank, 2016 *The Cultural Revolution, A People,s History 1962-1976*, Bloomsbury, London, Oxford, New York, New Delhi, Sydney.
Ɣarudibanzar, 2009 *On Jil*, Alus-un Bar-a Keblel-ün Qoriy-a.
Guobin Yang, 2016 *The Red Guard Generation and Political Avtivism in China*, Columbia University Press, New York.
Jankowiak, William R.,1988 The Last Hurrah? Political Protest in Inner Mongolia. *The Australian Journal of Chinese Affairs*, 19/20:269-288.
Jie Li and Enhua Zhang（eds）, 2016 *Red Legacies in China, Cultural Afterlives of the Communist Revolution*, Harvard University Press, Cambridge（Massachusetts）and London.
Laikwan Pang, 2017 *The Art of Cloning, Creative Production during China's Cultural Revolution*, Verso, London, New York.
Sirabjamsu, Gha, 2006　*Sirabjamsu-yin Jokiyal-un Sungɣumal*, a Private edition.
Sneath, David, 1994 The Impact of the Cultural Revolution in China on the Mongolians of Inner Mongolia. *Modern*

Asian Studies, 28(2):409-430.
Song Yongyi（ed）, 1999 *A New Collection of Red Guard Publications*, Part I, Center for Chinese Research Materials.
——,2001 *A New Collection of Red Guard Publications*, Part I, Center for Chinese Research Materials.
——,2005 *A New Collection of Red Guard Publications*, Part I, Center for Chinese Research Materials.
Tümen and Ju Düng Li 1996a, *Kang Šeng kiged"Öbür Arad-un Nam"-un kilis kereg*,1996, Öbür Mongγol-un arad-un keblel-ün qoriy-a.
Tümen and Ju Düng Li 1996b, *Kang Šeng kiged Öbür Mongγol-un Arad-un Qubisqaltu Nam-un kilis kereg*,1996, Ündüsüten-ü keblel-ün qoriy-a).
Walder, Andrew G, 2002 Beijing Red Guard Factionalism: Social Interpretations Reconsidered, *The Journal of Asian Studies*, 61: no. 2:437-471.
——, 2006 Ambiguity and Choice in Political Movements: The Origins of Beijing Red Guard Factionalism, *American Journal of Sociology*, Vol. 112, no. 3:710-750.
——, 2009 *Fractured Rebellion, The Beijing Red Guard Movement*, Harvard University Press, Cambridge, Massachusetts, London, England.
——, 2014 Rebellion and Repression in China, 1966-1971, *Social Science History* , 38, 4, Winter, pp.513-539.
——, 2019 *Agents of Disorder, Inside China's Cultural Revolution*, The Belknap Press of Harvard University Press, Cambridge, Massachusetts, London, England.
Wemheuer, Felix, 2019 *A Social History of Maoist China, Conflict and Change, 1949-1976*, Cambridge University Press.
Yang Su, 2011 *Collevtive Killings in Rural China during the Cultural Revolution*, Cambridge University Press.
Yiching Wu, 2014 *The Cultural Revolution at the Margins, Chinese Socialism in Crisis*, Harvard University Press, Cambridge, Massachusetts, London, England.

楊海英　よう・かいえい

一九六四年南モンゴル・オルドス高原生まれ。静岡大学人文社会科学部教授。北京第二外国語学院大学日本語学科卒業。専攻は文化人類学。博士（文学）。著書『モンゴル人の中国革命』『内モンゴル紛争――危機の民族地政学』（以上、ちくま新書）、『「中国」という神話』（文春新書）、『墓標なき草原――内モンゴルにおける文化大革命・虐殺の記録』（岩波書店・司馬遼太郎賞受賞）、『日本陸軍とモンゴル』（中公新書）、『逆転の大中国史』（文藝春秋）など多数。

筑摩選書 0207

紅衛兵《こうえいへい》とモンゴル人大虐殺《じんだいぎゃくさつ》　草原《そうげん》の文化《ぶんか》大革命《だいかくめい》

二〇二一年三月一五日　初版第一刷発行

著　者　楊海英《ようかいえい》

発行者　喜入冬子

発　行　株式会社筑摩書房
東京都台東区蔵前二-五-三　郵便番号 一一一-八七五五
電話番号　〇三-五六八七-二六〇一（代表）

装幀者　神田昇和

印刷 製本　中央精版印刷株式会社

ISBN978-4-480-01726-0 C0322

筑摩選書 0072

愛国・革命・民主

日本史から世界を考える

三谷博

近代世界に類を見ない大革命、明治維新はどうして可能だったのか。その歴史的経験から、時空を超える普遍的英知を探り、それを補助線に世界の「いま」を理解する。

筑摩選書 0073

世界恐慌（上）

経済を破綻させた4人の中央銀行総裁

L・アハメド

吉田利子 訳

財政再建か、景気刺激か――。1930年代、中央銀行総裁たちの決断が世界経済を奈落に突き落とした。彼らは何をし、いかに間違ったのか？　ピュリッツァー賞受賞作。

筑摩選書 0074

世界恐慌（下）

経済を破綻させた4人の中央銀行総裁

L・アハメド

吉田利子 訳

問題はデフレか、バブルか――。株価大暴落に始まった大恐慌はなぜあれほど苛酷になったか。グローバル経済黎明期の悲劇から今日の金融システムの根幹を問い直す。

筑摩選書 0094

幕末維新の漢詩

志士たちの人生を読む

林田愼之助

幕末維新期とは、日本の漢詩史上、言志の詩風が確立した時代である。これまで顧みられることの少なかった志士たちの漢詩を読み解き、彼らの人生の真実に迫る。

筑摩選書 0103

マルクスを読みなおす

徳川家広

世界的に貧富の差が広がり、再び注目を集める巨人・マルクス。だが実際、その理論に有効性はあるのか。歴史的視座の下、新たに思想家像を描き出す意欲作。

筑摩選書 0105

昭和の迷走

「第二満州国」に憑かれて

多田井喜生

破局への分岐点となった華北進出は、陸軍の暴走と勝田主計の朝鮮銀行を軸にした通貨工作によって可能となった。「長城線を越えた」特異な時代を浮き彫りにする。

筑摩選書 0114

孔子と魯迅

中国の偉大な「教育者」

片山智行

古代の混沌を生きた孔子は人間性の確立を、近代の矛盾に立ち向かった魯迅は国民性の改革をめざした。国家と社会の「教育」に生涯を賭けた彼らの思想と行動を描く。

筑摩選書 0117

戦後思想の「巨人」たち

「未来の他者」はどこにいるか

高澤秀次

「戦争と革命」という二〇世紀的な主題は「テロリズムとグローバリズムへの対抗運動」として再帰しつつある。「未来の他者」をキーワードに継続と変化を再考する。

筑摩選書 0129

中華帝国のジレンマ

礼的思想と法的秩序

冨谷 至

中国人はなぜ無法で無礼に見えるのか。彼らにとって法や礼儀とは何なのか。古代から近代にいたる過程で中華思想が抱えた葛藤を読み解き、中国人の心性の謎に迫る。

筑摩選書 0131

「文藝春秋」の戦争

戦前期リベラリズムの帰趨

鈴木貞美

なぜ菊池寛がつくった『文藝春秋』は大東亜戦争を牽引したのか。小林秀雄らリベラリストの思想変遷を辿り、どんな思いで戦争推進に加担したのかを内在的に問う。

筑摩選書 0132

イスラームの論理

中田 考

神や預言者とは何か。スンナ派とシーア派はどこが違うか。ハラール認証、偶像崇拝の否定、カリフ制、原理主義……。イスラームの第一人者が、深奥を解説する。

筑摩選書 0135

ドキュメント 北方領土問題の内幕

クレムリン・東京・ワシントン

若宮啓文

外交は武器なき戦いである。米ソの暗闘と国内での権力闘争を背景に、日本の国連加盟と抑留者の帰国を実現した日ソ交渉の全貌を、新資料を駆使して描く。

筑摩選書
0140

ソ連という実験
国家が管理する民主主義は可能か

松戸清裕

一党制でありながら、政権は民意を無視して政治を行うことはできなかった。国民との対話や社会との協働を模索しながらも失敗を繰り返したソ連の姿を描く。

筑摩選書
0141

「働く青年」と教養の戦後史
「人生雑誌」と読者のゆくえ

福間良明

経済的な理由で進学を断念し、仕事に就いた若者たち。知的世界への憧れと反発。孤独な彼ら彼女らを支え、結びつけた昭和の「人生雑誌」。その盛衰を描き出す！

筑摩選書
0142

徹底検証　日本の右傾化

塚田穂高 編著

日本会議、ヘイトスピーチ、改憲、草の根保守、「慰安婦報道」……。現代日本の「右傾化」を、ジャーナリストから研究者まで第一級の著者が多角的に検証！

筑摩選書
0146

帝国軍人の弁明
エリート軍人の自伝・回想録を読む

保阪正康

昭和陸軍の軍人たちは何を考え、どう行動し、それを後世にどう書き残したか。当事者自身の筆による自伝・回想・証言を、多面的に検証しながら読み解く試み。

筑摩選書
0150

憲法と世論
戦後日本人は憲法とどう向き合ってきたのか

境家史郎

憲法に対し日本人は、いかなる態度を取ってきただろうか。世論調査を徹底分析することで通説を覆し、憲法観の変遷を鮮明に浮かび上がらせた、比類なき労作！

筑摩選書
0151

神と革命
ロシア革命の知られざる真実

下斗米伸夫

ロシア革命が成就する上で、異端の宗派が大きな役割を果たしていた！　無神論を国是とするソ連時代の封印を解き、革命のダイナミズムを初めて明らかにする。

筑摩選書
0152

陸軍中野学校
「秘密工作員」養成機関の実像

山本武利

日本初のインテリジェンス専門機関を記した公文書が新たに発見された。謀略研究の第一人者が当時の秘密戦工作の全貌に迫り史的意義を検証する、研究書決定版。

筑摩選書
0154

1968〔1〕文化

四方田犬彦 編著

1968～72年の5年間、映画、演劇、音楽、写真、舞踏、流行、図像、雑誌の領域で生じていた現象を前景化し、歴史的記憶として差し出す。写真資料満載。

筑摩選書
0155

1968〔2〕文学

四方田犬彦／福間健二 編

三島由紀夫、鈴木いづみ、土方巽、澁澤龍彦……。文化の〈異端者〉たちが遺した詩、小説、評論などを収録。反時代的な思想と美学を深く味わうアンソロジー。

筑摩選書
0156

1968〔3〕漫画

四方田犬彦／中条省平 編

実験的であること、前衛的であること、アンダーグラウンドであること。それが漫画の基準だった──。第3巻では、時代の〈異端者〉たちが遺した漫画群を収録。

筑摩選書
0160

教養主義のリハビリテーション

大澤 聡

知の下方修正と歴史感覚の希薄化が進む今、教養のバージョンアップには何が必要か。気鋭の批評家が鷲田清一、竹内洋、吉見俊哉の諸氏と、来るべき教養を探る！

筑摩選書
0163

骨が語る兵士の最期
太平洋戦争・戦没者遺骨収集の真実

楢崎修一郎

玉砕、飢餓、処刑──太平洋各地で旧日本軍兵士を中心とする約五〇〇体の遺骨を鑑定してきた人類学者は何を見たのか。遺骨発掘調査の最前線からレポートする。

筑摩選書
0165

教養派知識人の運命
阿部次郎とその時代

竹内 洋

大正教養派を代表する阿部次郎。『三太郎の日記』で栄光を手にした後、波乱が彼を襲う。同時代の知識人との関係や教育制度からその生涯に迫った社会史的評伝。

筑摩選書
0168

ルポ　プーチンの戦争
「皇帝」はなぜウクライナを狙ったのか

真野森作

戦争が続くウクライナの現実。訓練された謎の覆面部隊、撃墜された民間航空機、クリミア半島のロシア編入……。何が起こっているか。ロシアの狙いは何なのか。

筑摩選書
0171

「抗日」中国の起源
五四運動と日本

武藤秀太郎

建国の源泉に「抗日」をもつ中国。この心性は五四運動を起点とするが、当初は単なる排外主義ではなかった——。新史料をもとに、中国のジレンマを読み解く。

筑摩選書
0172

内村鑑三
その聖書読解と危機の時代

関根清三

戦争と震災。この二つの危機に対し、内村鑑三はどのように立ち向かったのか。聖書学の視点から、その聖書読解と現実との関わり、現代的射程を問う、碩学畢生の書。

筑摩選書
0174

台湾物語
「麗しの島」の過去・現在・未来

新井一二三

ガイドブックよりも深く知りたい人のために！　台湾でも活躍する作家が、歴史、ことば、民俗、建築、映画、そして台北、台中、台南などの街と人々の物語を語る。

筑摩選書
0175

林彪事件と習近平
中国の権力闘争、その深層

古谷浩一

世界を驚かせた林彪事件。毛沢東暗殺計画の発覚後、林彪は亡命を図るが、搭乗機は墜落。その真相に迫る。習近平の強権政治の深層をも浮かび上がらせた渾身作！

筑摩選書
0179
南方の志士と日本人
インドネシア独立の夢と昭和のナショナリズム
林 英一
インドネシア人初の日本留学生たる二人は独立の志士。戦前から戦後にかけて「親日」と「反日」の間を揺れ動き、壮絶な人生を送った彼らと日本人との交流を描く。

筑摩選書
0184
明治史研究の最前線
小林和幸 編著
政治史、外交史、経済史、思想史、宗教史など、多様な分野の先端研究者31名の力を結集し明治史研究の最先端を解説。近代史に関心のある全ての人必携の研究案内。

筑摩選書
0186
皇国日本とアメリカ大権
日本人の精神を何が縛っているのか?
橋爪大三郎
昭和の総動員体制になぜ人々は巻き込まれたのか。戦後のアメリカ大権を国民が直視しないのはなぜか。戦前の聖典『国体の本義』解読から、日本人の無意識を問う。

筑摩選書
0192
アジア主義全史
嵯峨 隆
アジア諸国と連帯して西洋列強からのアジア解放を目指したアジア主義。その江戸時代から現在までの全史をたどりつつ、今後のアジア共生に向けて再評価する試み。

筑摩選書
0194
安倍 vs. プーチン
日ロ交渉はなぜ行き詰まったのか?
駒木明義
「北方領土」返還交渉はなぜ暗礁に乗り上げたのか？日ロ首脳の交渉過程を検証し、どこで躓いたかを示す。日ロ交渉の現在、そして今後を考える上で必読の書！

筑摩選書
0196
独裁と孤立
トランプのアメリカ・ファースト
園田耕司
自国益を最優先にすると公言し、意見の合わない側近を次々と更迭したトランプ大統領。トランプの「アメリカ・ファースト」とは何か？ 真実に迫るドキュメント！